KB122387

문화재
가치의
재발견

문화재 가치의 재발견

펴낸날 초판 1쇄 2019년 11월 11일

지은이 이광표
펴낸이 서용순
펴낸곳 이지출판

출판등록 1997년 9월 10일 제300-2005-156호
주 소 03131 서울시 종로구 율곡로6길 36 월드오피스텔 903호
대표전화 02-743-7661 팩스 02-743-7621
이메일 easy7661@naver.com
디자인 박성현
인 쇄 (주)꽃피는 청춘

값 18,000원

ISBN 979-11-5555-124-0 03600

이 도서의 국립중앙도서관 출판시도서목록(CIP)은 e-CIP홈페이지(http://www.nl.go.kr/ecip)와 국가자료공동목록 시스템(http://www.nl.go.kr/kolisnet)에서 이용하실 수 있습니다.(CIP제어번호: CIP2019045584)

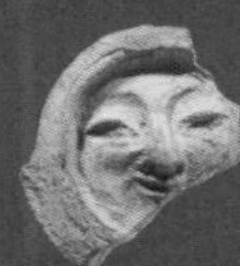

문화재 가치의 재발견

이광표

이지출판

감히 말하건대, 문화재는 정치적(혹은 당파적)이다. 여기서 정치적이라고 하면, 좁은 의미의 정치가 아니라 넓은 의미의 정치를 가리킨다. 자신의 처지에서 자신의 생각에 맞춰 자신의 목적과 효용을 위해 문화재를 바라본다는 말이다.

실은, 사람 살아가는 일이 모두 그러하다. 그렇지만 우리는 문화재라고 하면 고색창연하고 윤리적이라고 생각하는 경향이 강하다. 그러나 현실은 그렇지 않다. 물론 누구나 다 인정하는 공통의 가치와 미학은 엄연히 존재하지만, 그럼에도 문화재를 둘러싸고 여러 이해관계가 갈등하고 충돌하는 것을 목도하게 된다. 그것은 정책상의 갈등이나 재산권 충돌의 측면에서뿐만 아니라 특정 문화재를 역사적 혹은 미적(美的)으로 바라보는 측면에서도 마찬가지다.

또한 문화재는 유동적이다. 여기서 유동적이라고 하면, 문화재가 저절로 다른 무엇으로 바뀐다는 말이 아니다. 문화재는 그대로 있지만(때론 훼손되고 파괴되고 실종되기도 하지만) 그것을 둘러싼 환경이 늘 변한다는 말이다. 주변의 물질 환경도 변하지만 그것을 바라보는 사람들의 생각도 변한다. 다시 말하면 문화재 스스로가 변한다기보다는 그 주변이 변하는 것이다. 그렇기에 새로운 일들이 벌어진다.

이것이 때로는 사람들을 난감하게 하지만, 어찌 보면 이것이 '문화재와 그 주변' 을 바라보는 매력 포인트이기도 하다. 그래서 문화재를 한마디로 정의하라면 흔히 하는 말처럼 "살아서 꿈틀거리는 생물 같다"고 표현하고 싶다.

문화재를 공부하고 현장을 둘러보고 사람들을 만나면서, 문화재를 받아들이는 방식에 대해 관심이 생겼다. 사람들은 문화재를 어떻게 받아들이는지, 문화재를 어떤 방식으로 이해하고 감상하는지, 우리 후대는 문화재를 어떤 존재로 인식할 것인지, 이런 것들에 대해 고민하게 되었다. 여기에는 거시적인 문화재 관리시스템의 방향부터 문화재 한 건 한 건을 이해하고 감상하는 방식까지 모두 포함될 것이다.

이를 좀 거창하게 말하면 수용(受容)의 측면이다. 사람들이 문화재를 어떻게 향유하고 소비하는지 그 수용 과정을 지속적으로 공부하고 싶다. 문화재의 수용 과정이나 양상을 제대로 이해하기 위해선 받아들이는 사람들이나 시대의 관점을 면밀히 살펴야 한다. 이 책은 그 과정의 초입에서 기본적인 고민을 다소나마 글로 풀어본 것이다.

예전 같았으면 생각지도 못한 이슈와 논란이 생겨난다. 20~30년 전에 최선의 정책이라고 생각했는데 지금은 그것을 뒤집어야 하는 일이 종종 벌어진다. 변화의 속도도 빠르다. 한 예로, 박물관 수장고를 들 수 있다. 금기의 공간인 수장고. 그런데 최근엔 수장고 개방이 트렌드로 자리잡아 가고 있다. 아직은 부분적 개방이고 보여 주기 개방의 측면도 없지 않지만, 그래도 수장고를 이렇게 경쟁적이고 파격적으로 개방할 줄은 몰랐다. 관점이 바뀐 것이다.

특정 개별 문화재를 바라보고 감상하고 즐기는 관점이나 기준도 변하고 있다. 새로운 관점을 적용할 필요도 있고 우리가 몰랐던, 그렇지만 우리 저편에 내재하고 있던 숨겨진 기준을 찾아낼 필요도 있다. 그럼 그 문화재가 새롭게 다가올 것이다. 모두들 다보탑, 석가탑이 아름답다고 한다. 그런데 과연 어떤 점에서 아름답다고 느끼는 것일까. 시각적 아름다움만이 다보탑, 석가탑의 매력의 전부인가. 우리가 놓치고 있는 것은 없는가. 고대 이집트 소년 파라오 투탕카멘은 우리를 매력과 신비 속으로 이끈다. 그런데 우리는 투탕카멘의 무엇을 소비하고 향유하는 것일까. 문화재란 과연 우리에게 어떤 존재인가. 이런 점들을 함께 고민하고 탐구해 보고자 했다.

문화재를 둘러싼 환경은 늘 변한다. 문화재를 수용하고 소비하는 사람들의 생각도 변한다. 그것이 합리적일 수도 있고 탐욕적일 수도 있고 때로 정치적일 수도 있지만, 변하는 것은 사실이다. 문화재가 생산된 시대의 측면 못지않게 문화재를 소비하고 향유하는 우리 시대의 측면에서 바라보는 것도 중요하다. 그러기 위해선 문화재를 새롭게 보아야 한다고 생각한다. 따라서 관점이나 철학에 대한 고민과 훈련이 더 필요하다. 이 책에 수록된 글들은 나 스스로 그런 연습의 과정이다. 아직은 부족하고 갈 길이 멀지만 이런 시각으로 '문화재와 그 주변'을 좀 더 풍요롭게 만들고 싶다.

2019년 11월

이광표

제3장 관점의 이동, 전시의 혁명

제4장 생애사 관점에서 본 문화재 안내문

제5장 명작의 소비와 향유

제6장 수난과 유랑의 기억

제7장 보존과 활용의 딜레마

제1장

문화재를 보는 눈

고궁 무료입장과 한복 성차별 논란

시선의 다양성

이슈와 현장, 관점과 철학

고궁 무료입장과 한복 성차별 논란

한복을 입으면 고궁에 무료로 입장할 수 있다. 그렇다 보니 최근 수년 사이 다양한 한복을 입고 고궁을 찾는 사람들이 부쩍 늘었다. 일각에선 "전통한복이 아닌 개량한복 착용자는 무료입장에서 제외해야 한다"는 주장도 나온다. 당연히 반론도 있고 이를 둘러싼 논란이 그치지 않고 있다. '개량'의 기준과 범위에 대한 논란일 것이다. 고궁 근처에 한복 대여점이 우후죽순으로 생겨나다 보니 그 간판이나 디자인이 싸구려 이미지인 경우도 함께 늘어났다. 아쉬운 대목이 아닐 수 없다.

이런 상황에서 2019년 5월 국가인권위원회가 이색적인 권고안을 내놓았다. 인권위는 "남성은 남성 한복, 여성은 여성 한복을 입어야 고궁을 무료로 관람할 수 있다는 문화재청의 가이드라인은 성차별이다"라고 판단한 것이다. 그 사정은 이러하다. 현재 한복 착용자는 궁궐을 무료로 관람할 수 있다. 단 조건이 있다. 문화재청 가이드라인에 따르면 남성은 남성 한복, 여성은 여성 한복을 입는 경우에만 무료로 관람할 수 있도록 되어 있다. 이를 두고 성차별이라는 지적이 나온 것이다. 이에 앞서 2018년 '민주사회를 위한 변호사 모임' 회원 등 90여 명은 "성별에 맞지 않은 한복을 입은 사람에게 고궁 입장료를 받는 것은 성별 표현 등을 이유로 한 차별 행위"라며 인권위에 진정을 냈다.

문화재청은 가이드라인에 대해 "전통에 부합하는 올바른 한복 착용 방식을 알리고 한복의 세계화를 위해 성별에 맞는 한복을 입어야 한다. 고궁을 방문하는 사람이 생물학적 성별에 부합하지 않는 한복을 착용할 경우 한복 착용 방식을 모르는 외국인 등에게 혼동을 주고 한복의 올바른 형태를 왜곡하게 된다"고 설명했다. 하지만 인권위는 이를 성차별이라 판단했다. 인권위 차별시정위원회는 "고궁 입장 때 생물학적 성별과 맞지 않는 한복을 착용해 입장료를 면제받지 못하는 것은 성별 표현을 이유로 불리한 대우를 받는 경우에 해당한다"고 판단했다. 인권위는 문화재청장에게 가이드라인을 개선하라고 권고했다.

어떤 이유로도 성차별이 있어선 안 된다. 이에 대해 이견이 있을 리 만무하다. 그러나 국가인권위의 뜻을 따르자니 난감한 일이 하나 생긴다. 한복 착용자의 궁궐 무료입장은 우리 전통한복 착용을 일상화함으로써 그 가치와 아름다움을 선양하고 전승하자는 취지에서 시작된 것이다. 우리 전통한복에서 남녀의 옷차림새가 다르다는 점은 모두가 수긍하는 기본 전제다. 전통이나 문화재의 관점에서 볼 때, 남성이 남성용 전통한복을 입고 여성이 여성용 전통한복을 입는 것은 성차별이 아니다. 우리의 전통적인 복식문화일 뿐이다.

일상생활에서 남녀 구분 없이 한복을 혼용하는 것은 아무런 문제가 되지 않는다. 하지만 궁능 무료입장 제도의 측면에서 보면 얘기가 달라진다. 남성이 여성 한복을 입고 궁궐에 입장할 경우, 외국인이 이를 보면 우리의 한복 전통이나 문화를 오해하거나 왜곡해 받아들일 수 있다. 한복의 전통을 지키고 활용하겠다면서 그 전통의 원칙을 무너뜨리는 모순이 아닐 수 없다. 현재의 가이드라인이 성차별이라면, 그래서 여성 한복을 입은 남성에게도 무료 입장을 허용해야 한다면, 한복 착용자 무료입장 제도의 의미는 사라지게 된다.

어쨌든 문화재청은 2019년 6월 국가인권위의 권고를 받아들였다. 무엇이 옳고 무엇이 그르다고 말하기는 어렵다. 하지만 한복 착용 무료입장의 취지는 손상되고 만다. 근본에 대한 고민이 필요한 것 같다. 인권위의 권고를 수용할 것인지 아닌지 여부를 떠나 이 문제는 문화재에 있어 많은 것을 생각하게 한다. 옛 방식으로 한복을 입는 것을 두고, 인권(혹은 성차별)의 관점으로 바라보느냐, 전통(문화재)의 관점으로 바라보느냐의 차이에서 비롯되었다. 관점은 이렇게 중요하다. 문화재를 바라보는 데 있어 어떠한 관점을 취하느냐에 따라 문화재 행정이 달라지고 정책이 달라진다. 보통 사람들의 문화재 인식에도 지대한 영향을 미치게 된다.

시선의 다양성

문화재라고 하면 수백 년, 수천 년 전의 박제된 대상으로 생각하기 쉽다. 하지만 그렇지 않다. 국보 보물을 포함함 문화재는 지금 우리 주변에서 여전히 숨쉬고 있다. 우리에게 감동과 정보를 주기도 하고, 때로는 이 시대의 사람들과 갈등을 겪기도 한다. 그렇기에 문화재를 둘러싼 현장은 늘 역동적이다.

그동안 우리는 문화재 하면 특정 대상의 역사, 내력, 미학, 가치에만 눈길을 주는 경우가 많았다. 하지만 문화재는 그 스스로 숨쉬면서 이 시대와 교류하기에, 우리는 그에 어울리는 시선으로 그것을 바라볼 필요가 있다.

이런 질문을 해보자.

"숭례문(남대문)과 흥인지문(동대문)은 모두 조선시대 한양도성의 성문인데, 숭례문은 왜 국보 1호이고 흥인지문은 왜 보물 1호인가."

"10~20여 년 전만 해도 광화문 현판 글씨는 한글이었는데 왜 한자로 바꾸었을까."

“성덕대왕신종(에밀레종)은 그윽한 종소리로 유명한데, 왜 지금은 타종을 하지 않는 걸까.”

“사찰에 탑이 두 개 있을 때는 모양이 똑같은데, 불국사의 석가탑과 다보탑은 왜 모양이 다를까.”

“조선시대 말기 석굴암은 무너진 상태였는데, 그렇게 방치됐던 석굴암은 우리는 언제부터 최고의 불교미술로 받아들이기 시작한 것일까.”

“경북 상주의 한 골동상이 훈민정음 해례본을 불법으로 점유하고 있고 그 사람이 1,000억 원을 달라고 하면서 이를 국가에 내놓지 않는데, 이 문제를 과연 어떻게 해결할 수 있는가.”

“꽁꽁 닫아두었던 박물관 수장고. 그런데 요즘 그 보물창고를 개방하는 박물관들이 늘어나고 있는 것은 무슨 까닭인가.”

“광화문 광장의 이 충무공 동상을 놓고 왜 자꾸만 이전 논란이 이는 것일까.”

이런 질문을 해보면, 우리 주변에 있는 문화재들이 좀 다르게 다가올 것이다. 지금 이 땅에서 국보가 어떻게 살아 움직이고 사람들과 어떻게 교류하고 어떤 갈등을 겪고 있는지 말이다. 문화재라는 것이 실제로는 얼마나 생동감 넘치는 것인지, 지금의 우리와 얼마나 긴밀하게 연결되어 있는지 알게 될 것이다.

앞서 살펴본 한복 착용 성차별 논란이 바로 그런 경우다. 한복 착용을 두고 이런 일이 벌어지리라곤 아무도 생각하지 못했을 것이다. 그런데 어느 순간 이런 일이 생긴다. 한복을 바라보는 관점, 전통한복과 개량한복의 관계를 심각하게 고민하지 않을 수 없다. 이런 측면은 다른 문화재에도 고스란히 적용된다.

문화재는 옛 사람이 남긴 삶의 흔적들이다. 그렇다보니 문화재에 포함되는 장르는 매우 다양하다. 회화와 도자기, 불상, 석탑, 고분 같은 것만 아니라 의식주 생활, 민속도 있고 과학, 스포츠 분야도 있다. 사실 잘 생각해 보면 지금 우리에게 전해 오는 문화재들은 과거 그 당시의 시각으로 보면 대부분 생활용품이었다.

예를 들어 보자. 신석기시대의 빗살무늬토기는 지극히 일상적인 생활용품 그릇이었다. 청자나 분청사기, 백자도 마찬가지다. 고려청자나 조선백자는 엄밀히 말하면 고려 사람, 조선 사람들의 그릇이었다. 옛 도공들은 그릇을 만들면서 어떤 것은 좀 더 정성 들여 멋지게 만들고 어떤 것은 정성을 덜 들여 쓱쓱 만들었을 것이다. 이 둘을 놓고 보면 조형미나 색감 등에서 우열이 나타난다. 그렇다고 해도 이 둘은 모두 음식을 담고 먹는 데 사용했던 생활 식기였다. 왕실용으로 고급스럽게 만들었다고 해도 그것 역시 생활용품이었다. 물론 도자기 가운데 일부 장식용, 감상용도 있다. 하지만 대부분은 생활 용기였다. 그릇보다 더 일상적인 생활용품이 어디 있을까.

도자기뿐만 아니다. 그림(회화)을 제외하면 우리에게 전해 오는 문화재는 대부분 일상에서 사용했던 것이다. 감상을 의식하고 만든 미술품이 아니라 생활 속에서 사용하기 위해 만들었던 것이다. 불교 조각품인 불상도 불법(佛法)을 배우고 불심(佛心)을 고양하기 위한 종교적 실용품이다. 청동기시대 사람들의 고인돌이나 삼국시대 고분 역시 장례 의식을 치르는 과정에서 남겨진 실용적인 생활의 산물이다. 고풍스러운 한옥 역시 일상적인 생활 공간이었다.

그런데 그림의 경우는 좀 다르다. 그림은 기본적으로 감상용으로 제작한다. 조선시대 그림을 보면 집에서 혼자 혹은 지인들과 함께 감상을 하기 위해, 자신의 철학과 사상을 담고 자신의 내면을 가다듬기 위해 그린 것들이 대부분이다. 생활의 도구로 사용했던 실생활품이 아니다. 따라서 그림은 예외적인 경우라고 할 수 있다.

어쨌든 문화재는 이렇게 옛사람들의 생활 활동의 흔적이라고 정의할 수 있다. 삶의 흔적이기에 그것은 다양하고 복합적일 수밖에 없다. 이는 문화재를 이해하는 데 있어서도 입체적인 시각으로 접근해야 한다는 것을 의미한다. 문화재가 탄생한 그 시절의 다양하고 복잡한 상황을 총체적으로 이해해야만 문화재를 좀 더 제대로 파악할 수 있다는 말이다.

깊고 그윽한 종소리로 유명한 국보 29호 성덕대왕신종(에밀레종)의 경우, 성덕대왕신종의 불교적 가치와 의미, 조형미와 문양 등에 대한 이해가 우선되어야 한다. 하지만 성덕대왕신종을 진정으로 이해하려면 종소리의 과학적 원리 등에 대한 시각과 지식이 필요하다. 종소리의 비밀을 규명하기 위한 소리공학적 측면, 종의 주조 방식에 대한 금속공학적 측면에서의 연구와 고찰이 있어야 한다.

사실 성덕대왕신종은 과학의 산물이다. 8세기 당시의 뛰어난 과학적 주조 기술이 없었다면 성덕대왕신종은 탄생할 수 없었다. 소리공학에 대한 이해가 없었다면 신비의 종소리는 탄생할 수 없었다. 미적인 안목이나 깊은 불심만으로 성덕대왕신종을 만들어 낼 수 없다. 이렇기에 성덕대왕신종에 대한 접근이나 연구도 복합적이고 학제간(學際間)이지 않을 수 없는 것이다.

우리가 후대에 전해 줄 문화재도 사정은 마찬가지다. 수백 년 뒤 우리 후손들이 문화재로 받아들여 감상할 만한 것들로 무엇이 있을까?

그림이나 조각, 음악, 무용과 같은 순수 예술품도 있겠지만 대부분은 우리가 지금 일상적으로 사용했던 생활용품들일 것이다. 청와대의 기록물, 사람들의 일기, 휴대전화, 노트북, 가전제품, 영화나 노래, 주요 건축물 등등. 지금 보면 우리가 늘 생활 속에서 만나는 것들이다. 이것들이 수백 년 뒤에는 소중한 문화재가 될 수 있다. 문화재는 이런 것이다. 지금 우리가 알고 있는 문화재도 수백 년 전, 수천 년 전엔 그러했다. 이것이 문화재의 특징 가운데 하나다. 그렇기에 우리는 문화재를 다층적이고 복합적으로 바라보아야 한다.

이슈와 현장, 관점과 철학

문화재를 둘러싸고 각종 사건 사고도 발생한다. 그때마다 우리는 좋든 나쁘든 문화재를 만나고 관계를 맺어야 한다. 동시에 문화재를 바라보는 데 있어 현실적인 감각도 필요하다. 문화재 현장에서는 보존과 활용 등을 둘러싸고 예상치 않은 딜레마와 논란이 자주 발생한다. 그것은 때론 갈등으로 이어지기도 한다. 앞서 말한 한복 착용 성차별 논란이 이런 경우다. 사람마다 문화재 현안을 바라보는 시각이 다를 수밖에 없기 때문에 이런 논란과 이슈는 어찌 보면 불가피한 현상이다. 중요한 것은 그 이슈의 본질을 파악해 내고, 다양한 관점과 논의를 합리적으로 수렴하고, 이를 통해 가장 적절한 방안을 찾아내 현장에 적용하는 것이다.

훈민정음 해례본 상주본 문제도 그 한 예라고 할 수 있다. 이 문제는 벌써 11년째 해결되지 않고 있다. 현재 이 상주본을 점유하고 있는 사람은 경북 상주의 배익기 씨. 상주본의 법적인 소유자는 국가다. 오랜 소유권 논란 끝에 2019년 7월 대법원은 "배 씨의 소유가 아니라 국가 소유"라고 최종 판결을 내렸다. 배 씨가 훈민정음 해례본 상주본을 내놓지 않으면 강제집행도 가능하다. 그런데도 배 씨는 "정부가 1,000억 원을 주지 않으면 훈민정음을 내놓지 않겠다"고 맞서고 있다. 불법 점유자 배 씨가 훈민정음을 인질 삼아 정부와 국민을 겁박하고 있는 형국이다.

그런데 2018년과 2019년, 상주시 관계자는 이렇게 말했다.

"상주본 소장자와 박물관을 건립해 상주에 보관하는 것을 조건으로 기증받기로 잠정 합의가 됐으며 이를 위해 문화재청과도 협의 중이다."

"상주박물관을 지어 훈민정음 해례본을 넣어 준다면 … 이것을 국보 1호로 추진하겠다."

한 국회의원은 배 씨에게 이런 제안을 했다.

"(배 씨가 반환을 하면 그 대가로) 상주에 국립한글박물관 분점을 세워 명예관장의 기회를 주고 한글 세계화를 위한 한글세계문화재단을 만들어 적절한 수준의 예우를 해줄 수 있을 것이다."

배 씨의 마음을 돌리기 위한 나름대로의 아이디어이기에 그 마음을 이해 못하는 것은 아니다. 하지만 이들의 제안은 실현 가능성도 별로 없는 데다 합리적이지도 않다. 적절치 못한 제안이고 비효율적인 전략이다.

배 씨는 문화재를 소장 보관하고 있는 사람이 아니라 문화재를 불법 점유하고 있는 사람이다. 이에 그치지 않고 문화재를 훼손 파괴하고 있다. 2015년 배 씨의 집에 불이나 훈민정음 일부가 불에 타기도 했다. 배 씨는 불에 타 일부가 훼손된 훈민정음 해례본 낱장을 2017년 세상에 공개했다. 그런 사람에게 국립한글박물관 명예관장이라니, 말도 안 된다. 국보 1호 운운 또한 지극히 비현실적이다. 이미 불에 타 훼손된 상주본이 국보 1호가 된다는 것은 현실적으로 불가능한 일이다. 이 경우에서처럼, 문화재 이슈는 적극적이지만 냉철하게 그리고 본질적으로 접근하지 않으면 안 된다.

일반적으로 말하면, 문화재는 그대로 있다. 세월이 덧대어지고 더러는 빛이 바라고, 더러는 훼손되고 파괴되기도 하지만 문화재는 대개 그대로 있다. 그런데 주변 상황이 바뀌게 된다. 문화재는 늘 우리 옆에 있지만 늘 새로운 이슈 속으로 빨려들곤 한다. 그 이슈의 현장 속에서 문화재의 다양한 양상을 우리는 발견하게 된다.

문화재는 갈등을 야기하기도 하고 새로운 해석을 필요로 하기도 한다. 개별 문화재 하나하나 뿐만 아니라 문화재를 둘러싼 현장을 보는 눈이 필요하다. 관점이 철학이 있어야 한다는 말이다. 물론 획일적인 관점이나 시각을 말하는 것은 아니다. 문화재와 함께 하는 사람들의 생각도 변한다. 생각이 바뀌고 관점이 바뀌면 그대로 있는 문화재라고 해도 달리 보인다. 문화재를 보는 관점은 이렇게 사람마다 다르고 시대마다 상황마다 달라질 수밖에 없다.

이 책의 제2장부터 다룰 내용들도 모두 이슈와 현장, 관점과 철학에 관한 것이다.

제2장

국보 1호의 정치학

숭례문의 수난과 고립

숭례문의 화재와 복원

국보 1호 재지정 논란

지정번호 폐지 필요성

숭례문의 미학과 국보 1호 아이러니

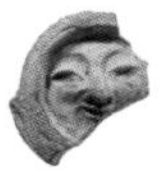

대한민국 국보 1호 숭례문(崇禮門). 수도 서울 한복판에 있는 숭례문은 그렇기에 많은 사람들이 늘 만나고 늘 접하는 문화재다. 숭례문 하면 예전에는 남대문이라 불렀고, 지방에서 서울에 온 사람들이 서울역에 내려 처음 만나는 관문이기도 했다. 수도 서울의 상징이자 모든 방향의 이정표였다. 그런데 2008년 2월 숭례문 화재 이후, 많은 사람들은 불타는 숭례문의 모습을 떠올린다. 그 불타는 숭례문은 우리에게 처참한 기억이다.

숭례문에는 이밖에도 참으로 많은 사연을 간직하고 있다. 조선시대 임진왜란 때는 왜장 가토 기요마사(加藤淸正)가 숭례문을 지나 한양에 입성했고, 1907년엔 일제가 왕자의 통행을 위해 숭례문 좌우의 성벽을 부숴 버리기도 했다. 1960~1990년대엔 도로 안에 갇혀 사람들이 접근하기 어려운 존재이기도 했다. 화재 이후 복원에선 부실 복원이란 오명이 따라다니게 되었고, 여기에 국보 1호를 숭례문이 아니라 다른 것으로 교체하자는 주장도 심심치 않게 터져 나온다.

우리나라 문화재 가운데, 우리나라 국보 가운데 숭례문처럼 산전수전(山戰水戰) 다 겪은 문화재도 드물 것이다. 그런데 숭례문을 둘러싼 논란과 숭례문의 수난사를 들여다보면, 놀랍게도 우리가 문화재를 어떻게 바라보고 있는지, 문화재가 어떤 대접을 받고 있는지, 문화재 정책은 어떠한지를 어렵지 않게 알 수 있다.

숭례문의 수난과 고립

1) 일제강점기의 수난

을사늑약으로 대한제국의 외교권을 박탈한 일제는 1907년 성벽처리위원회라는 기구를 만들어 한양도성 철거 계획을 세우기 시작했다. 당시 일제 통감부는 이렇게 주장했다.

"선인(鮮人) 동화를 위해 간과할 수 없는 것이 있다. 한두 가지 예를 들면 산성(山城)이란 것이 조선 도처에 있고, 고명찰(古名刹), 가람(伽藍) 등은 거의 배일(排日)이란 역사적 재료를 가지고 있다. 몇 년에 왜적을 격퇴했다든지 하는 등의 글귀가 변기에조차 쓰여 있다. 이를 점차적으로 제거해야 선인 동화를 이룰 수 있을 것으로 생각한다."

그해 일제 통감부는 숭례문 바로 옆의 한양도성 성곽 일부를 헐어버렸다. 일본 왕자가 서울을 방문했을 때 통행에 방해가 된다는 이유였다. "일본의 황태자가 조선의 도성 정문으로 들어갈 수 없다. 성벽을 넘어가겠다"는 것이었다. 천인공노할 만행이었고, 우리로서는 엄청난 수모와 치욕이 아닐 수 없었다. 이렇게 숭례문 좌우의 한양도성 성벽은 무너졌고 그 옆으로 전찻길이 놓였다.

1908년에는 흥인지문(興仁之門) 주변의 성곽을 헐어 내고 본격적인 성곽 철거에 들어갔다. 급기야 1915년, 도로를 확장한다는 명분을 내세워 한양도성의 서쪽 정문인 돈의문(敦義門)까지 흔적도 없이 파괴해 버렸다.

일제는 1933년 '조선보물고적명승천연기념물보존령'이라는 법령을 공포하고 1934년부터 조선의 문화재를 조사해 보물, 고적, 명승, 천연기념물로 나누어 지정하기 시작했다. 지금의 문화재위원회와 같은 조선보물고적명승천연기념물보존회를 만들어 이를 담당하도록 했다. 첫 지정은 1934년 8월 27일에 있었다. 일제는 보물 153건, 고적 13건, 천연기념물 3건을 지정했다. 당시 보물 1호는 경성 남대문(숭례문), 보물 2호는 경성 동대문(흥인지문), 보물 3호는 경성 보신각종이었다.

당시 일제는 조선의 국보를 지정하지 않았다. 국권을 상실하고 일제 식민지가 된 조선은 국가가 아니며 따라서 조선의 국보는 있을 수 없고 일본의 국보가 곧 식민지 조선의 국보라는 것이 그 이유였다. 이는 일제가 우리 문화재의 가치를 의도적으로 폄하한 것이고 동시에 국권을 잃어버린 우리 문화재가 겪어야 했던 비애였다.

일제가 지정한 보물 등 지정문화재는 광복 후 그대로 계승되었다. 1955년 정부는 국보고적명승천연기념물보존회를 발족했고, 그 해 보존회는 일제가 지정했던 보물 가운데 북한에 있는 것을 제외한 나머지 등을 국보로 바꾸었다. 이렇게 지정된 국보는 367건, 고적은 106건, 고적 및 명승은 3건, 천연기념물은 116건이었다. 국보 1호는 서울 남대문(숭례문), 국보 2호는 서울 동대문(흥인지문), 국보 3호는 서울 보신각종이었다.

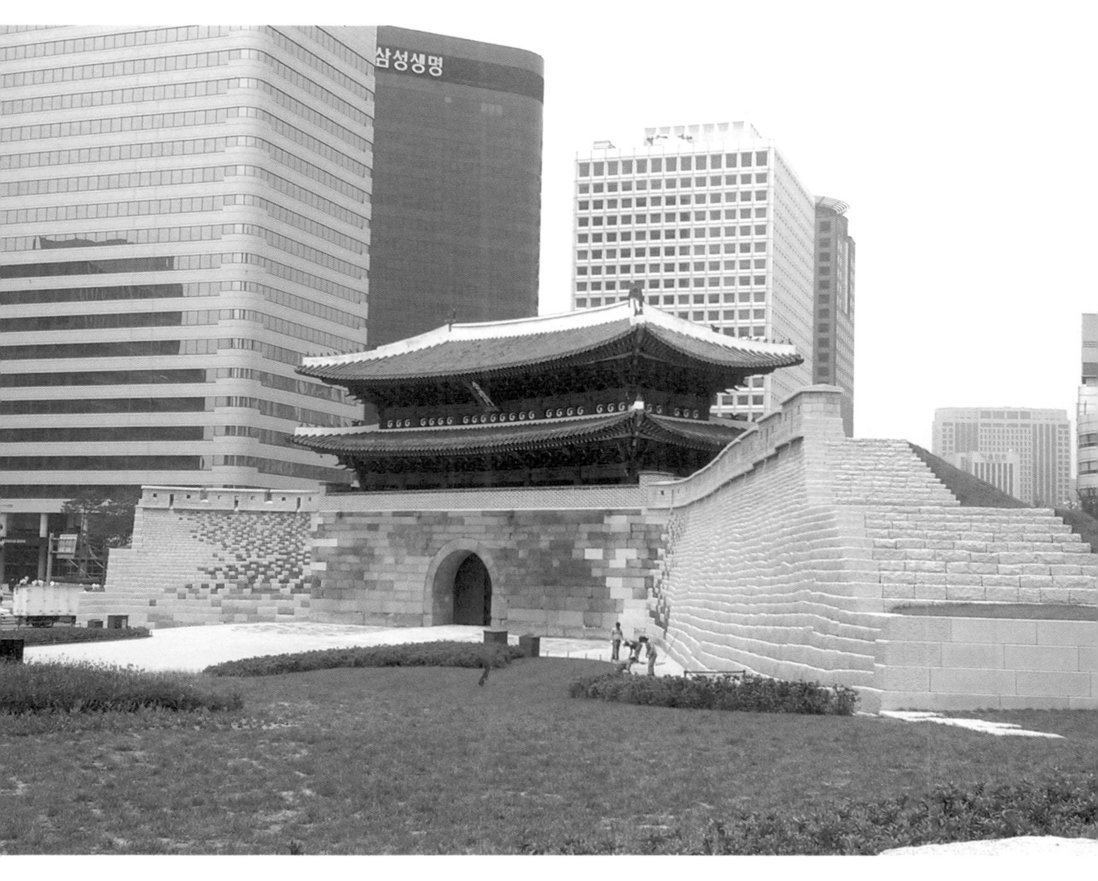

국보 1호 숭례문 2008년 화재 참사를 딛고 2013년 복원되었다.

이어 1962년 문화재보호법을 제정하면서 1955년 지정한 국보를 국보, 보물로 나누어 다시 지정했다. 그러나 애초에 일제가 지정했던 문화재에 대해 별도로 재평가한 것은 아니었다. 국보 1호는 서울 남대문, 보물 1호는 서울 동대문이었다.

2) 절해고도 국보 1호

광복 후 1960년대를 지나면서 숭례문 주변에 차도가 생기고 수많은 고층빌딩이 올라갔다. 주변엔 넘나들 수 없는 도로와 질주하는 차량들뿐이고, 사람들은 국보 1호 숭례문에 접근할 수 없게 되었다. 대한민국 국보 1호 숭례문이 절해고도(絕海孤島)가 된 것이다. 저 멀리서 혹은 차를 타고 지나가면서 볼 수밖에 없는 국보였다. 사람들은 국보 1호를 열심히 외웠지만 그 국보 1호가 마음속에 와 닿기는 어려웠다. 국보 1호는 그렇게 우리로부터 멀어져 갔다. 국보 1호를 저 멀리 둔 채 30여 년의 세월이 흘렀다.

1990년대 들어서면서 이에 대한 반성이 일기 시작했다. 가까이서 숭례문의 숨결을 느낄 수 있어야 한다는 생각 혹은 희망이었다. 그럼, 어떻게 하면 접근을 할 수 있을 것인가. 이를 놓고 다양한 논의가 진행되었다. 가장 간단한 방법은 숭례문으로 접근할 수 있는 횡단보도를 설치하는 것이다. 그런데 그것이 쉽지 않았다. 횡단보도를 만드는 것만으로 관람이 가능해지는 건 아니기 때문이다. 숭례문 주변이 바로 차도에 붙어 있는 상황에서 숭례문을 돌아가며 시민들이 둘러볼 수 있는 공간을 만들어야 했다. 그러기 위해선 차도 일부를 걷어 내고 그곳에 관람 공간을 만들어야 한다. 그래야 횡단보도를 건너간 시민들이 숭례문을 감상할 수 있다. 하지만 이 같은 안은 거부되었다. 교통에 방해가 된다는 것이었다.

1990년대 말 논의의 방향이 바뀌었다. 숭례문에 접근할 수 있는 지하통로를 설치하자는 제안이 나왔다. 숭례문 주변의 지하통로 가운데 한 가닥을 숭례문 석축 중앙의 홍예문(虹霓門)과 연결되도록 10여 미터 연장하겠다는 것이다. 시민들이 지하도를 통해 홍예문으로 나와 숭례문을 가까이에서 관람할 수 있도록 하겠다는 방안이었다. 그러나 전문가들은 지하통로 공사 시 진동으로 인해 숭례문의 구조물이 흔들릴 수 있다며 반대했다. 여기에 일반인들의 접근을 허용할 경우 원형을 훼손할 우려가 높다며 숭례문의 접근 또는 개방 자체를 반대하는 의견도 적지 않았다.

사실 지하도를 연장해 홍예문으로 연결되는 접근 통로를 만들겠다는 안은 잘못된 것이었다. 공사로 인한 진동도 문제지만 숭례문의 핵심 공간인 홍예문 앞에 지하 계단을 만든다는 것은 있을 수 없는 일이다. 숭례문의 경관과 원형을 심각하게 훼손하기 때문이다. 대신, 횡단보도를 설치하고 숭례문 주변으로 관람 공간을 조성하면 되는 일이었다. "교통, 교통" 하는 사람들이 보면 복잡하고 심각한 일이라고 하겠지만 그렇지 않다. 간단한 일이다. 어떻게 간단하는 말인가. 생각만 바꾸면 된다. 서울 도심의 주인이 도로와 차량이 아니라 사람과 역사가 주인이라고 생각을 바꾸면 된다. 차선이 줄고 도로가 좀 좁아져 차량 통행이 불편해지면 어떤가. 그것이 무슨 문제가 된다는 말인가. 그렇게 생각을 바꾸면 이 문제는 간단히 해결된다.

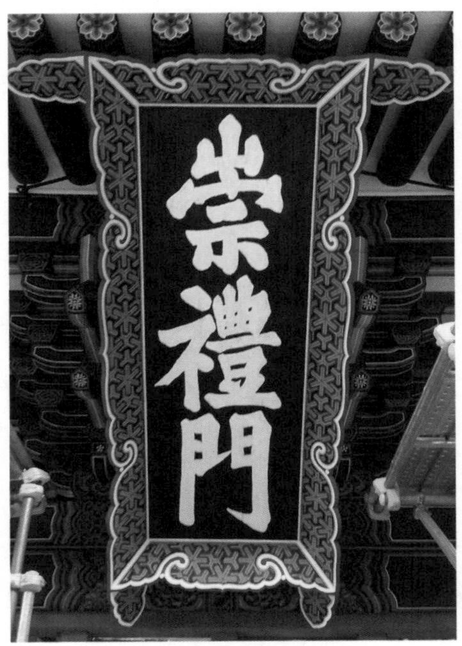

숭례문 현판
화재 이후 복원해 숭례문 처마에 다시 걸 때의 모습이다.

그런데 그런 의견은 잘 받아들여지지 않았다. 지금은 보행자 중심으로 생각들이 많이 바뀌었지만 1990년대만 해도 도로와 거리의 주인은 사람과 역사가 아니라 교통과 차량이라는 인식이 팽배해 있을 때였다.

그리고 5년여가 흘렀고 급기야 우리 사회의 생각이 바뀌기 시작했다. 도시 공간의 주인은 빌딩과 차량이 아니라 사람과 역사여야 한다는 인식이 퍼져 나갔다. 결국 2005년 5월 숭례문 남쪽 주변에 광장이 조성되었다. 사람들은 숭례문 옆으로 접근할 수 있게 되었다. 고립되었던 숭례문이 드디어 사람들과 호흡하게 된 것이다.

서울시는 서울역 맞은편 남대문로5가와 숭례문 사이의 차도를 포장해 2,500평 규모로 광장을 만들었다. 여기엔 '사진 찍는 곳(포토 아일랜드)'을 만들어 놓기도 했다. 또한 당시 태평로와 남대문로 등 차로와 맞닿는 쪽의 숭례문 가장자리에 3미터 폭의 보도를 설치해 시민들이 숭례문 주위를 걸어서 돌 수 있도록 할 예정이었다. 그러나 이 계획은 2005년 당시엔 성사되지 않았다.

이듬해 2006년에는 한 발짝 더 나아갔다. 숭례문 석축 한가운데의 홍예문을 개방해 사람들이 통과할 수 있도록 한 것이다. 획기적이고 바람직한 일이었다. 비로소 사람들은 대한민국 국보 1호 숭례문의 숨결을 느낄 수 있게 되었다. 하지만 우려의 목소리도 있었다. 사람들이 홍예문을 통과하게 될 경우, 자칫 훼손이나 사고가 발생할지 모른다는 것이었다.

이는 국보 1호 숭례문의 보존에 역점을 둘 것인가, 활용에 역점을 둘 것인가의 문제였다. 사람마다 생각은 모두 다르다. 특정 생각이 정답이라고 할 수도 없다. 하지만 문화재를 보존하기 위해 가두어 놓고 사람들을 가까이 접근하지 못하도록 하는 것은 꼭 바람직한 것은 아니다. 특히 도심 한복판에 있는 건축물의 경우, 개방을 통해 국민들과 호흡하는 것이 바람직하다. 물론 여기엔 완벽한 방재 시스템을 갖추어야 한다.

어쨌든 2006년 숭례문 홍예문 개방 당시 훼손 우려가 있었던 것도 사실이었다. 개방을 비판하는 목소리도 있었다. 안타깝게도 그 우려는 현실이 되었다.

숭례문의 화재와 복원

2008년 2월 10일 일요일, 설 연휴 마지막 날 밤 8시 50분경. 숭례문 목조 누각 내부에서 불길이 솟아올랐다. 그날 밤 결국 숭례문 문루 1층의 10%, 2층의 90%가 불에 타버렸다. 현판은 땅에 떨어져 일부가 부서졌다. 다음날 날이 밝고 나니 현장은 더욱 끔찍했다. 시커멓게 무너져 내린 숭례문 화재 현장은 아침녘 밝은 기운과 대비를 이뤄 보는 이의 가슴을 더욱 시리게 파고들었다.

그날은 대한민국 문화재 보존 관리의 역사에 있어 가장 부끄러운 날이었다. 한 개인의 방화였지만 그것을 막지 못한 책임은 우리 모두에게 있었다. 누군가는 "그러기에 숭례문을 개방하지 말았어야 했다"고 소리를 높였다. 숭례문 개방 자체는 바람직한 일이었지만 훼손이나 화재에 대한 대책이 부실했다. 숭례문이 일반인에게 개방된 이후에 방화나 훼손을 감시하고 관리하는 안전 요원이 제대로 배치됐어야 하는데, 문화재청이나 서울시가 이를 소홀히 한 것이다.

화재 현장에서도 아쉬움이 많았다. 물론 초기 진화작업은 신속하게 이뤄졌다. 덕분에 밤 10시가 되니 불길이 수그러들었다. 다행이었다. 화재 현장은 TV로 생중계되고 있었다. 소방대원들은 숭례문의 지붕과 벽체로 물을 뿜었다. TV를 보고 있던 한 원로 건축사학자는 조심스럽게 말했다.

"지금 불길이 잡혀가고는 있지만 아직 모릅니다. 불길이 사그라들고 연기만 난다고 해서 맘놓을 단계가 아닙니다. 목조 구조물 내부에 연기가 계속 남아 있다는 것은 불씨가 여전하다는 말이고 이것이 언제 다시 불길로 변할지 모릅니다."

10시 30분~11시쯤부터 불길이 다시 살아났다. 다시 살아난 불길은 그때부터 맹렬하게 치솟으며 건물 전체를 휘감았다. 11시 30분쯤, 숭례문은 화마에 완전히 휩싸였고 현판마저 땅에 떨어졌다.

그때 지붕이나 벽체 일부를 부수고 목조 누각 안으로 들어가 물을 뿌렸어야 했다. 그랬다면 밤 10시경 큰 피해 없이 불길을 잡을 수 있었는데 말이다. 하지만 불길이 잡혀가는 듯 보이는 상황에서, 누가 감히 국보 1호의 벽체와 지붕을 깨고 들어가 그 내부에 물을 뿌리도록 판단할 수 있을까. 그것을 결정할 수 있는 사람은 없었다. 현장을 지휘하는 문화재청 국장이 할 수 있는 일도 아니었고, 서울 중구소방서장이 할 수 있는 일도 아니었다. 그렇게 판단하는 것도 어려웠고, 판단할 권한도 사실상 없었다.

설령 그렇게 해서 불을 껐다고 치자. 사태가 수습된 뒤, 그리 큰 불이 아니라는 분석이 나왔을 경우를 생각해 보자. 고건축의 특성을 모르는 사람들은 이렇게 말했을 것이다. "별로 큰 불도 아닌데, 불길이 잡혀 연기밖에 나지 않는 상황에서 국보 1호를 훼손하다니. 감히 국보 1호

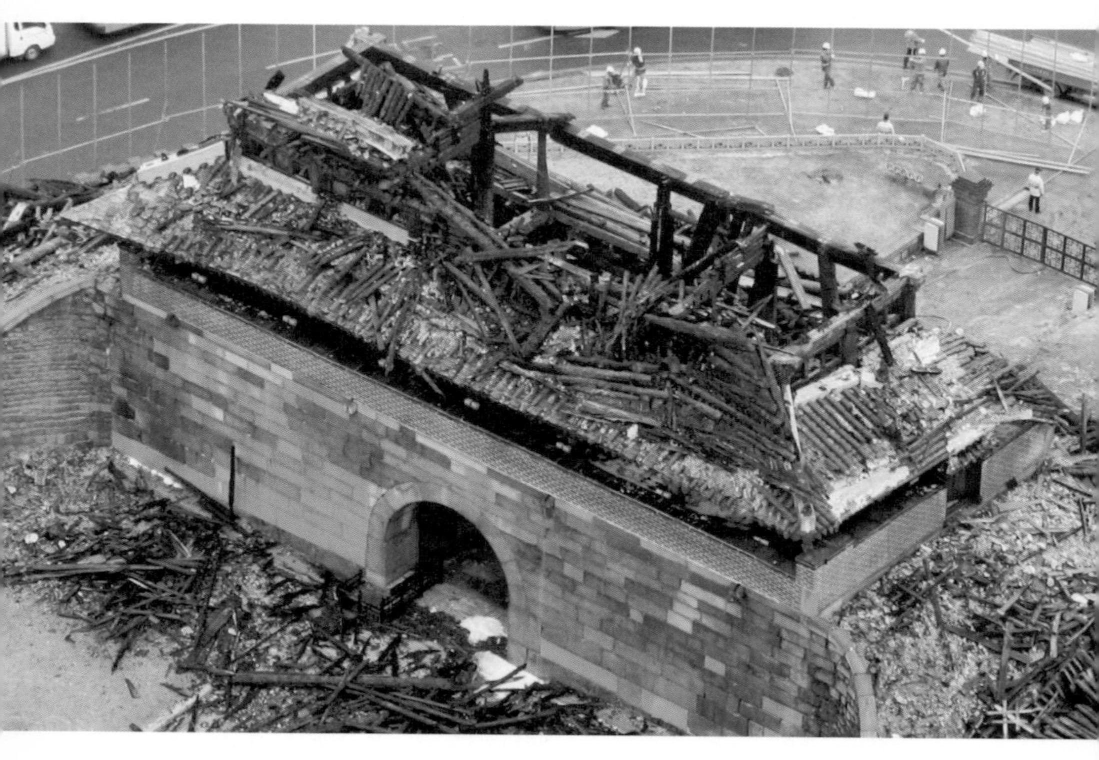

불타 버린 숭례문 2008년 화재 다음날, 숭례문의 모습

의 지붕을 깨고 벽체를 부수면서 진화를 하다니. 우리나라 문화재 방재는 그렇게도 초보적이란 말인가. 건물을 깨라고 지시한 공무원을 문책하라"고. 이럴진대 현장 공무원이 어떻게 "국보 1호의 벽체와 지붕을 부수고 들어가자"고 결단할 수 있겠는가. 누가 그런 지시를 내릴 수 있었을까.

결과를 놓고 비평하기는 쉽지만 당시 상황에서는 정말 어려운 일이었을 것이다. 만약, 국보 1호가 아닌 문화재였다면 그게 가능했을지도 모른다. 하지만 국보 1호였기에 오히려 그런 판단을 내릴 수 없었을 것이다. 국보 1호의 아이러니가 아닐 수 없다.

숭례문 화재 이후, 현장을 수습하고 복원을 위한 준비가 시작되었다. 복원 공사는 누각의 부재 해체→부재 실측 및 재사용 여부 판단→주변 발굴→성벽 복원→목조 누각 조립→기와 올리기→단청→현판 걸기 순으로 진행되었다. 문화재청은 화재 발생 이후 현장 수습, 불탄 부분의 추가 붕괴를 막기 위한 안전 조치, 피해 상황 조사, 주변 발굴, 현판 보존 처리, 복원 설계 등을 마치고 2010년 2월 본격적인 복원 공사에 들어갔다. 숭례문 복구 원칙은 ① 기존 부재를 최대한 활용하고 ② 일제 때 변형 철거된 성곽과 지반을 되살리고 ③ 전통 방식으로 복원한다는 것이었다.

복원의 전 과정은 모두 전통 방식에 따라 진행하고자 했다. 기와와 철은 전통 방식으로 제작하고 나무와 돌을 다듬는데도 현대식 전동 도구가 아닌 전통 연장을 사용하기로 했다. 전기톱 대신 도끼나 내림톱을 쓰고 대패, 큰자귀 등으로 목재를 다듬는 식이다. 이를 위해 숭례문 복원 현장에 대장간이 등장하기도 했다. 문화재청은 포스코에 의뢰해 조선시대 철 성분 그대로 철괴(철덩어리)를 만들어 숭례문 대장간에서 철물과 연장을 만들어 복원 작업을 진행했다. 하지만 생각과 달리 전통 방식으로 연장을 만들어 사용하는 데에는 한계가 있었고 현대식 철물 연장을 대거 사용했다. 다른 전통 방식도 사정은 비슷했다.

숭례문 복원 공사는 2013년 5월 마무리되었다. 화재가 발생한 지 5년 만에, 본격적인 복원 공사를 시작한 지 3년 만이었다. 전통 방식으로 복원 작업을 진행했다고 하지만 아쉬움과 부족함이 적지 않았다. 단청 작업에 사용했던 안료 열 가지 가운데 우리 전통 안료는 한 가지에 불과했고 나머지 아홉 가지는 일본산을 사용해야 했다. 아교 역시 전통 기법으로 제작하고자 했으나 결국 실패해 일본 아교를 사용할 수밖에 없었다.

2013년 10월, 복원 5개월밖에 되지 않아 숭례문 목조 누각 80여 곳에서 단청이 갈라지고 벗겨지거나 들떠서 탈락하는 현상이 일어났다. 단청의 색깔도 변했다. 심각한 문제가 아닐 수 없었다. 전통 기법을 되살리는 데 실패하고 화학접착제를 사용함으로써 이런 일이 발생한 것이다. 결국 국보 1호 숭례문 복원엔 부실 복원이라는 오명이 남게 되었다.

당시 숭례문 복원 사업을 할 때, 목조 누각뿐만 아니라 숭례문 좌우의 성곽 일부도 되살렸다. 숭례문이 그저 홀로 동떨어진 건축물이 아니라 조선시대 한양도성의 정문이었다는 사실을 보여 주기 위해서다. 숭례문은 한양도성과 떼어서 생각할 수 없는 문화재다. 목조 누각 못지않게 성곽 복원이 중요한 이유다. 숭례문의 존재는 성곽과 함께 있을 때 진정한 의미가 있다. 당시 복원을 통해 숭례문이 한양도성의 남쪽 정문이었다는 사실을 부각시키고자 한 것은 매우 바람직한 일이었다.

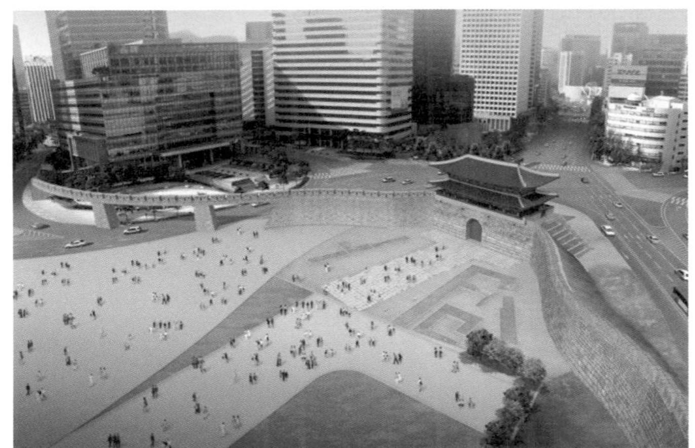

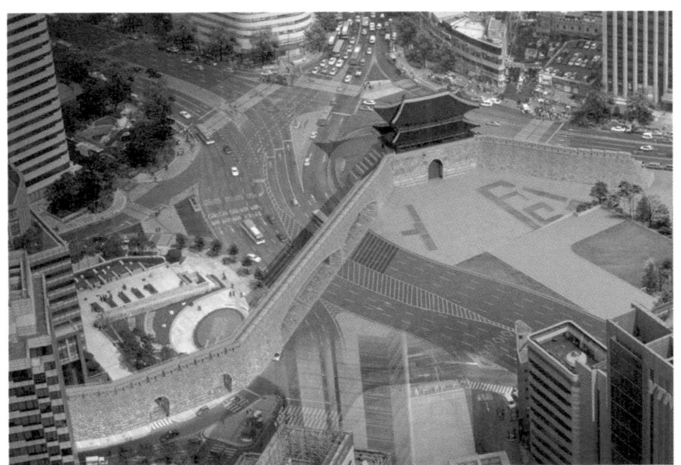

숭례문 서쪽 성벽 연장 복원 아이디어 조감도 숭례문 복원안의 하나로 제시되었던 조감도. 서쪽 도로 건너편까지 성벽을 연장하자는 취지로 문화재청(위 조감도)과 서울시(아래 조감도)가 아이디어를 냈지만 모두 채택되지 않았다.

복원한 성벽은 동쪽 남산 자락으로 53미터, 서쪽 대한상공회의소 쪽으로는 16미터 길이다. 숭례문을 바라보면 복원한 좌우 성벽의 길이가 크게 차이가 난다. 서쪽 상공회의소 방향이 너무 미약하고, 무언가 가다가 끊긴 듯 뒤뚱하다. 도로에 막혀 16미터만 복원할 수밖에 없었기 때문이다. 동벽과 서벽 길이의 좌우 조화가 사라져 시각적으로 매우 어색한 느낌을 준다.

당시 이 문제를 놓고 몇 가지 논의가 있었다. 우선, 길 건너 대한상공회의소까지 성곽을 연장하는 방안이 제기되었다. 이 안에 따르면 숭례문 서측 도로를 막아 버리는 형국이 된다. 당연하게도 "그럼 차는 어떻게 다니냐"고 반론도 나왔다. 숭례문 성곽도 중요하지만 현실적으로 채택하기 어려운 안이었다.

그러자 차량도 다니게 하고 성곽도 연장하는 방안이 제시되었다. 대한상공회의소와 숭례문 사이의 도로 상공으로 성곽 윗부분의 여장(女墻, 적을 공격하기 위해 성벽 위에 설치하는 낮은 담)이 지나가도록 하는 방안이다. 그럴 경우, 차량은 그 밑으로 지나가면 된다. 이같은 성벽 복원은 서울의 역사와 경관을 살리는 데 도움이 될 것이란 긍정적 의견도 뒤따랐다.

하지만 이 방안을 두고도 찬반이 엇갈렸다. 이 복원 방안이 공식적으로 논의된 것은 아니었지만 물밑에서 찬반 의견이 대두되었다. 찬성론은 이러했다.

"서울역에서 내려 숭례문을 거쳐 광화문 경복궁 방향으로 들어서는 사람들은 숭례문과 좌우로 연결된 성곽의 모습에 매료될 것이다. 비록 완전한 성벽은 아니라고 해도 그것을 보면서 그것 아래를 통과해 서울 도심으로 들어간다면, 숭례문과 조선시대 성벽의 숨결을 느끼며 서울의 역사 한복판으로 걸어 들어간다는 경험을 제공할 것이다. 도로 한복판에 홀로 서 있는 숭례문 하나만으로는 부족하다. 좌우로 길게 성곽을 거느리고 있을 때 숭례문은 그 존재 가치를 발할 수 있다."

하지만 반론도 만만치 않았다.

"굳이 그렇게 만들 필요가 있는가. 원형대로 성곽을 복원하는 것이 아니라 성곽의 몸체는 빼놓고 도로 상공으로 여장만 지나가도록 하는 복원은 어쩌면 경관을 훼손하는 것 아닌가. 그것은 복원이 아니라 이 시대의 새로운 구조물에 불과하지 않는가. 자칫하면 그것이 또 다른 문화재 훼손이 될 수 있다."

결국, 이 방안은 한양도성 성벽의 원형을 훼손하는 것이란 근본적인 반론에 부딪혀 채택되지 못했다.

국보 1호 재지정 논란

숭례문은 대한민국 국보 1호다. 그런데 60년 넘도록 국보 1호의 지위를 구가해 온 숭례문이 국보 1호로 적합하지 않다고 누군가 주장한다면, 그래서 국보 1호를 새로 지정해야 한다는 주장이 제기된다면….

일제 지정 문화재를 재평가하던 1996년, 이 문제를 놓고 한바탕 뜨거운 논란이 벌어졌다. 숭례문이 과연 한국의 국보 1호로 적합한지를 놓고 전문가들뿐만 아니라 많은 국민들 사이에서 찬반 논란이 비등해졌기 때문이었다. 당시는 김영삼 정부의 '역사 바로 세우기' 프로젝트가 한창일 때였다. 정부는 그 해 12월 경복궁 내 조선총독부 건물을 철거했다.

앞서 언급한 것처럼, 숭례문과 국보 1호의 인연은 1934년으로 거슬러 올라간다. 1934년 8월 27일 일제가 조선의 보물을 지정하면서 숭례문(당시는 경성 남대문)에 보물 1호의 번호를 부여했다. 당시 일제가 숭례문의 가치를 특별히 평가했던 것이라기보다는 편의상 1호를 붙인 것으로 알려져 왔다. 하지만 일제가 임진왜란 당시 왜장 가토 기요마사가 숭례문을 거쳐 한양에 입성한 것을 기념하기 위해 보물 1호로 정했다고 보는 견해도 있다. 이후 1955년, 1962년 우리 정부가 국보, 보물을 지정하면서 일제가 부여했던 번호를 대체로 이어받았고 그렇게 해서 숭례문은 국보 1호가 되었다.

1996년 당시 국보 1호를 재지정해야 한다고 주장하는 측의 의견은 이러했다.

"국보 1호는 한국 전통문화의 상징이다. 남대문(당시는 숭례문으로 이름을 바꾸기 전이었음)으로는 약하다. 우리의 대표적 문화재로서의 상징성이 부족하고 일제의 잔재가 남아 있다. 훈민정음, 석굴암처럼 역사적 문화적으로 가치가 높고 세계 어디에 내놓아도 손색없는 문화재로 국보 1호를 바꾸어야 한다."

즉 국보 1호는 다른 국보와 다른 특별한 것이어야 하는데 숭례문으로는 부족하다는 논리였다. 국보 1호 재지정론자들이 내놓은 대안은 훈민정음, 석굴암 등이었다.

이에 대해 재지정 반대론자들은 이렇게 맞섰다.

"국보 1, 2, 3호의 번호는 좋고 나쁨의 순위가 아니라 단순한 순번에 불과하다. 문화재라는 것은 각 장르별로 개성적인 가치를 지니고 있기 때문에 우열을 매길 수 있는 성질의 것이 아니다. 국보 1호를 새로 지정할 경우, 기존의 관념을 어지럽게 할 뿐만 아니라 국내외의 각종 자료와 기록을 고쳐야 하는 등 엄청난 혼란이 발생한다. 이번에 국보 1호를 바꾸고 그후 더 좋은 문화재가 발굴 혹은 발견된다면 또다시 국보 1호를 새로 지정할 것인가. 특별한 문제가 없는 한 이미 지정한 문화유산을 그대로 유지 보존하는 것이 바람직하다."

양측의 의견은 팽팽히 맞섰고 논란은 그치지 않았다. 고심하던 문화재관리국(현재 문화재청)은 여론을 물어 국보 1호 재지정 여부를 결정하기로 하고 1996년 10월부터 11월까지 설문조사를 실시했다. 대상은 문화재 전문가 144명과 일반 국민 1,000명이었고 결과는 반대 우세였다. 전문가들의 설문조사 결과를 보면, 설문에 응답한 전문가 135명 가운데 59.2%인 80명이 재지정 반대, 38.5%인 52명이 재지정 찬성 의견을 보였다. 일반 국민 여론조사 결과도 비슷했다. 조사 대상 1,000명 가운데 67.6%인 676명이 국보 1호 재지정에 반대했다. 재지정에 찬성한 사람은 32.4%인 324명이었다.

문화재관리국은 여론 조사 결과에 따라 국보 1호를 그대로 두기로 최종 결정했다. 이로써 세간의 관심을 끌었던 국보 1호 재지정 논란은 '현상태 유지'로 일단락되었다. 우여곡절이었지만 어찌됐든 대한민국 국보 1호는 바뀌지 않았다.

국보 1호 재지정 논란은 이후 잠잠해졌다. 그러나 9년이 흐른 뒤, 다시 수면 위로 떠올랐다. 2005년, 국보 1호 재지정 논란은 다소 의외의 지점에서 시작되었다. 감사원이 '상징성 부족', '일제 잔재 청산'이라는 이유를 들어 문화재청에 국보 1호 교체를 권고한 것이다. 당시 유홍준 문화재청장은 "국보 1호를 바꾸는 데 (국민 사이에) 큰 이론은 없고, 새로운 국보 1호로는 훈민정음이 적합하다"고 발언하기도 했다. 그의 발언을 두고 이런저런 평가가 나왔다. "문화재청장이 의견을 말할 수는 있는 것 아닌가"라는 옹호론부터 "문화재위원회의 심의를 거쳐야 하는 사안인데도 교체를 기정사실처럼 몰아간 것 아니냐. 부적절했다"라는 비판론까지. 여기에 감사원이 나서고 문화재청장이 이에 호응했다는 점에서 "정치논리가 문화논리를 지배했다"는 지적도 나왔다.

많은 문화재 전문가들은 "국보는 광복 이후 전문가들에 의해 신중하게 지정된 것이다. 친일 잔재 운운하는 것은 있을 수 없다"며 불쾌한 반응을 보이기도 했다. 한동안 논란이 있었지만 어쨌든 2005년에도 국보 1호는 바뀌지 않았다. 문화재위원회가 '현행 유지'로 결론지었고 그 결정을 문화재청이 그대로 받아들였다.

국보 1호를 바꾸어야 한다고 주장하는 교체론자들은 새로운 1호 후보로 훈민정음(현재 국보 70호)을 꼽는다. 한글 훈민정음이 우리 민족을 대표하는 독창적인 문화재라는 사실에 어떠한 이의도 없다. 하지만 국보 1호 교체 문제로 넘어가면 모순에 직면한다.

국보 70호는 엄밀히 말하면 '훈민정음 해례본'이다. '훈민정음'과 '훈민정음 해례본'은 다르다. 훈민정음은 한글이다. 하지만 국보 70호 훈민정음 해례본은 훈민정음 그 자체가 아니라 훈민정음 해설서다. 교체론자들은 새로운 국보 1호로 훈민정음 자체를 생각하지만 현실에서는 그 해설서를 국보 1호 후보로 내놓고 있다. 모순이 아닐 수 없다.

훈민정음 해례본은 1940년 간송 전형필 선생이 거금을 주고 수집할 때 맨 앞 두 장이 떨어져 나간 상태였다. 그후 두 장을 복원해 붙였다. 따라서 100% 온전한 상태는 아니다. 숭례문보다 더 가치가 있는 것으로 국보 1호를 교체해야 한다는 교체론의 논리를 따르면, 현재 해례본보다 더 온전한 상태의 해례본이 발견될 경우 그것으로 국보 1호를 다시 바꿔야 한다. 끝없는 혼란이 발생할 수 있다.

석굴암과 팔만대장경 또한 새로운 국보 1호 후보로 늘 거론된다. 석굴암과 팔만대장경은 한국을 대표하는 문화재임에 틀림없다. 석굴암

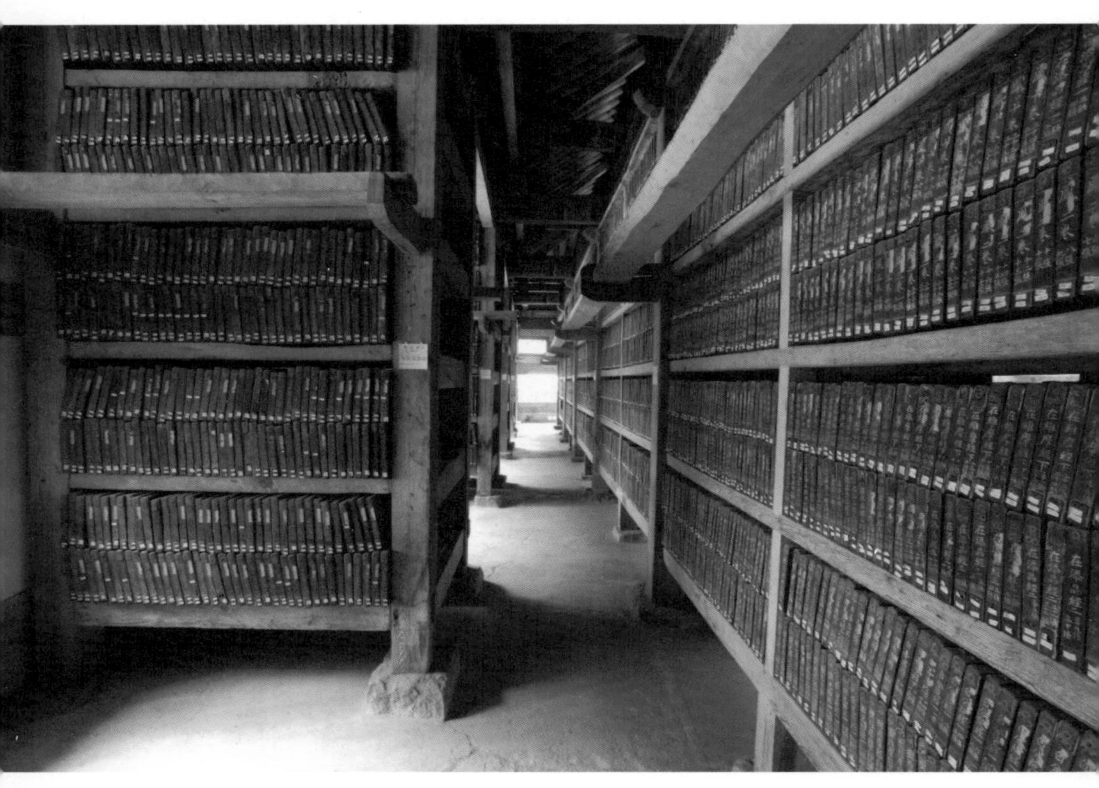

국보 32호로 지정된 합천 해인사 대장경판(팔만대장경)

은 유네스코 세계유산이고 팔만대장경은 유네스코 세계기록유산이다. 그렇기에 한국을 대표하는 문화유산이라는 점에 이견이 있을 수 없다. 하지만 이들이 만약 국보 1호로 새롭게 지정된다고 하면, 상황이 달라질 것이다. 이를 이해하기 위해선 47년 전 사연을 들여다보아야 한다.

1972년 최고액권인 1만 원권을 처음 만들 때였다. 한국은행은 고심 끝에 우리나라 최고의 문화재인 석굴암 본존불과 불국사의 모습을 앞뒷면에 디자인해 넣기로 결정했다. 이어 시쇄품(試刷品)을 만들어 당시 박정희 대통령의 서명을 받아 발행 공고를 마쳤다.

그런데 예상치 못한 일이 일어났다. 기독교계에서 "불교 문화재인 석굴암과 불국사를 1만 원권에 표현하는 것은 특정 종교를 두둔하는 일"이라고 반발하고 나선 것이다. 반발은 거셌다. 반대가 그치지 않자 한국은행은 결국 발행을 취소하고 말았다. 국내 최초의 1만 원권 발행은 이렇게 어이없이 무산돼 버렸다. 결국 이듬해 1973년 세종대왕 초상과 경복궁 근정전으로 도안을 바꿔 새로운 1만 원 권을 만들었다. 종교적 논란이 없도록 이번엔 불교 문화재는 아예 제외했다. 그렇게 해서 세종대왕의 1만 원권이 등장하게 된 것이다. 박정희 전 대통령의 서명이 들어가 있는 석굴암 1만 원권 시쇄품은 현재 서울의 한국은행 화폐박물관 1층에 전시되어 있다.

이 1만 원권 사례는 우리에게 무언가를 시사한다. 국보 1호를 불교 문화재로 바꾸었을 경우, 종교적 차원의 반대 여론이 형성될 수 있다는 말이다. 팔만대장경이나 석굴암을 우리의 보편적인 문화재로 보려는 것이 아니라 종교의 틀에 가두려는 편협한 시각이지만, 이런 시각이 완전히 사라졌다고 장담할 수는 없다.

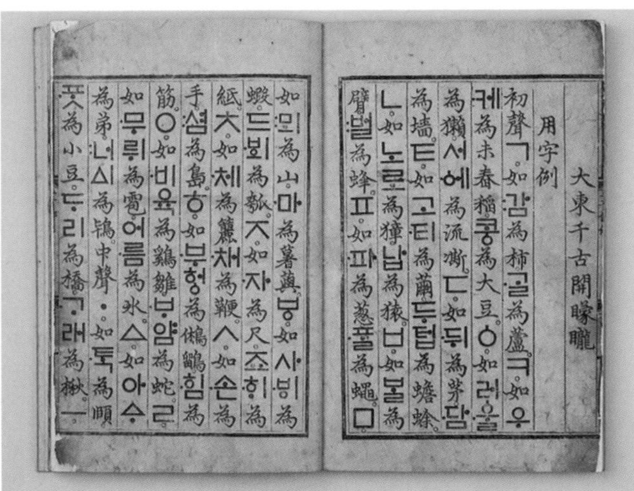

大東千古開矇朧

用字例

初聲ㄱ。如감爲柿。골爲蘆。ㅋ。如우
케爲未舂稻。콩爲大豆。ㆁ。如러울
爲獺。서에爲流凘。ㄷ。如뒤爲茅。담
爲墻。ㅌ。如고티爲繭。두텁爲蟾蜍。
ㄴ。如노로爲獐。납爲猿。ㅂ。如볼爲
臂。벌爲蜂。ㅍ。如파爲葱。풀爲蠅。ㅁ。

如뫼爲山。마爲薯藇。ㅸ。如사ᄫᅵ爲
蝦。드ᄫᅴ爲瓠。ㅈ。如자爲尺。죠ᄒᆡ爲
紙。ㅊ。如체爲籭。채爲鞭。ㅅ。如손爲
手。셤爲島。ㅎ。如부헝爲鵂鶹。힘爲
筋。ㅇ。如비육爲鷄雛。ᄇᆞ얌爲蛇。ㄹ。
如무뤼爲雹。어름爲氷。ㅿ。如아ᅀᆞ
爲弟。너ᅀᅵ爲鴇。中聲ㆍ。如ᄐᆞᆨ爲頤。
ᄑᆞᆺ爲小豆。ᄃᆞ리爲橋。ᄀᆞ래爲楸。ㅡ

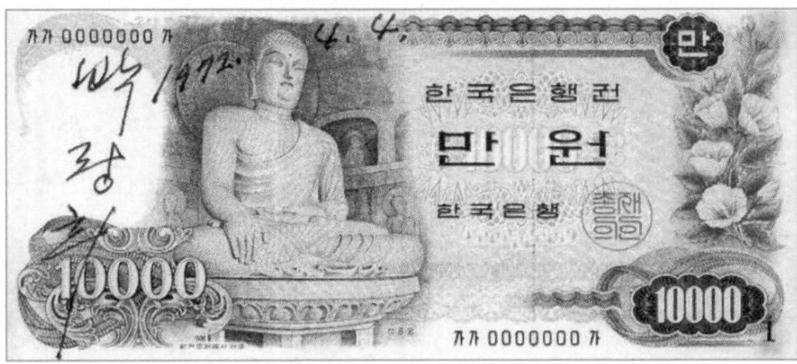

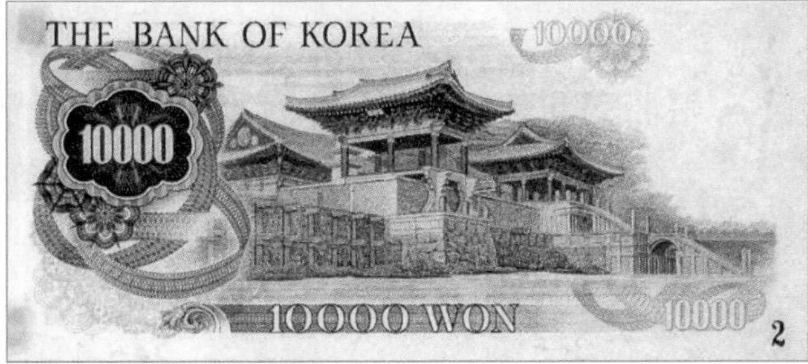

▲ **국보 70호로 지정된 훈민정음 해례본** 간송미술관 소장
▼ **1972년 첫 1만 원권 지폐 시쇄품** 당시 박정희 대통령이 승인 서명까지 했지만 일부 기독교계가 "화폐에 불국사 석굴암을 넣는 것은 불교 편향적"이라고 강하게 반발하자 한국은행은 발행을 포기하고 디자인을 바꾸었다.

지정번호 폐지 필요성

국보 1호 논란은 잠재된 불씨다. 언제나 재연될 수 있다. 1996년 '국보 1호 교체 불가'로 마무리되었던 논란이 불과 9년 만인 2005년에 다시 불거졌다는 점이 그렇다. 게다가 숭례문이 복원된 이후 2014년에도 또다시 국보 1호를 바꾸자는 의견이 일부 단체에서 나왔다. "숭례문이 국보 1호로 지정된 것에는 일제강점기의 잔재가 남아 있는 데다 화재 이후 부실 복원되었기에 국보 1호로서의 가치를 잃어버렸다"는 주장이었다. 왜 이렇게 자꾸만 국보 1호 교체 논란이 이는 것일까.

근본적인 원인을 찾아본다면 국보를 바라보는 시각이 서로 다르기 때문이다. 사람마다 다르고 시대마다 다르고, 또 정권에 따라 다르다. 2005년 교체 논란이 일었던 것은 감사원이 '일제 잔재 청산'이란 명분으로 국보 1호 교체 문제를 들고 나왔기 때문이다. 이는 2005년 당시의 정치적 사회적 분위기와 무관하지 않다. 숭례문의 국보 1호 지정 역사를 문화적으로 바라본 것이 아니라 지나치게 정치적 사회적으로 바라본 것이다. 이렇게 정치적으로 바라볼 경우, 국보 1호 교체 논란은 다시 불거질 가능성이 높은 사안이다. 게다가 국보 1호라는 상징성 때문에 다시 불러내는 순간 곧바로 사회적 이슈가 될 수밖에 없다.

그렇다면 어떻게 해야 할까. 우선, 국보 1호 지정 문제를 정치적으로 바라보지 말아야 한다. 하지만 이는 쉬운 일이 아니다. 그렇다면 다른 묘안은 없는 것일까. 어찌 보면 간단하다. 국보의 지정 번호를 없애면 된다. 국보 1호 숭례문, 국보 24호 숭례문, 국보 70호 훈민정음 해례본이 아니라 국보 숭례문, 국보 석굴암, 국보 훈민정음 해례본이라고 칭하면 된다.

국보와 보물의 일련번호는 1962년 문화재보호법을 제정하면서 일제가 우리 문화재에 편의상 붙였던 번호를 그대로 따른 것이다. 사실 국보나 보물 등에 번호를 매긴 나라는 우리나라와 북한뿐이다. 일본의 경우, 국보의 번호가 있지만 문화청의 관리용 번호일 뿐 그 누구도 번호를 사용하지 않는다. 일본의 국보 1호는 교토(京都)의 고류지(廣隆寺) 목조반가사유상이다. 그러나 일본 사람들 그 누구도 여기에 1호라는 숫자를 붙이지는 않는다. 일본의 모든 문화재 자료나 책자, 홍보물에는 국보의 번호가 붙어 있지 않다. 물론, 고류지 입구에 가보면 안내판이 있는데 거기에는 국보 1호라고 희미하게 표시되어 있다. 아마 사찰 측에서 반가사유상을 자랑하기 위해 일부러 국보 1호라는 말을 보이도록 한 것 같다. 이 경우를 제외하고는 일본의 어느 곳에서도 국보의 지정 번호를 발견할 수 없다.

국보 1호 재지정 논란을 잠재우는 것은 번호를 없애는 일밖에 없다. 오해의 소지가 높은 번호를 그냥 둘 필요가 없다. "국보의 번호는 가치 우열의 개념이 아니라 일련번호일 뿐"이라고 아무리 얘기해도 그때만 수긍할 뿐, 돌아서면 "그래도 국보 1호는 달라야 한다"고 말한다. 이것이 우리의 정서다. 우리는 1호를 늘 남다른 것으로 생각한다. 국보 2호보다, 국보 100호보다 우위에 있는 것으로 받아들이는 경향이 있다. '국보 1호는 무엇인지'를 묻는 시험 문제가 나오는 것도 이런 맥락이다. 그렇기에 아예 국보나 보물 등의 지정번호를 없애야 한다.

2005년 국보 1호 논란이 마무리될 때의 상황으로 돌아가보자. 2005년 11월 문화재위원회는 국보 1호를 그대로 유지하기로 했다. 대신 이듬해부터 국보 지정번호를 아예 없애는 방안을 정식 검토하기로 했다. 그때 국보 1호 재지정 여부 관련 회의에 참석한 국보지정분과 문화재위원(총 14명) 12명은 대부분 "1호, 2호 식의 국보 지정번호를 없애고 관리 차원의 번호만 부여하는 것이 바람직하다"는 의견을 냈다.

그러나 지정번호를 없애는 일은 쉽게 이뤄지지 않았다. 2008년 문화재청은 국보와 보물의 지정번호를 없애는 방안을 추진하겠다고 발표했다. 문화재 등급 분류 체계 개선안을 논의한 뒤 문화재보호법 개정을 추진하겠다는 것이었다. 이후 등급 체계는 조정되고 있지만 지정번호는 여전히 그대로 남아 있다. 구체적으로 언제 진행될지 알 수 없는 상황이다.

번호를 없애는 과정에서 국보와 보물의 가치를 객관적으로 평가해 다시 등급을 조정하는 작업도 함께 해야 하는데, 이것이 워낙 복잡하다는 우려 때문이다. 번호를 없애면 안내판 등을 수정하는 데 수백억 원의 비용이 들어갈 것이라는 걱정도 나온다. 틀린 말은 아니지만, 그러다 보면 부지하세월(不知何歲月)이다.

일단 번호를 없애야 한다. 번호를 없앴다고 정부가 공식 선언하고,

이후 생산하는 정부 자료나 문서에 번호를 사용하지 않으면 된다. 학교에서 번호를 빼고 가르치도록 하고, '국보 1호는 무엇인지'와 같은 문제를 내지 않도록 하면 된다. 동시에 시민사회에도 이런 취지를 전파하면 된다. 안내판이나 기존 자료를 수정하는 것은 급한 일이 아니다. 천천히 고쳐도 된다.

지정문화재 번호 폐지는 비용의 문제가 아니다. 관점과 철학의 문제다. 관점과 철학을 바꾸면 번호를 폐지할 수 있다. 국보와 보물 등의 번호를 남겨 두는 한 무의미한 교체 주장은 또 나올 것이다.

숭례문의 미학과 국보 1호 아이러니

숭례문과 흥인지문은 모두 조선시대 한양도성의 성문이다. 그런데 하나는 국보, 또 하나는 보물로 지정되어 있다. 왜 그런 것일까. 여기에 숭례문의 가치의 비밀이 숨겨져 있다.

숭례문은 1398년 처음 지어 1447년 수리한 한양도성의 성문이다. 현존하는 도성 건축물 가운데 가장 오래되었다. 목조 누각 부분은 다시 복원한 것이지만 석축은 조선시대 모습 그대로 전해 온다. 숭례문은 현존하는 도성 건축물 가운데 규모나 장중함에서 단연 독보적이다. 전체적으로 절제의 균형의 아름다움을 보여 준다. 조선 건국 직후의 그 강건한 시대 분위기를 건축적으로 잘 구현한 성문이다. 우리 전통 건축의 대표작이 아닐 수 없다.

반면 1869년에 완전히 새로 지은 흥인지문은 과도하게 장식과 기교에 치중했다. 흥인지문에 왕조 말기의 분위기가 반영되었다고 할까.

숭례문은 새 시대에 지어졌다. 숭례문은 새로운 시대의 도래를 상징한다. 당당하고 힘차다. 그래서인지 온갖 수난을 잘 이겨냈다. 숭례문은 역사적 미학적 건축사적인 면에서 국보로 지정되기에 충분한 가치를 지니고 있다. 여기엔 어떠한 이견도 없다.

그런데 잊을 만하면 논란이 인다. 문제는 숭례문이 국보라는 사실이 아니라 국보 1호라는 점이다. 국보 1호라는 지위가 주는 운명적인 부담이라고 할 수 있다. 그렇다보니 숭례문 국보 1호를 자꾸만 문화재 이외의 관점으로 들여다보려는 경향이 있다.

냉정히 말해, 숭례문을 대하는 우리의 태도와 국보 1호를 대하는 우리의 태도는 좀 다르다. 숭례문은 일제강점기 때 보물 1호로 지정되었다. 이것이 어쩌면 우리가 숭례문을 바라보는 데 암묵적으로 영향을 미친다. 식민지 시기였기 때문이다. 우리는 국보 1호를 정치적으로 바라본다. 여기서 말하는 정치는 넓은 의미에서의 정치적으로 말한다.

이 땅의 사람들은 조선시대 이래 한양도성의 남쪽 성문 숭례문을 무수히 드나들었다. 그것은 삶의 통로였다. 이것이 숭례문의 미학이다. 이 숭례문에 국보 1호의 영광스런 지위를 부여했지만 그것은 무거운 부담으로 작용하고 있다. 오히려 숭례문의 가치를 폄하하는 역효과를 내기도 한다. 국보 1호의 아이러니가 아닐 수 없다.

제3장

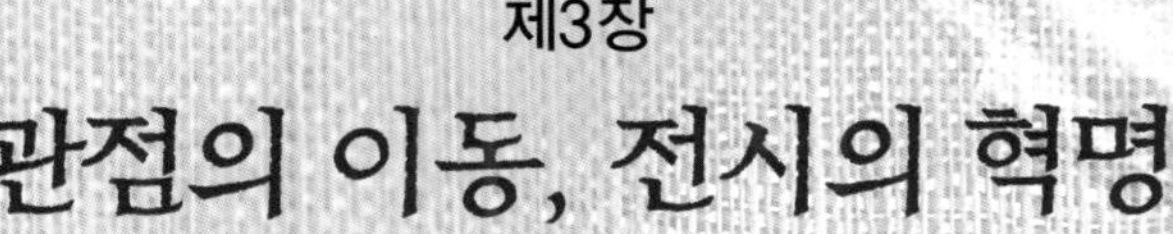

관점의 이동, 전시의 혁명

고분유물과 전시의 변화

유물과 맥락의 재발견

해저유물과 전시의 변화

개방형 수장고로의 전환

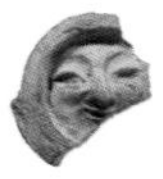

전국 곳곳에서 발굴이 진행된다. 쏟아져 나오는 유물의 양은 엄청나다. 고분의 경우, 발굴하고 나면 사람들은 고분을 방문하고 출토 유물을 감상하게 된다. 발굴된 고분 자체와의 만남, 출토 유물과의 만남을 통해 고분과 고분 발굴의 의미를 되새기고 기억한다. 예를 들어 무령왕릉(武寧王陵), 천마총(天馬塚), 황남대총(皇南大塚) 출토 유물들은 국립중앙박물관, 국립경주박물관, 국립공주박물관을 중심으로 상설전과 특별전 형식으로 관객들과 만난다.

이는 출토 유물이 원래의 장소를 떠나 박물관으로 옮겨져 전시를 하는 경우다. 그런데 최근 들어 고분 출토 유물의 전시 방식에 커다란 변화가 생겼다. 발굴 당시의 분위기를 그대로 살려주는 전시, 발굴 유물의 원래 맥락을 되살리는 전시에 대한 관심이 부쩍 커졌다. 그렇다보니 출토 유물 가운데 소수 명품만을 전시하는 방식에서 탈피해 고분 출토 유물 대부분을 동시에 전시하는 방식, 발굴 당시의 분위기를 살려 전시하는 방식이 확산되고 있다.

황남대총 출토 유물 5만8,000여 점 가운데 5만2,000여 점을 전시한 2011년 국립경주박물관 특별전은 이러한 변화의 신호탄이었다. 당시 전시실은 수장고를 방불케 했고, 관객들은 줄을 지어 감상하며 그 분위기에 호응했다. 발상의 전환, 관점의 이동이 가져온 대사건이었다. 이러한 전시를 두고 흔히 고밀도 전시, 수장고형 전시라고 부른다.

유물을 바라보는 관점의 변화는 고밀도 전시, 수장고형 전시를 거쳐 개방형 수장고로 이어졌다. 최근 들어 국내에서 개방형 수장고가 늘어나고 있다. 박물관, 미술관의 수장고를 개방해 소장 유물을 대량으로 보여 줄 수 있도록 하는 것이다.

고분유물과 전시의 변화

1) 무령왕릉, 천마총, 황남대총 발굴

1970년대는 한국 고분 발굴사에 길이 남는 특별한 시기다. 한국의 3대 고분 발굴로 일컬어지는 무령왕릉 발굴(1971년), 천마총 발굴(1973년), 황남대총 발굴(1973~1975년) 등 대형 고분의 발굴이 잇따라 이뤄졌기 때문이다.

무령왕릉에선 4,600여 점의 6세기 백제 유물이, 천마총과 황남대총에서는 각각 1만1,000여 점과 5만8,000여 점의 5~6세기 신라 유물이 쏟아져 나왔다. 이후 이러한 대규모 고분 발굴조사는 이뤄지지 않고 있다. 이 고분들의 발굴은 왕(왕족)의 무덤과의 만남인데다 출토 유물의 방대함과 화려함으로 발굴 당시부터 화제와 이슈가 되었다.

또한 한국 고대사 연구에 지대한 영향을 미쳤다. 단순히 대형 고분을 발굴한 것에 그치지 않고 그 출토 유물에 힘입어 학술적인 연구뿐만 아니라 전통에 대한 관심, 한국적 아름다움에 대한 새로운 인식을 불러일으켰다. 특히 금관과 같이 화려하고 세련된 황금 유물은 전문가뿐만

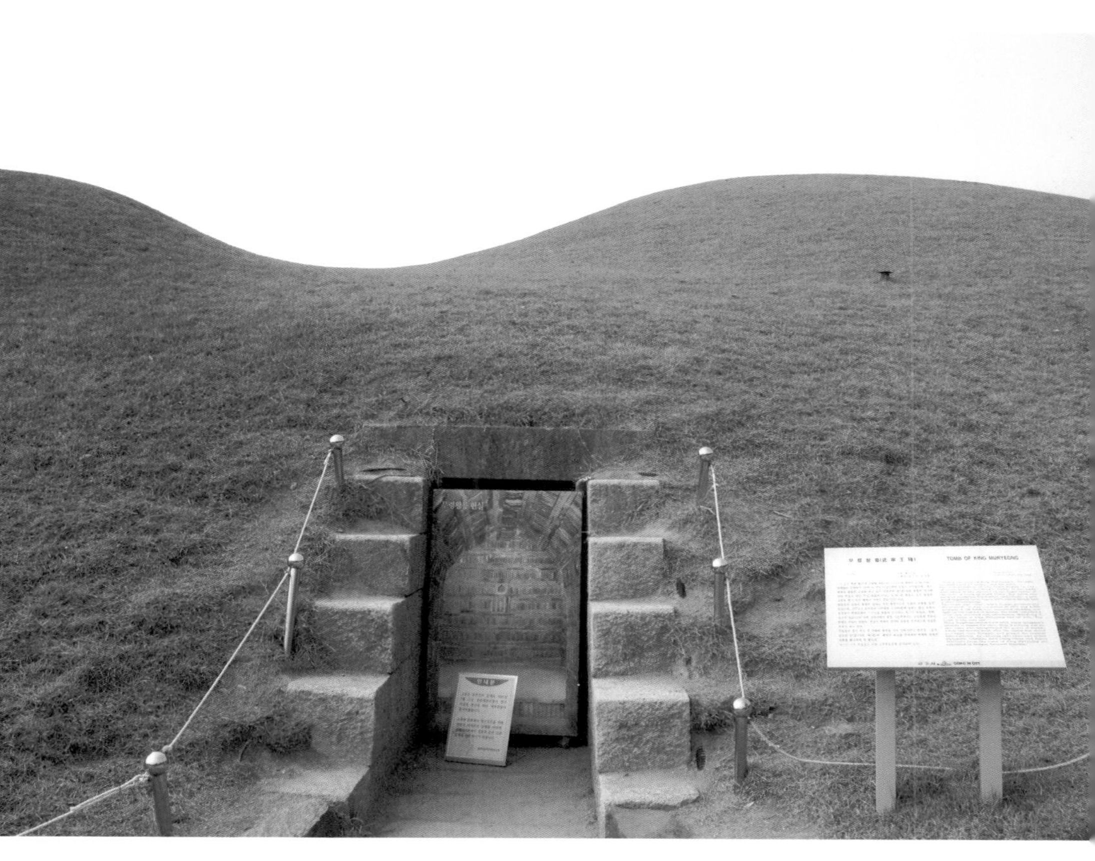

공주에 있는 백제 무령왕릉

아니라 일반 대중의 미감을 자극해 한국 전통 미의식의 형성에 중요한 계기를 마련했다.

충남 공주시 송산리고분군에 위치한 무령왕릉은 1971년 7월 송산리 5, 6호분 주변 배수로 공사 도중 우연히 그 존재가 확인되었다. 발굴 결과 벽돌로 쌓은 전축분(塼築墳)으로 백제 25대 무령왕(재위 501~523년)의 부부 합장묘라는 사실이 확인되었다. 다양한 무늬가 새겨진 벽돌을 쌓아 내부를 아치형으로 꾸민 고분으로 공간의 조형미가 매우 뛰어나다.

이곳에서 출토된 유물은 모두 108종 4,600여 점. 유려한 곡선에 불꽃 모양으로 장식된 왕과 왕비의 관(冠) 장식물, 금제 뒤꽂이, 각종 금제 목걸이와 귀걸이, 목제 무령왕비 두침(頭枕), 금동제 신발, 무령왕 부부가 토지신으로부터 이곳 땅을 샀다는 내용을 새겨놓은 지석(誌石), 무덤을 지키기 위한 용도로 제작된 석수(石獸) 등이 나왔다.

무령왕릉 발굴은 그러나 졸속 발굴이란 지적을 받는다. 한국 고고학계의 경험 부족과 당혹감으로 불과 하룻밤 사이에 유물 수습을 서둘러 마무리함으로써 한국 고고학사에 치명적인 오점을 남겼기 때문이다. 그때까지 우리 고고학계는 이같은 고분을 발굴해 본 경험이 없었다. 게다가 취재진과 구경꾼들이 인산인해를 이루고 취재진의 발에 밟혀 청동숟가락이 훼손되는 등 통제 불능의 상황으로 치닫자 발굴단이 당황한 것이다.

무령왕릉 발굴단장이었던 김원룡 당시 국립중앙박물관장(1993년 작고)은 생전에 "나는 사람들이 더 밀려오기 전에 하룻밤 만에 발굴을 끝내기로 작정하고 밤을 새워 발굴 작업을 진행시켰다. 나의 실수였고 고고학자로서 평생의 아쉬움의 하나다. 또한 나라와 국민에 대해 큰 죄를 저질렀다"고 고백한 바 있다.

이렇게 안타까운 사연이 담겨 있지만 우리 고고학계는 무령왕릉 발굴을 통해 그 어디서도 얻을 수 없는 귀중한 백제 관련 사료(史料)를 얻게 되었다. 무령왕릉은 삼국시대 고분 가운데 주인공이 밝혀진 유일한 고분이라는 점에서 그 의미가 더욱 각별하다.

천마총은 황남대총과 함께 경북 경주시 시내 한복판 대릉원(大陵苑)에 위치한 신라 고유의 돌무지덧널무덤(積石木槨墳)이다. 천마총 발굴은 1973년 경주관광종합개발계획에 따라 진행되었다. 정부는 1971년 경주관광종합개발계획을 수립하고 그 일환으로 가장 큰 고분인 황남대총(당시 98호분)을 발굴하고 그 내부를 복원 공개하기로 했다. 그러나 대형 돌무지덧널무덤의 발굴 경험이 없던 고고학계로서는 황남대총 발굴이 매우 부담스러웠다. 이에 따라 황남대총 발굴에 앞서 바로 옆의 다소 규모가 작은 천마총(당시 155호분)을 시험 발굴하기로 했다.

시험 발굴이었지만 그 결과는 놀라웠다. 광복 이후 처음으로 나온 금관을 비롯해 모두 1만1,000여 점이 출토되었다. 무덤 주인공은 금관과 금제 허리띠, 금드리개, 금귀걸이를 비롯한 화려한 장신구와 금동제 봉황장식 고리자루칼(環頭大刀)을 착용한 상태였다. 무덤 주인의 머리맡에 있었던 부장품 궤(크기 1.8×1.0미터)에도 칠기류, 금동 및 유리그릇, 장식 마구(馬具) 등 다양한 보물이 들어 있었다. 이곳에서는 신라의 유일한 그림이라고 할 수 있는 〈천마도 장니(天馬圖障泥, 말다래)〉도 발견되었다.

경주 대릉원에 있는 황남대총은 국내에서 가장 큰 고분이다. 남북으로 무덤 두 기가 붙어 있는 표주박 모양의 쌍분(雙墳)으로, 남북 길이 120미터, 동서 길이 80미터, 높이는 남분 21.9미터, 북분 22.6미터다. 1973~1975년

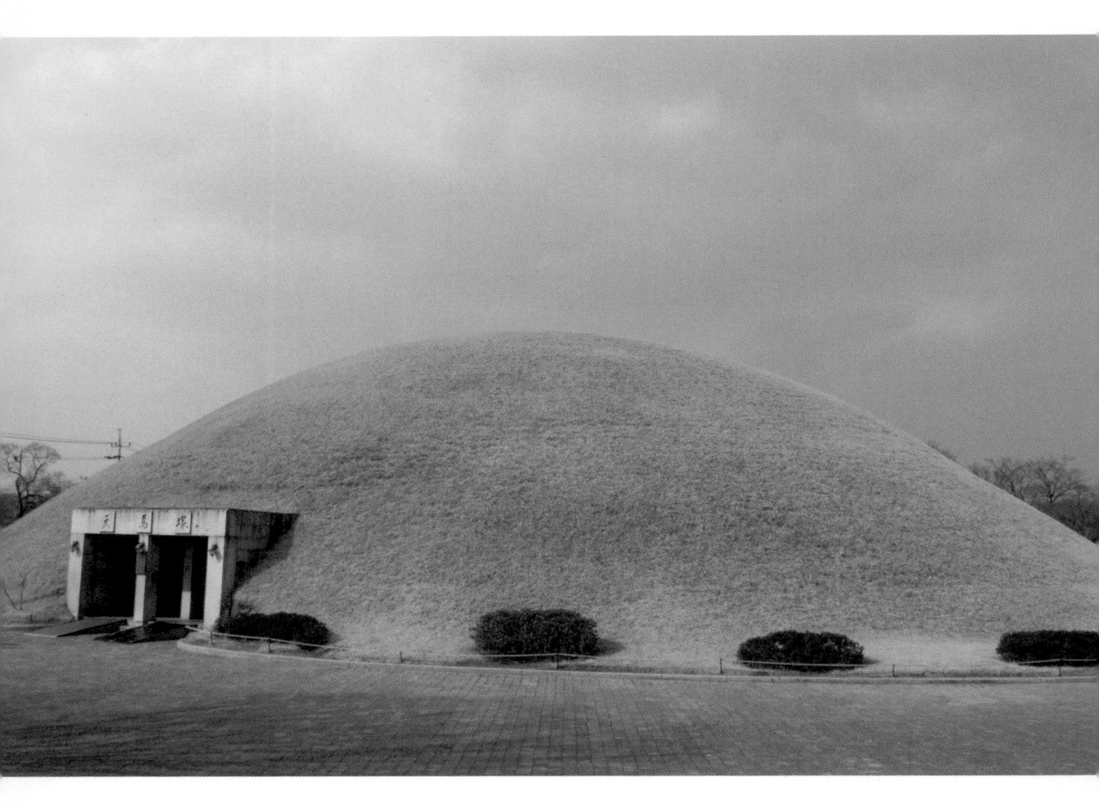

경주 대능원에 있는 신라 천마총

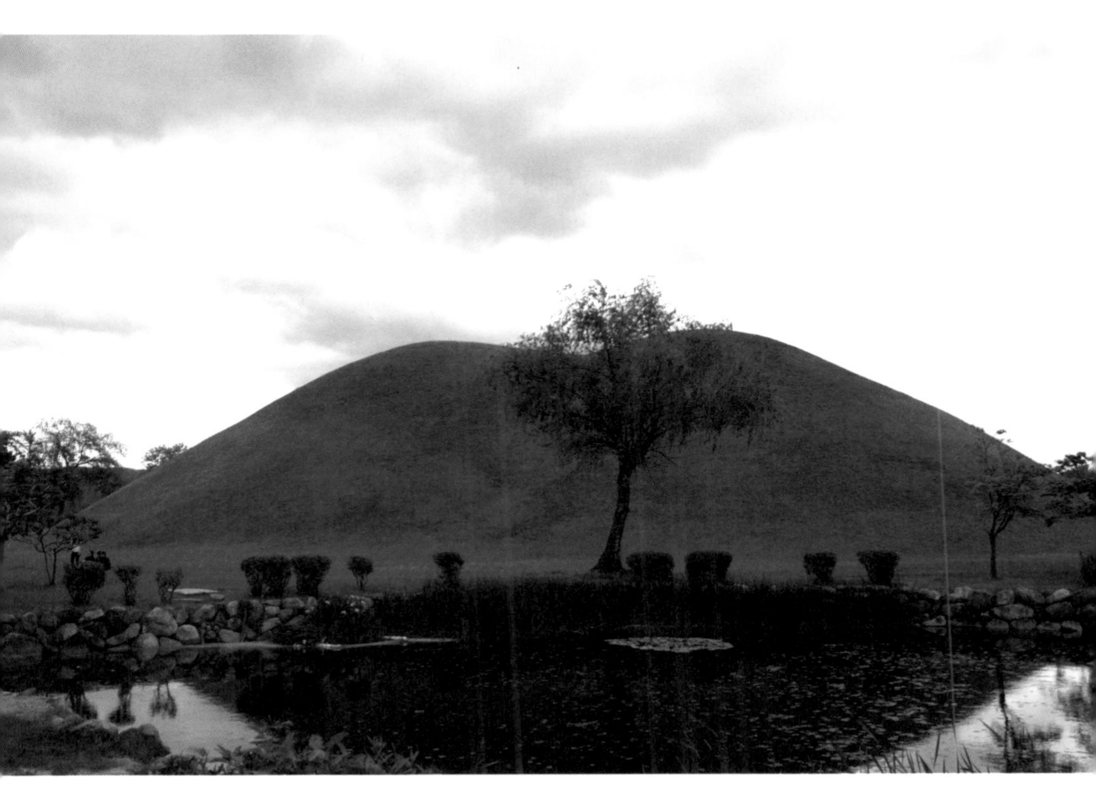

경주 대능원에 있는 신라 황남대총

발굴조사에서 금관과 금제 허리띠, 봉수(鳳首) 모양 유리병 등을 비롯해 반지, 팔찌, 신발, 고리자루칼(환두대도), 유리구슬, 물고기뼈, 조류뼈, 말 안장 꾸미개 등 각종 말 장신구, 각종 쇠붙이, 서역(西域)에서 들어온 수입품, 이국적인 금팔찌 등 5만8,000여 점의 유물이 쏟아져 나왔다.

발굴 결과 남쪽 봉분은 남자의 무덤, 북쪽 봉분은 여자의 무덤으로 확인되었다. 부부 합장묘였다. 주인공을 정확하게 밝혀 낼 수는 없지만 규모나 출토 유물로 보아 마립간(麻立干) 시대 왕릉이란 견해가 지배적이다.

2) 고분유물 전시의 세 유형

발굴이 끝나면 출토 유물은 박물관으로 옮기고 현장은 상황에 따라 보존 또는 활용을 하게 된다. 그런데 이 세 고분은 고분 현장의 보존과 활용 방식에서 서로 다른 모습을 보여 준다.

무령왕릉의 경우, 내부 보존을 위해 1997년 고분을 영구 폐쇄하고 바로 옆에 모형관을 만들어 공개하고 있다. 모형관 내부엔 인근의 송산리 5, 6호분과 무령왕릉의 내부를 실제와 똑같은 크기와 모양으로 재현해 놓았다. 무령왕릉을 재현한 전시관인 셈이다. 무령왕릉을 절개한 모형을 유리 진열장 속에 배치해 고분 구조와 발굴 상황을 입체적으로 관람할 수 있도록 했고 각종 출토 유물 복제품, 관련 영상 시각자료를 제공한다. 모형관에서 무령왕릉에 관한 정보를 얻을 수는 있지만 감동을 받기 어렵다는 아쉬움이 있다. 가장 큰 이유는 출토 유물이 진품이 아니라 복제품이라는 사실이다.

경주 천마총은 발굴 이후인 1975~1976년 무덤 내부를 복원해 안으로 들어가 관람할 수 있도록 했다. 1971년 수립한 경주관광종합개발계획에 따르면, 고분을 2기 정도 발굴하고 내부를 그대로 보존 공개하여 내부 구조 및 유물 출토 상황을 원상대로 볼 수 있도록 하여 일종의 야외박물관으로 활용하기로 했다. 원래 황남대총의 내부를 공개하기로 했으나 천마총만 내부를 공개한 것이다. 이에 따라 천마총은 신라 고분 가운데 내부를 들어가 볼 수 있는 유일한 무덤이 되었다. 봉분은 지름 47미터, 높이 12.7미터다.

천마총 내부엔 내부 구조와 함께 출토 상황을 그대로 재현해 놓았다. 실제 무덤 내부를 공개 전시장으로 꾸민 것이다. 남쪽에 문을 내고 들어가 돌무지와 덧널 구조, 널과 부장품 궤 등을 관람하고 다시 남쪽으로 나가는 구조로 되어 있다. 내부는 무덤 한가운데를 동서로 절개한 단면을 보여 준다. 내부 공간의 절반은 진열공간으로 활용하고 있다. 돌무지(積石)와 덧널(木槨), 널(木棺)의 규모나 구조, 전체적인 크기 등을 이해하는 데 도움이 된다. 내부에 나무로 덧널을 설치하고 무덤 주인공을 안치한 널을 넣은 다음, 덧널 위에 돌무지를 쌓고 다시 흙으로 봉분을 쌓은 구조라는 사실을 알 수 있다.

하지만 천마총 실물의 내부에서 특별한 감동을 느끼기는 어렵다. 외부 출입구에서 봉분 내부까지 이르는 통로는 콘크리트로 마감하고 중간에는 스테인레스 방화문이 있어 1500년 전 고분 속으로 들어가는 분위기가 아니다. 전시 유물도 복제품이어서 돌무지덧널무덤의 내부 구조를 보여 준다는 점 외에는 별다른 매력이 없다.

천마총 내부의 상황은 무령왕릉 모형관과 또 다르다. 무령왕릉 모형

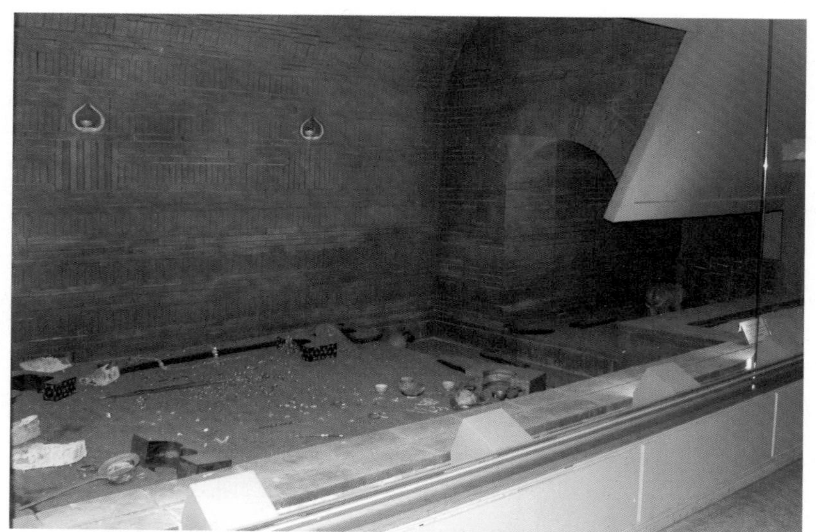

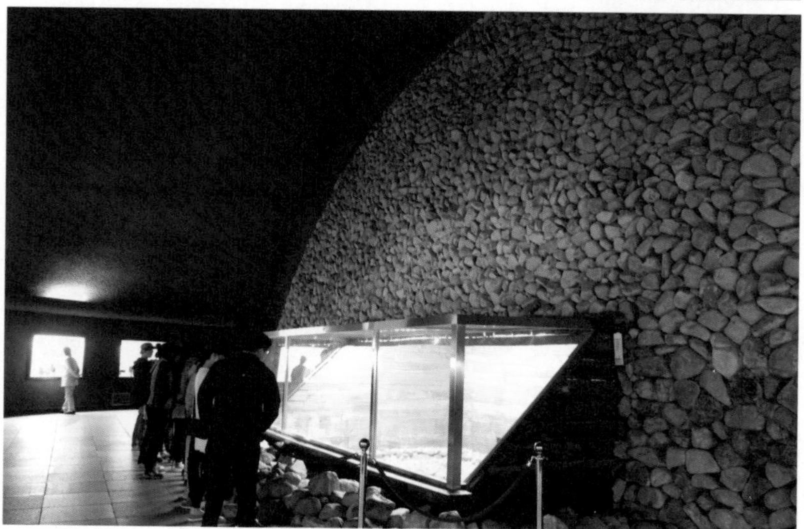

▲ 공주 무령왕릉 가까운 곳에 만들어 놓은 무령왕릉 모형관 ▼ 일반에 공개하고 있는 천마총 내부

관은 실물이 아니나 제3의 전시공간이라는 사실을 관람객들이 미리 인지하고 접하게 된다. 그러나 천마총은 실물 고분 속으로 들어간다는 기대를 준다. 하지만 6세기 신라 고분의 신비로움은 없다. 천마총 내부 공개는 1976년 애초부터 경주관광 프로젝트의 하나였다. 격조 있는 박물관 전시공간이라기보다는 관광 코스의 하나로 기획된 것이다.

반면 황남대총은 발굴 이후 다시 원래 모습으로 봉분을 덮고 그 장대한 외형만을 보여 주고 있다. 한국 발굴사에 길이 남은 세 고분은 고분 현장을 보존 활용하는 데 있어 각기 다른 모습을 보여 주고 있다.

3) 고분유물 전시의 변화

박물관의 주요 기능 가운데 하나는 전시다. 전시는 사람들이 박물관을 이해하고 박물관의 컬렉션을 만날 수 있는 가장 기본적이면서도 중요한 방식이다. 전시는 박물관의 존재 이유이자 존재 가치의 실현이기도 하다.

박물관의 전시 유물을 보면 제작 당시 또는 사용 당시 일상용품이었던 것들이 많다. 고분에서 출토된 유물도 당시의 눈으로 보면 사람들의 생활용품이었다. 그것들이 오랜 세월이 흐른 뒤 수집과 감상의 대상이 되어 컬렉션을 이루고 박물관, 미술관에서 전시를 통해 대중과 만난다. 컬렉션의 대상이 되고 그것이 진열장 속에서 전시될 때 그것은 일상용품이 아니다. 전시를 감상한 수용자들은 삼국시대 사람들의 일상용품을 미술품과 같은 특별한 대상으로 인식하게 된다.

전시장을 흔히 '화이트 큐브(White Cube)'라고 부른다. 원래 장소를 떠나

백색의 중립적 공간에서 관객을 만난다는 의미다.(윤난지 「성전과 백화점 사이-후기 자본주의시대의 미술관」, 『미술사학보』 17집, 미술사학연구회, 2002) 박물관, 미술관 공간에 전시되는 작품들은 원래의 장소를 떠나, 원래 소유주의 손을 떠나 새로운 공간으로 들어온 것이다. 애초의 시대적 문화적 맥락에서 떨어져 나왔다는 말이다. 이는 전시의 탈(脫)맥락이다. 이에 대해 "박물관은 우리의 일상적 삶 속에 있는 미술품을 원래의 환경으로부터 떼어내어 박제화한다"는 견해도 있다.(전진성 『역사가 기억을 말하다』, 휴머니스트, 2009, p.258) 이를 뒤집어 보면, 박물관 전시는 점점 더 "물질문화를 통해 인류의 역사와 기억의 파편들을 보존하고 재경험할 수 있는 장"으로 주목받는 측면도 있다.(전동호 「19세기 서구 지방 공공박물관의 실태 : 영국 워링턴박물관 사례연구」, 『서양미술사학회논문집』 제22집, 서양미술사학회, 2004, p.35)

고분 출토 유물 전시도 이러한 탈맥락에서 자유로울 수 없다. 뒤에서 설명할 황남대총, 천마총 전시는 탈맥락의 유물 전시를 통해 어떻게 다시 원래의 맥락을 이해할 수 있는가에 중요한 시사점을 보여 준다.

무령왕릉, 천마총, 황남대총은 발굴 당시부터 학계와 세인의 특별한 주목을 받았다. 무령왕릉, 천마총, 황남대총 출토 유물은 대부분 박물관의 전시를 통해 대중들과 만나고 있다. 무령왕릉 출토 유물은 국립공주박물관을 중심으로 전시가 이루어져 왔다. 그동안 고분 출토품 전시는 늘 대표작, 명품 중심이었다.

그 한 예가 금관 중심의 전시다. 국립중앙박물관 신라실이 대표적인 경우다. 국립중앙박물관 전시동 1층에 가면 상설전시실인 신라실 한쪽에 독립된 공간을 구획해 황남대총 금관을 전시하고 있다. 신라 고분 출토 유물 가운데 가장 대표적인 금관을 특별 대우하고 있는 것이다.

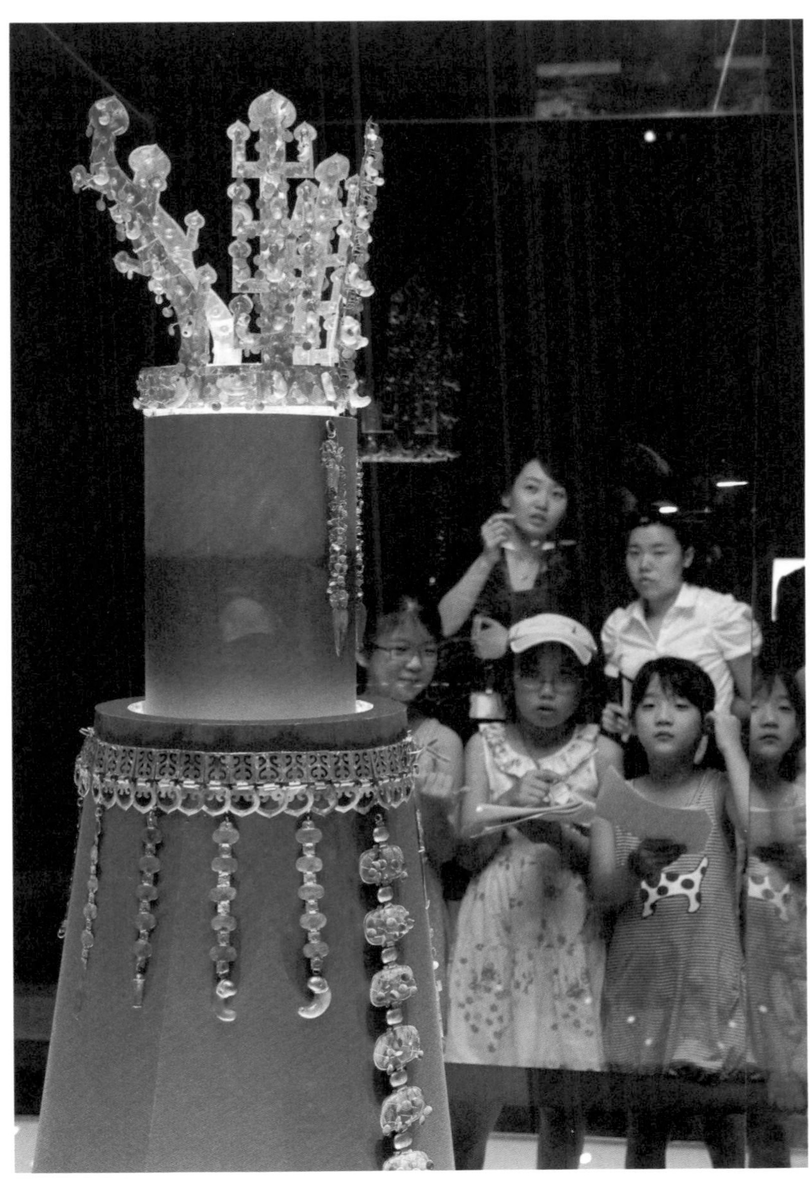

국립중앙박물관 신라실에 전시 중인 금관

특별전을 열 경우도 마찬가지다. 금관은 언제나 가장 좋은 자리에서, 독립된 진열장 속에서 관객들을 만나왔다.

고분 출토 유물 전시는 상설전이든 특별전이든 금관을 포함해 일부 유명한 출토품 수십 점, 수백 점 정도만 전시하는 경우가 대부분이었다. 명품을 만날 수 있는 자리이긴 하지만 사실 그 고분의 전모와 1500년 전의 맥락을 제대로 이해하기 어려웠다.

그런데 2010년대 들어 변화가 시작되었다. 2011년 무령왕릉 발굴 40주년을 맞아 국립공주박물관은 기념특별전 〈무령왕릉을 格物하다〉를 개최했다. 발굴 당시 보고하지 못했거나 그동안 공개하지 못했던 자료를 중심으로 750여 점의 유물과 자료를 선보였다. 유물 자체가 많은 것은 아니었지만 왕비의 시상(屍牀, 주검받침), 은어뼈 등 희귀 자료를 공개해 많은 관심을 끌었다.

2010년 국립중앙박물관에서 황남대총 특별전 〈황금의 나라 신라의 왕릉, 황남대총〉이 열렸다. 금관, 새날개 모양 금관 장식, 금제 허리띠, 금동관, 둥근고리칼(환두대도), 옥충장식 말안장, 서역에서 들어온 봉수 모양 유리병과 유리잔 등 1,200여 점을 선보였다. 전시의 특징 가운데 하나는 황남대총 남분의 내부 덧널(木槨) 구조의 흔적을 보여 주기 위해 전시장 내부에 나무기둥을 설치한 것이었다. 당시 고분 내부의 구조와 맥락을 이해할 수 있도록 하기 위한 하나의 시도였다. 기존 전시에 비해 관람객을 중심에 둔 기획이었다고 볼 수 있다.

2011년 국립경주박물관이 개최한 특별전 〈황남대총 – 신라 王, 왕비와 함께 잠들다〉는 더욱 과감하고 획기적인 시도였다. 국립경주박물관은 황남대총 출토 유물 5만8,000여 점 가운데 5만2,000여 점을 선보

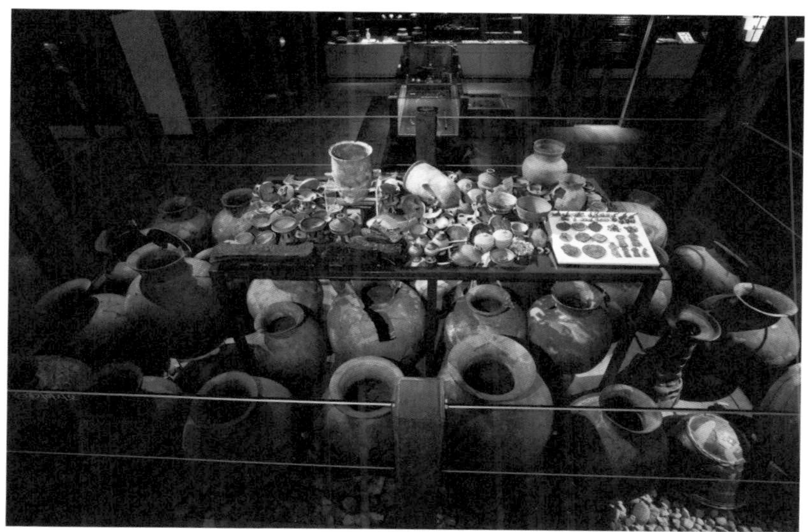

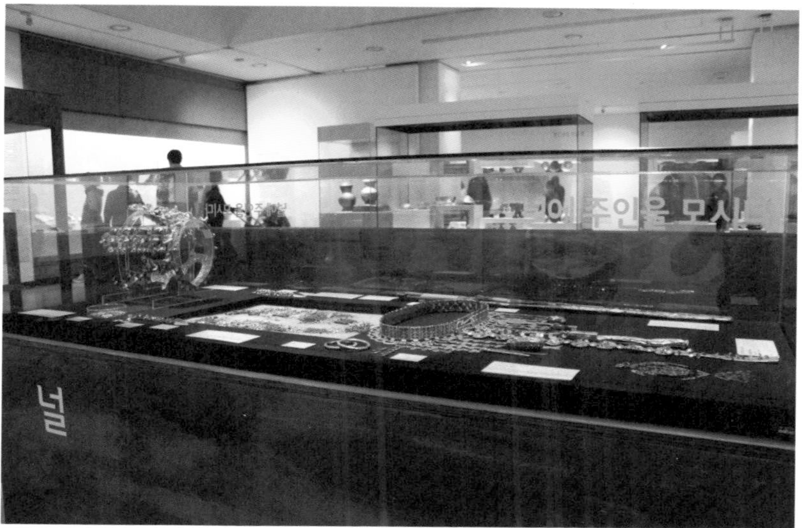

▲ 2011년 국립경주박물관의 황남대총 특별전 모습 ⓒ오세윤 ▼ 2014년 국립경주박물관의 천마총 특별전 모습

였다. 금관과 같은 대표 유물 수십, 수백 점만 전시하던 관행을 깨고 출토 유물 90%를 내놓은 것이다. 이렇게 방대한 양의 고분 출토 유물을 전시한 것은 국내 최초였다.

전시장은 수장고를 방불케 했다. 쇠화살촉, 쇠도끼, 쇠투겁창과 같은 철기, 토기, 유리구슬, 조개껍데기 등등의 다양한 유물들을 무더기로 전시했다. 수많은 유리구슬을 낱개로 또는 줄에 꿰인 채 더미로 쌓아 놓았다. 덩이쇠, 쇠투겁창, 쇠도끼, 쇠화살촉 등 각종 철기는 촘촘히 포개어 놓았거나 아예 몇십 개씩 끈으로 묶어 놓았다. 전시실 곳곳에 토기 수납장을 배치했다.

엎어지고 쓰러진 유물도 많았다. 국보로 지정된 금관은 발굴 상태의 분위기를 살리기 위해 쓰러뜨려 놓았고, 왕의 시신 옆에서 나온 진귀한 유물들은 여러 겹으로 포개어져 나뒹구는 모습으로 전시했다. 국보로 지정된 봉수 모양 유리병도 청동그릇 유물들 틈에 끼어 있었다.

전시에 대한 관객의 반응은 뜨거웠다. 국립경주박물관은 2011년 금관총 전시를 할 때도 출토 당시의 모습에 맞추어 진열장을 꾸몄다. 당시 전시 이름은 〈금관 최초 발견 90년 – 금관총〉이었다. 국립경주박물관 고고실에 특별 코너를 만들어 금관총 금관을 비롯해 금제 관모 장식, 금제 허리띠와 장식, 금제 팔찌와 발찌, 금동 신발, 구슬 곡옥 등 출토 유물 200여 점을 선보였다. 1921년 발굴된 유물을 전부 전시한 것이다. 역시 금관을 쓰러뜨리고 금제 허리띠를 풀어 놓아 출토 당시의 모습을 그대로 재현했다.

이같은 전시는 2014년에도 이어졌다. 국립경주박물관은 〈天馬, 다시 날다〉라는 이름의 전시에서 천마총 출토품 거의 전부를 전시했다. 전시

방식이나 분위기는 황남대총 특별전과 흡사하다. 전시실 한가운데 무덤의 주인이 안치된 널(木棺)과 수많은 보물들이 가득한 부장품 궤를 당시 모습에 가깝게 재현해 출토품 실물을 전시했다. 그 주변으로는 널을 안치한 공간인 덧널(木槨)의 일부을 재현 전시해 관람객들이 내부 구조와 규모를 알 수 있도록 했다.

전시장 곳곳에선 수백 개의 유리구슬 더미, 겹겹이 쌓인 항아리와 쇠막대, 덩이쇠 무더기가 겹겹이 포개진 상태로 관람객을 맞는다. 출토 당시의 모습을 재현하기 위해 금관은 역시 쓰러진 상태로 전시해 놓았다. 우리가 알고 있는 〈천마도장니〉(국보 제207호)와 새롭게 확인된 〈천마도장니〉도 소개했다.

유물과 맥락의 재발견

1) 유물의 재발견

국립경주박물관 특별전 〈황남대총 – 신라 王, 왕비와 함께 잠들다〉와 〈天馬, 다시 날다〉는 한국의 문화재 전시 역사에 있어 새로운 시도 가운데 하나다. 우선 전시에 내놓은 출토 유물의 양을 주목해야 한다. 황남대총 전시의 경우 출토 유물 5만8,000여 점 가운데 5만2,000여 점을 선보였다. 금관, 금제 허리띠와 같은 대표 유물 수십 점, 수백 점만 전시하던 관행을 깨고 거의 모든 출토 유물을 전시에 내놓은 것이다.

전시장을 찾은 관람객들은 전시된 유물의 방대함에 압도당하지 않을 수 없었다. 또한 출토 당시의 모습에 가깝게 전시함으로써 관객들이 당시 상황과 분위기를 이해하도록 했다. 천마총 특별전 역시 마찬가지였다.

이처럼 새롭고 낯선 분위기는 고분 유물을 바라보는 관람객들의 시각에 변화를 가져왔다.

첫째, 늘 독립된 진열장에서 고고하게 대접받던 국보들이 지극히 평범한 유물과 함께 자리할 수 있음을 보여 주었다. 황남대총, 천마총 전시의 주인공은 국보급 황금 유물이 아니었다. 녹슨 철기, 토기 조각, 화살촉, 조개껍데기 등 5만2,000여 점의 유물 하나하나가 전시의 진정한 주인공이었던 셈이다. 늘 노출되어 오던 유물이 아니라 미공개 유물들, 수장고에 갇혀 있던 유물들을 보고 싶어 하는 관람객의 욕구에 부응한 것이었다.

둘째, 유물이 대량으로 전시되다 보니 무덤의 주인공인 금관의 주인뿐만 아니라 순장당한 신라의 보통사람에 대한 관심도 유발했다. 고분의 주인공은 왕의 부부이지만 그들만이 전부는 아니라는 사실을 인식하게 된다. 다른 많은 소소한 유물을 통해 순장자에 대한 정보와 관심을 갖게 한다. 그동안의 전시로서는 발견할 수 없었던 것이다. 고분 유물을 이해하는 데 있어 그동안 생각할 수 없었던 새로운 시각이었다. 이러한 시각은 금관총 전시, 천마총 전시로 이어지면서 고분 유물 전시의 새로운 모델로 자리잡아 가고 있다.

황남대총과 천마총 전시는 명품을 특별 대우하던 기존 전시의 시각으로 보면 전시가 아니었다. 이를 달리 말하면 박물관 전시의 대변신이라고 할 수 있다. 그 핵심은 전시기법의 특별한 변화라기보다는 전시를 생각하는 시각의 변화였다.

2) 맥락의 재발견

앞서 설명한 것처럼 박물관에서의 전시는 기본적으로 탈맥락일 수밖에 없다. 고분 유물의 전시도 마찬가지다. 원래의 고분에서 자리를 옮겨 별도의 전시 공간에서 사람들을 만난다. 고분 출토 유물은 원래 죽은 자를 추모하고 그를 저승으로 잘 인도하기 위한 의미에서 부장한 것들이다. 그러나 그것이 원래의 공간을 떠나 박물관 전시를 통해 별개의 맥락으로 사람들과 만나는 것이다.

특히 수많은 고분 출토 유물 가운데 수십 점, 수백 점 정도만 박물관에 전시한다면 그것은 철저하게 원래의 맥락을 잃어버리게 된다. 하지만 이렇게 수만 점의 유물이 하나의 전시공간에서 동시에 만난다는 것은 파편화, 개별화된 맥락을 다시 연결해 주게 된다. 원래의 공간과 분위기를 되살릴 수는 없어도 출토 유물의 집합을 통해 다소간 맥락을 회복해 낼 수 있다는 말이다. 탈맥락의 재맥락화이고 관객들과의 소통이라고 할 수 있다.

금관을 출토 당시와 흡사하게 쓰러뜨린 채로 전시하는 것도 이런 인식이 있었기에 가능했다. 출토 당시의 분위기를 재현함으로써 원래의 맥락을 추론해 볼 수 있는 기회를 제공한다. 금관 하나를 통한 감동과 기억은 부분적일 수밖에 없다. 수많은 동반 출토 유물과 함께 할 때 유물 전체를 조망하면서 5, 6세기 신라에 접근할 수 있도록 도와주는 것이다.

이러한 형식의 전시는 특정 유물을 좀더 깊이 있게 이해하는 데 도움이 된다. 천마총에서 출토된 〈천마도장니〉(국보 207호, 53×75센티미터)가 대표적인 경우다. 천마총 발굴 이후 천마도에 그려진 동물은 하늘을 나는 말로 인식되었다. 그러나 1992년 기린일 가능성이 제기되었다.(이재중 「중국과 한국 고대 분묘 미술품에 보이는 有翼獸」, 홍익대대학원 미술사학과 석사논문, 1992) 기린설의 핵심은 천마도 속 동물의 머리 정수리 부분에 뿔 모양의 돌기가 튀어 나와 있다는 것이다. 말에는 뿔이 없고 기린에는 하나의 뿔이

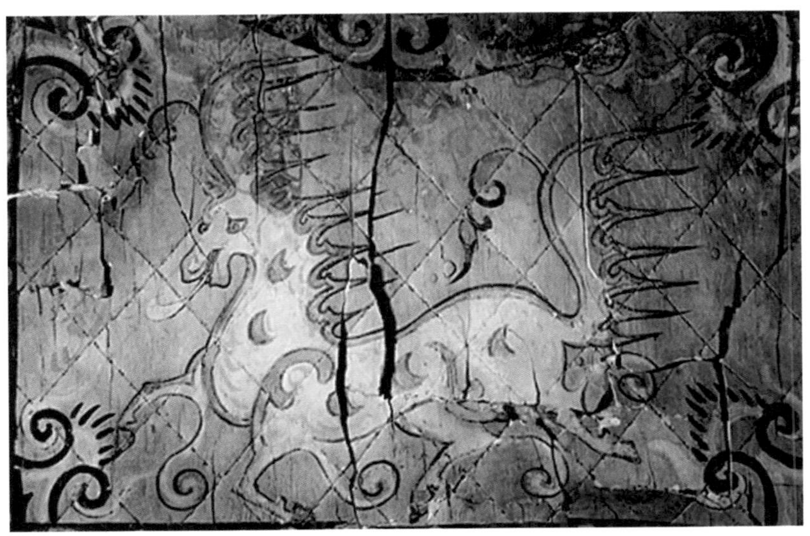

2014년 천마총 특별전에 전시되었던 〈천마도장니〉의 적외선 촬영 사진

있는 일각수(一角獸)의 모습으로 전해 오기 때문이다. 이후 국립중앙박물관은 1996년과 2009년 천마도장니를 전시하면서 적외선 촬영 사진도 함께 공개했고 그때마다 '말인가 기린인가'의 논란이 일었다.

2009년 천마도장니가 출품된 전시는 국립중앙박물관에서 열린 한국 박물관 100주년 기념특별전 〈여민해락(與民偕樂)〉이었다. 여기서 천마도장니는 한국 고미술을 대표하는 여러 장르, 여러 시대의 유물과 함께 전시되었다. 그 전시에서 천마도장니는 신라 고분문화 맥락 속에서 드러난 유물이 아니라 수많은 별개 유물 가운데 하나였다. 그렇다보니 동물 정수리의 돌기 여부만 놓고 기린인지 아닌지를 생각하는 편협한 논의가 이뤄진 것이다.

2014년 전시는 상황이 달랐다. 천마총에서 동반 출토된 수많은 다양한 유물들과 함께 전시함으로써 관람객으로 하여금 천마총 전체의 맥락 속에서 천마도장니를 바라볼 수 있게 했다. 천마총에서 나온 다른 부장품들과 함께 천마도장니를 보게 되면 기린이 아니라 말일 가능성이 높다는 것을 인식하게 된다. 다른 동반 유물을 통해 신라인들의 말 신앙 그리고 북방 초원문화의 영향과 연관지어 판단해야 함을 인식시켜 준 것이다.

이같은 말 신앙은 장례 의식으로 이어졌고 그런 맥락 속에서 천마총의 천마도장니가 탄생한 것으로 보아야 한다. 명품 중심의 일부 유물 전시가 아니라 모든 유물을 전시했기 때문에 가능해진 일이다.

이는 결국 박물관 전시의 탈맥락을 극복한 재맥락화이자 관람객과의 소통이라는 점에서 더욱 중요한 의미를 갖는다.

3) 전시 공간의 재발견

황남대총과 천마총의 특별전은 유물의 대량 전시를 통해 탈맥락화되었던 출토 유물을 맥락 속으로 다시 자리잡게 했다. 이를 통해 유물과 전시를 이해하는 새로운 시각을 제공했다. 이는 전시공간에 대해 중요한 시사점을 던져 준다. 황남대총 특별전 전시장은 수장고 같은 느낌을 주었다. 천마총 전시는 전시장 한가운데에 널의 윤곽을 일부 만들어 설치함으로써 그 규모를 가늠하게 해주었다. 그동안 박물관에서 이뤄져 온 유물 전시의 공간 구성과 달리 변화를 시도한 것이다. 이러한 전시는 관람객 동선의 변화를 유도하고 동시에 새로운 체험의 기회를 제공한다. 관람 동선에 대한 개방성을 부여해 훨씬 더 자유롭게 전시를 관람할 수 있게 한다.

이러한 특징은 개방 중인 천마총 내부 공간이나 무령왕릉 모형관과 비교해 보면 더욱 두드러진다. 앞에서 언급한 것처럼 천마총의 내부 개방은 경주관광개발을 명분으로 내세운 일종의 정치적 활용이었다. 천마총은 일종의 야외박물관이면서 관광 코스였다. 박정희 정권은 1970년대 문화재를 활용해 민족의식을 고취시키는 정책을 전개했고 천마총 발굴과 활용도 이런 정책의 일환이었다.

무령왕릉 모형관이나 천마총 내부 개방은 모두 관객과의 소통이라고 할 수 있다. 하지만 두 전시공간에는 실물이 아니라 복제품이 전시되고 있다. 천마총의 경우, 실제 고분의 내부이지만 6세기 신라 고분의 느낌을 전해 주지 못한다. 무령왕릉 모형관은 고분 실제 내부도 아닌데다 정통 박물관의 분위기도 아니다. 이런 이유에서 무령왕릉 모형관이나 천마총 내부는 관람객들에게 감동을 주지 못한다. 감동의 부재로 인해 관람객의 적극적인 관람을 유도할 수 없다.

황남대총, 천마총 특별전 전시 공간은 무령왕릉 모형관이나 천마총 내부보다 오히려 더 적극적인 관람을 유도해 냈다. 그 핵심은 유물의 다량 전시와 이로 인한 전시의 개방성이다. 두 특별전에서는 최대한 발굴 당시의 분위기를 살려 전시장과 진열장을 꾸몄다. 그동안의 전시가 정적(靜的)이었다면 최근의 전시는 매우 동적(動的)이다. 기존의 진열장 중심의 전시에서 좀더 자유롭고 개방적인 분위기로 꾸며 동선의 다양성과 개방성을 함께 가져왔다. 동선의 다양화와 다변화는 전시 공간의 현대적 흐름의 하나로 볼 수 있다. 새로운 동선은 관람자에게 새로운 경험을 제공하고 전시와 전시 공간에 대한 인식의 지평을 넓혀 준다.

전시 공간의 변화에는 사회적 시대적 의미가 반영된다. 전시 공간 유형의 변화는 역사 속에서 예술품을 바라보는 사회적 관점의 변화를 설명해 줄 수 있다. 또한 박물관 전시 공간 디자인은 그것을 경험한 사람들이 지식을 공간화하는 것이다.(이성훈 「현대 박물관 건축 전시 공간의 환경구성방법에 관한 연구」, 『한국실내디자인학회논문집』 49호, 2005) 국립경주박물관의 황남대총, 천마총 전시는 박물관 전시를 통한 지식의 공간화에 새로운 고민과 논의의 계기가 되었다.

해저유물과 전시의 변화

1) 보물창고 신안선의 발견

전남 신안군 증도면 방축리 앞바다는 "옛날에 큰 배가 침몰했다"고 전해 오던 곳이었다. 그런데 1975년 8월 20일 이곳에서 고기잡이를 하던 한 어부의 그물에 청자화병(靑磁花甁) 등 6점의 자기가 걸려 올라왔다. 어부는 이 사실을 문화재관리국(현재의 문화재청)에 신고했다. 그것들은 중국 도자기로 확인되었다. 문화재관리국은 이곳에 배가 침몰했을 것으로 추정하고 발굴 계획을 세우기 시작했다. 그 사이 여러 어부들의 그물에 중국 도자기가 자주 걸려 나온다는 얘기가 퍼져 나갔다.

이같은 소식이 알려지자 사람들은 이곳에 보물선이라도 가라앉은 것으로 보고 눈독을 들였다. 급기야 조직적으로 도자기를 도굴하는 일까지 벌어졌다. 상황이 심각하게 돌아가자 문화재관리국은 1976년 10월, 침몰선 주변 반경 2킬로미터를 문화재보호구역으로 지정하고 서둘러 본격적인 발굴에 들어갔다.

발굴은 해군 해난구조대의 지원을 받아 1984년까지 총 11차례에 걸쳐 진행되었다. 바닷속은 놀라웠다. 난파한 배가 침몰해 있었고 그 안에 진귀한 유물들이 켜켜이 쌓여 있었다. 거대한 배는 우측으로 기울어져 갯벌에 박혀 있는 상태였다. 바닷물에 노출된 갑판 이상 부분은 오래되어 부서지고 사라져 형태가 남아 있지 않았지만 갯벌에 묻혀 있는 부분은 온전하게 남아 있었다. 발견될 당시의 배는 길이 28.4미터, 최대 폭 6.6미터, 깊이 3.4~3.8미터였다.

조사 결과, 이 배는 중국 원(元)나라의 무역 범선(帆船)으로 확인되었다. 1323년 중국 닝보(寧波)에서 일본 하카타(博多)와 교토(京都)로 가던 중 신안 앞바다에서 침몰한 것이다. 배의 제작기술, 나무의 원산지, 선원들이 사용하였던 용품, 각종 유물 등으로 미루어 볼 때 중국 배라는 사실을 확인할 수 있었다. 이 배의 원형을 추정했을 때 길이 약 34미터, 최대 폭 11미터, 최대 깊이 3.75~4.5미터에 중량이 260톤에 달했다. 훗날 학자들은 발견 지점의 이름을 따 이 배를 신안선(新安船)이라 명명했다.

신안선에서 발견된 유물의 양은 엄청나다. 도자기 2만3,000여 점(이 가운데 온전한 완형은 2만여 점), 동전 약 8백만 개(전체 무게 약 28톤), 자단목(紫檀木, 붉은박달나무) 1,017개를 비롯해 금속제품, 목칠기, 유리제품, 석제품, 먹, 골각제품, 각종 향신료, 차와 약재, 각종 과실 씨앗 등 다종다양한 무역품과 생활유물이 발견되었다. 물건을 운반하는 데 사용한 상자와 포장자료, 상자에 붙어 있던 목찰(木札, 나무 화물표), 부서진 배의 조각 등도 함께 나왔다.

신안선의 목적지는 일본이었다. 발굴된 360여 점의 목찰을 보면 도후쿠지(東福寺)와 같은 일본 사찰 이름, 하치로(八郞)과 같은 일본인의 이름

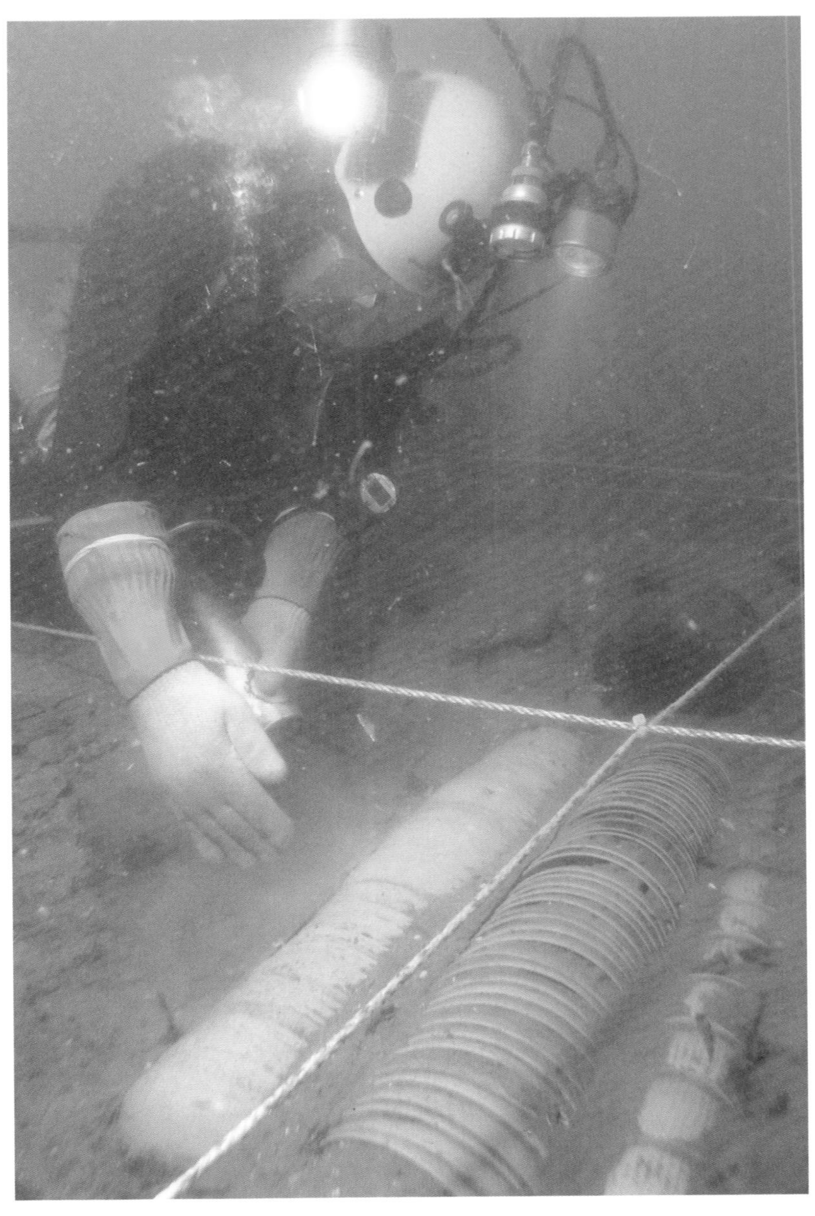

서해 바다 속에서 고려청자를 발굴하는 모습 ⓒ국립해양문화재연구소

이 적혀 있어 이를 짐작할 수 있게 해준다. 신안선에서 발굴된 유물들은 당시의 무역 규모, 교류 양상, 생활상, 중국 문물에 대한 선호도 등을 잘 보여 준다. 해상 교류의 실체를 보여 주는 명확하고 결정적인 유물들인 셈이다. 또한 도자기 2만여 점을 배에 실어 날랐다고 하니 당시 무역선의 규모가 어느 정도였는지 쉽게 짐작이 간다.

배에서 엄청난 양의 도자기가 발견된 것은 당시 가장 중요한 교류 품목이어서 가장 많이 배에 실었기 때문이다. 게다가 물에 가라앉아도 자기는 부식되지 않기에 오랫동안 온전히 보존될 수 있었다. 발굴된 도자기 가운데에는 중국 저장성(浙江省) 용천요(龍泉窯) 청자가 60% 정도를 차지한다. 당시 일본인들이 중국 용천요 자기를 선호했음을 알 수 있게 해주는 대목이다. 특히 각종 화병(花瓶), 향로, 다완(茶碗), 주전자, 다호(茶壺), 다합(茶盒) 등이 발견된 것으로 미루어 일본인, 특히 귀족이나 승려들이 중국의 도자기 다구(茶具)를 선호했음을 알 수 있다.

중국 동전도 일본의 주요 수입품이었다. 당시 일본은 동전을 주조하지 않았던 탓에 중국 동전을 수입해 경제생활에 사용했다. 일본인들은 또 이 동전을 녹여 불상을 만드는 재료로 사용하기도 했다. 자단목의 경우, 갯벌에 묻힌 상태였기 때문에 부식하지 않고 원래 모습을 유지할 수 있었다.

유물은 대부분 중국 원나라 것이었지만 고려 유물과 일본 유물도 포함되어 있었다. 특히 고려청자도 발견되었는데, 중국이 고려에서 수입해 간 청자를 다시 일본으로 수출하려던 것으로 볼 수 있다.

2) 수중 발굴의 신비

서해안 신안 앞바다에서의 수중 발굴은 고난도 작업이었다. 수중 발굴 경험이 없던 한국 고고학계였기에 더욱 어려웠다. 바닷속 시계(視界)는 0에 가까웠고 수심은 평균 20~25m로 깊었으며 유속은 평균 2.5노트로 매우 빨랐다. 물살이 거세고 조수 간만의 차이가 큰 데다 시계까지 나빴던 상황이었다. 하루에 네 번 나오는 정조(停潮) 시간대에도 작업이 가능한 시간은 한두 번에 불과했다. 잠수대원들은 공기 탱크를 지고 강한 수압(水壓)을 견뎌 내야 했다.

해저 뻘층에 묻혀 있는 도자기를 꺼내는 것도 보통 일이 아니다. 바닷속 뻘은 호미질도 어려울 만큼 단단하기 때문이다. 따라서 에어 리프트(Air Lift) 같은 장비를 이용해 공기를 강하게 쏘아 뻘의 흙을 파헤친 뒤 도자기를 인양했다. 해군 해난구조대의 지원이 없었다면 발굴 진행은 불가능했을지도 모른다. 어쨌든 신안 해저 발굴은 이렇게 어려운 여건을 뚫고 '세기의 발굴'이라는 대성과를 올렸다.

신안 앞바다 해저 유물 발굴은 한국 수중 발굴의 서막이었다. 이후 서남해 바다에서는 고려청자 등 귀중한 문화재들이 끝없이 발견되었다. 1984년 전남 완도군 앞바다에서 고려청자 3만여 점 발굴, 1995년 전남 무안군 도리포 앞바다에서 고려청자 600여 점 발굴, 2002년 전북 군산시 비안도 앞바다에서 고려청자 3,000여 점 발굴, 2003~2004년 전북 군산시 십이동파도 앞바다에서 고려청자 9,000여 점 발굴, 2007~2008년 충남 태안군 대섬 앞바다에서 고려청자 2만3,000여 점 발굴, 2006~2009년 전북 군산시 야미도 앞바다에서 고려청자 4,500여 점 발굴, 2015년 충남 태안군 마도 앞바다에서 조선시대 조운선 발굴 등.

수중 발굴은 대부분 고기잡이를 하던 어민들의 그물에 청자가 걸려 올라오면서 시작되었다. 국내에서의 수중 발굴은 대부분 이렇게 우연한 계기에 의해 이뤄졌다. 2002년 4월 군산시 옥도면 비안도 해상에서 9톤짜리 소형 저인망 어선으로 고기를 잡던 한 어부의 그물에 고려청자 243점이 무더기로 딸려 올라옴으로써 그후 발굴이 시작됐다. 2007년 5월엔 충남 태안군 대섬 앞바다에서 다리 빨판에 청자를 붙이고 있는 주꾸미를 건져 올리면서 긴급 발굴이 이뤄지기도 했다. 2005년 11월 군산시 옥도면 야미도에서의 고려청자 수중 발굴은 이곳에서 청자 500여 점을 도굴한 범인이 잡히면서 시작됐다.

그동안 우리나라 서해에서 출토된 유물의 대부분은 고려청자다. 이처럼 서해 바다에서 청자가 끊임없이 발견되는 이유는 무얼까. 고려시대에 청자는 대개 전남 강진과 전북 부안에서 만들었다. 여기서 만든 청자를 전국 각지로 운반해 사람들이 사용했다. 고려의 수도는 개경(현재 북한의 개성)이었다. 아무래도 수도인 개경에 사는 사람들, 특히 지위가 높고 돈이 많은 사람들이 청자를 많이 구입해 사용했을 것이다. 그렇다 보니 강진과 부안에서 개경으로 청자를 수시로 운반해야 했다.

옛날엔 물류 이동에 있어 육로(陸路)보다 바닷길을 선호했다. 훨씬 더 안전한 데다 한꺼번에 많은 양을 옮기는 것이 가능했기 때문이다. 그래서 고려 사람들은 배를 이용해 청자를 개경으로 공급했다. 그런데 강진과 부안에서 배를 타고 서해를 지나다 보면 풍랑도 만나고 거센 물살도 만나게 된다. 침몰하는 배가 생기는 것이다. 바다에서 발견되는 청자들은 고려시대 때 그렇게 침몰한 것들이다.

바다에서 고려청자만 발굴되는 것은 아니다. 2009년 충남 태안군 마도 앞바다에선 수차례에 걸쳐 별의별 물건이 다 발견되었다. 죽간(竹簡, 글씨를 적어 놓은 대나무 조각), 게젓, 새우젓, 멸치젓, 된장, 메주, 녹각, 머리빗, 볍씨, 좁쌀 등 생필품 1,400여 점이 청자와 함께 발굴되기도 했다. 청자를 운반하던 뱃사람들이 배에서 먹기 위해 준비했던 음식, 개경 사람들이 주문한 특산품이나 생필품을 청자와 함께 운반했다는 사실을 보여 준다.

2009년 충남 태안 앞바다에선 청자 운반선뿐만 아니라 아예 곡물을 운반하던 선박까지 발견되었다. 여기에선 발송자, 수취인, 화물 종류 등이 적힌 죽찰(竹札, 대나무 화물표)도 나왔다. 죽찰을 확인한 결과, 1208년 2월 전남 해남, 나주, 장흥에서 벼, 콩, 조, 메밀, 젓갈, 석탄과 말린 가오리 등을 싣고 개경으로 향하던 배라는 사실이 밝혀졌다.

3) 해저유물의 새로운 전시

신안 해저 발굴이 시작된 지 40년을 맞는 2016년 국립중앙박물관은 〈신안해저선에서 찾아낸 것들〉이란 주제로 전시를 마련했다.

신안선은 '도자기의 길(Ceramic Road)' 이라고 불릴 만큼 번성했던 중세 시대 글로벌 해상 교류의 실상을 보여 주는 귀중한 유물이다. 신안선에서는 도자기 2만여 점(완형)을 비롯해 모두 2만4,000여 점의 유물이 나왔다. 그동안엔 주로 목포의 국립해양문화연구소, 국립중앙박물관 등에서 상설전과 특별전 형식으로 전시했지만 전체 2만4,000여 점 가운데 공개된 것은 1,000여 점에 불과했다. 소수의 명품 위주로 전시를 해온

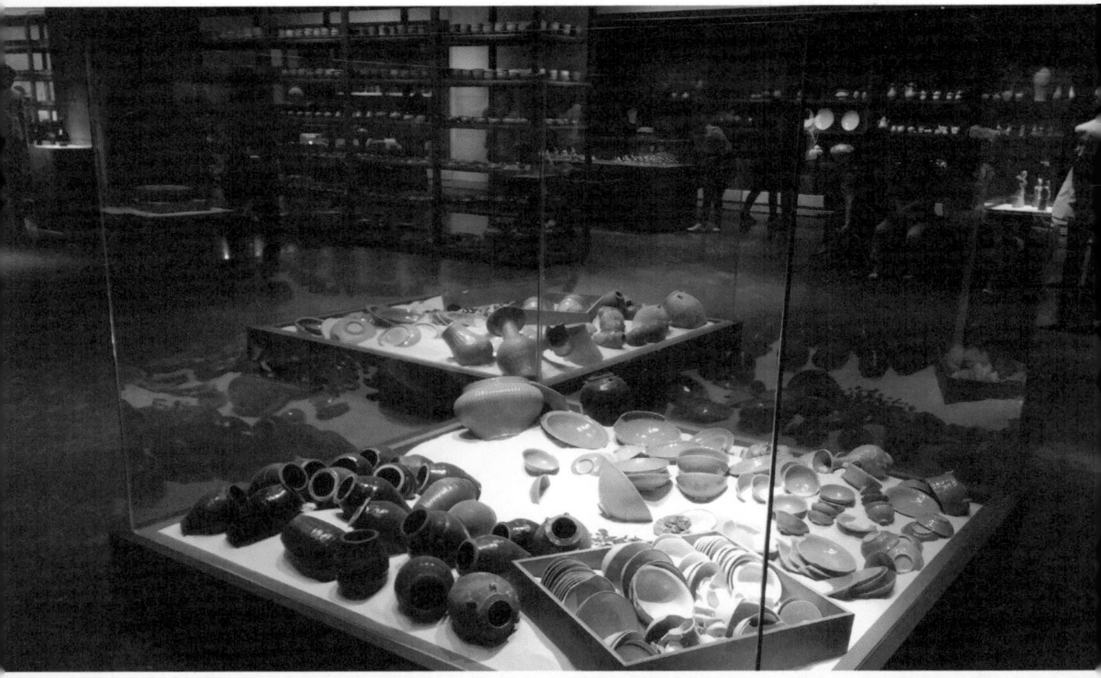

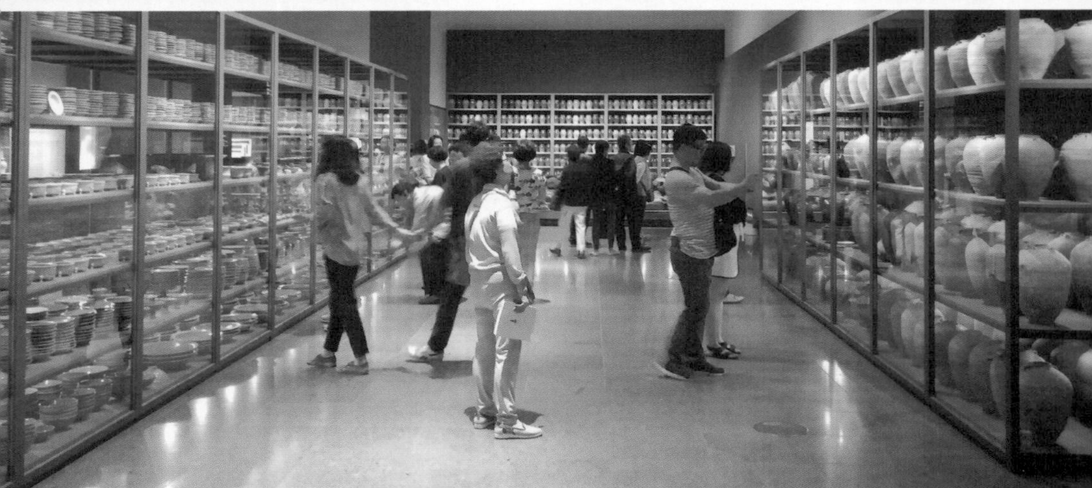

▲▼ 2016년 국립중앙박물관 특별전 〈신안해저선에서 찾아낸 것들〉의 전시실 모습

것이다. 그렇다보니 신안선의 규모나 당시 교류나 교역의 양상을 제대로 알 수는 없었다.

2016년 국립중앙박물관 전시는 기존의 관행에서 과감히 탈피했다. 신안선의 전모를 제대로 실감할 수 있도록 2만4,000여 점 가운데 도자기 등 유물 2만여 점과 동전 1톤을 전시장에 내놓았다. 당시 박물관 측은 "신안선 유물 가운데 전시할 수 있는 것들을 모두 모아 최초로 공개하는 것"이라고 했다. 앞서 말한 국립경주박물관의 황남대총 특별전과 흡사한 콘셉트였다.

전시실은 바닷속 보물창고를 그대로 옮겨 놓은 듯 엄청난 양의 유물로 가득찼다. 금기의 공간인 박물관 수장고에 들어온 느낌이었다. 전시실 좌우 벽을 채운 유리진열장에 중국 도자기가 가득했다. 화물선 선적 당시처럼 포개어 놓았다. 수많은 도자기들이 켜켜이 쌓여 있는 모습을 일대 장관이 아닐 수 없었다. 일부 코너에서는 바닷속 발굴 당시의 모습대로 유물들을 전시해 놓았다. 관람객들은 압도되고 또 매료되지 않을 수 없었다.

신안선 전시는 혁명적 발상이었다. 관람객들은 이같은 전시 분위기 속에서 신안선의 분위기와 실체를 조금이나마, 하지만 제대로 느낄 수 있었을 것이다. 출토 유물을 한두 점, 수십 점만 따로 분리해 전시를 하게 되면 이런 분위기를 파악할 수가 없다. 다시 말하면 맥락을 이해할 수 없다는 말이다. 이런 고밀도 전시, 수장고형 전시를 통해 유물의 원래 맥락을 조금이나마 더 이해할 수 있다. 수장고 같은 전시실에서 관람객들은 환호했다.

개방형 수장고로의 전환

황남대총, 천마총, 신안선 전시처럼 출토 유물을 대량으로 전시하는 방식을 흔히 고밀도 전시 또는 수장고형 전시라고도 한다. 수장고를 공개하듯 소장품 유물을 대량으로 촘촘하게 전시하기 때문이다. 실제로 관람객들은 자신이 수장고에 들어온 듯한 착각에 빠진다. 금기의 공간, 보물창고에 들어온 듯한 느낌을 갖게 된다. 이는 관람객들에게 특별하고 새로운 경험이다. 그렇기에 수장고형 전시에 대한 관람객들의 호응은 대체로 폭발적이었다.

이런 과정과 맞물려 국내에서도 수장고를 개방하는 방안에 대해 진지하게 생각하게 되었다. 수장고 내부를 개방하거나 수장고를 볼 수 있게 함으로써 관람객들에게 더 많은 정보와 감동을 제공하겠다는 취지다. 수장고를 개방하겠다는 것은 소장품을 더 많이 관람객들과 공유하겠다는 의미다. 박물관 측이나 큐레이터가 기획하는 전시에 국한하지 않고 수장고를 직접 보여 줌으로써 더 많은 무엇을 관람객들에게 제공하겠다는 것이다. 이것은 공급자(박물관, 큐레이터) 중심의 관점에서 소비자, 수용

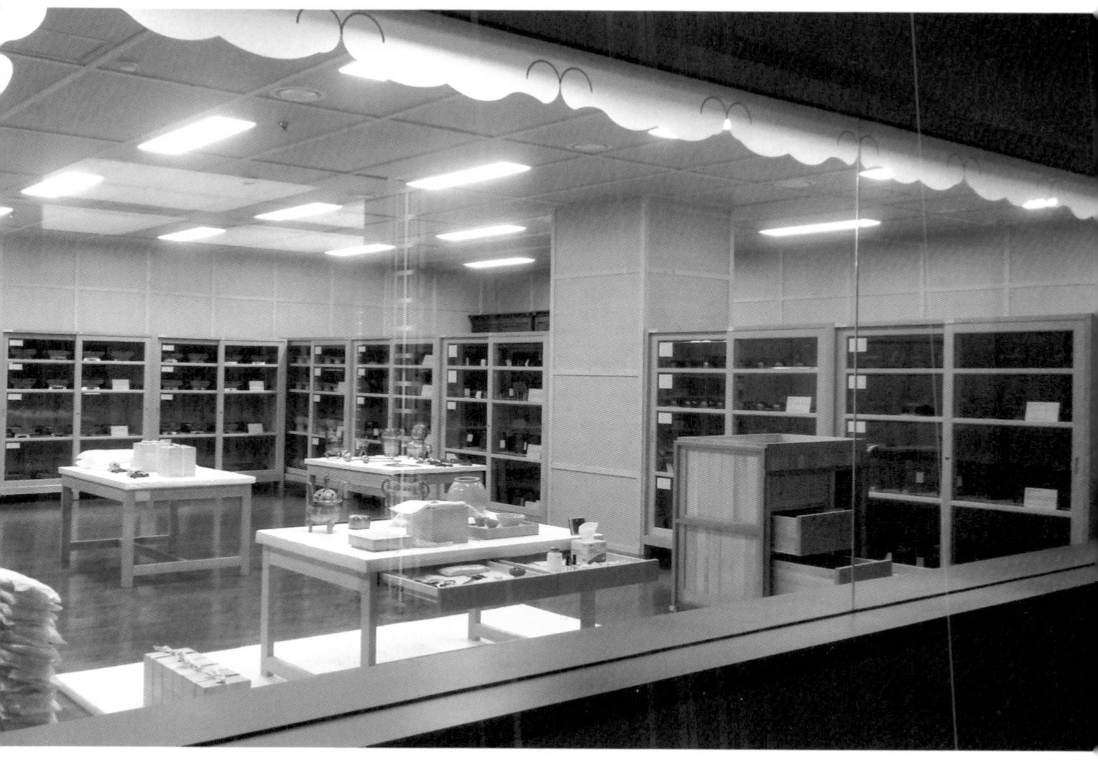

2019년 국립고궁박물관에 설치된 열린 수장고

자 중심의 관점으로 이동했기에 가능한 일이다.

해외의 경우, 개방형 수장고는 1972년 캐나다 브리티시콜럼비아대학 인류학박물관에 처음 선보인 이래 2000년대 들어 빠른 속도로 확산되고 있다. 우리나라에서는 2013년 국립나주박물관에 개방형 수장고가 처음 등장했다. 이어 2016년 국립소록도병원 한센병박물관의 보이는 수장고, 2018년 서울 성북선잠박물관 개방형 수장고, 2018년 국립중앙과학관 개방형 수장고, 2018년 국립현대미술관 청주관의 개방형

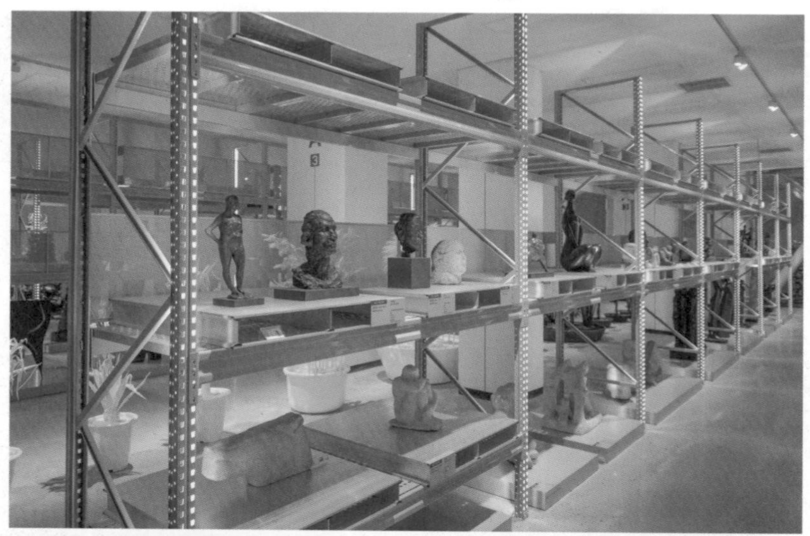

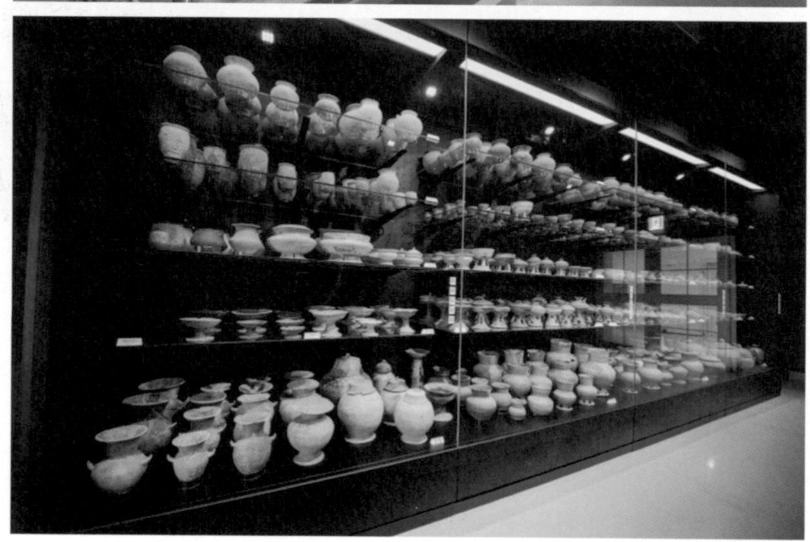

▲ 2018년 개관한 국립현대미술관 청주관의 1층 개방형 수장고 ▼ 2019년 문을 연 국립경주박물관 영남권 수장고 가운데 관람객에게 개방하는 수장고

수장고, 2019년 국립경주박물관 영남권 수장고의 열린 수장고, 2019년 국립고궁박물관의 열린 수장고 등으로 이어지고 있다. 이밖에도 국립민속박물관 등 많은 박물관들이 개방형 수장고를 도입할 계획이다.

2013년부터 개방형 수장고가 도입되었지만 많은 대중들의 관심을 끌어올린 계기는 2018년 12월 개관한 국립현대미술관 청주관이라고 할 수 있다. 국립현대미술관 청주관은 수장고형 미술관을 지향한다는 점에서 개관 전부터 화제를 모았다. 청주관은 개방 수장고(open storage), 보이는 수장고(visible storage), 보이는 보존과학실, 일반 수장고와 일반 보존과학실, 기획전시실, 라키비움 등으로 구성되어 있다. 이 가운데 직접 들어가 보관 상태의 작품을 감상할 수 있는 개방 수장고, 유리창으로 내부를 들여다볼 수 있는 보이는 수장고가 개방형 수장고에 해당한다. 내부로 들어갈 수 있는 개방 수장고에는 근현대 조각 등 입체미술을 수장고 형식으로 전시하고 있다.

이어 2019년 5월 개관한 국립경주박물관 영남권 수장고도 관심의 대상이다. 영남권 수장고는 영남권 국립박물관의 유물을 옮겨와 보관 관리하는 공간이다. 영남권 수장고에는 10개 수장고가 있고 이 가운데 한 곳을 관람객들에게 개방하고 있다. 이곳에 들어가면 경주지역의 여러 사찰과 유적에서 출토된 유물들로 가득차 있다. 켜켜이 쌓여 있고 촘촘히 놓여 있는 와당, 토기, 금속 유물 등등에 관람객들은 압도당한다. 압도당하면서 감동을 경험한다.

일본 규슈(九州) 동남쪽 미야자키(宮崎)현에 사이토(西都)라는 작은 도시가 있다. 고즈넉한 이곳엔 4~7세기에 조성된 고분 300여 기가 산재해 있다. 사람들은 사이토바루(西都原) 고분군이라 부른다. 고분군의 한켠엔 사이토바루고고박물관이 있다. 이 박물관은 여러 모로 인상적이었다. 터널로 빨려 들어가는 듯한 분위기로 입구를 꾸몄고, 선사시대 돌도끼 실물을 직접 만져볼 수 있도록 했기 때문이다.

더욱 인상적인 것은 관람 동선(動線) 마지막에 위치한 수장고였다. 유리창 너머로 안을 들여다볼 수 있는 개방형 수장고(보이는 수장고, 열린 수장고)였다. 밖에서 볼 수 있는 대표 유물은 인골(人骨)이었다. 각각의 나무 상자 속에서 유리창 쪽을 향해 있는 수많은 두개골들이 무척 인상적이다. 1500여 년 전 이곳에 살았던 사람들의 두개골을 한눈에 볼 수 있다니, 그건 신선한 충격이었다. 눈앞에 쫙 펼쳐진 1500여 년 전 두개골들. 우리 눈엔 비슷해 보이지만 그들은 나이도 다르고 성별도 직업도 취향도 달랐을 것이다. 그들은 유리창 밖의 관객들에게 무슨 말을 하고 싶었을까. 그 충격은 보는 이를 무한 상상의 세계로 이끈다.

개방형 수장고는 이렇게 관람객들에게 신선한 충격을 준다. 그 충격은 더 많은 것은 생각하고 상상하게 한다. 이 모든 것은 발상의 전환, 관점의 전환에서 나온 것이다. 관점의 변화가 얼마나 큰 호응을 가져오는지 잘 보여 주는 사례라고 할 수 있다.

유물 전시와 박물관 역사에 있어 수장고의 개방, 즉 개방형 수장고의 도입은 파격이 아닐 수 없다. 그때까지 보지 못했던 유물을 다시 보는 것이다. 유물들의 감춰졌던 맥락을 다시 알게 되는 것이다. 이처럼 관점과 철학의 변화는 문화재에 대한 이해를 심화시킨다.

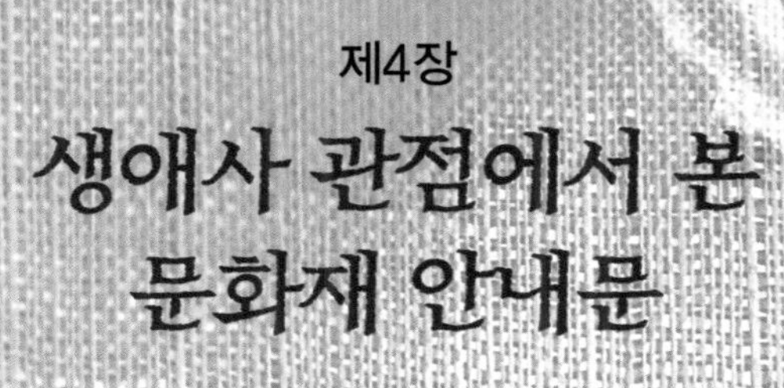

제4장

생애사 관점에서 본 문화재 안내문

몇 가지 질문들

수용자 관점과 생애 기반 스토리텔링

안내문 개선방향 사례

몇 가지 질문들

문화재가 있는 곳엔 늘 문화재 안내판이 있다. 박물관, 미술관 전시실에도 있고, 야외 고궁이나 산속 사찰에도 그 문화재를 설명하는 안내문이 사람들을 맞이한다. 정부나 지방자치단체나 박물관, 미술관의 홈페이지나 홍보책자 등에도 안내문이 있다. 그런데 이런 문화재 안내문을 두고 사람들은 대체로 어렵다고 한다.

사실, 문화재 안내문 문제는 어제 오늘 일이 아니었다. 좀 더 쉽고 좀 더 생동감 있게 작성하고 그래서 읽는 이가 좀 더 잘 이해할 수 있도록 해야 한다는 얘기야 예전부터 있어 왔기 때문이다. 하지만 그 변화는 더디었다. 어찌 보면 문화재 안내문을 쉽게 쓴다는 것이 사실은 보통 일이 아니다. 수백 년, 수천 년 전의 환경에서 만들어진 문화재를, 오랜 세월과 복잡한 의미 등이 얽혀 있는 문화재를 몇 백 자로 간단하고도 쉽게 설명한다는 것은 애초부터 쉬운 일이 아니다. 그럼에도 이 시대의 우리는 알기 쉽고 명료하며 재미있고 감동적인 안내문을 읽고 싶어 한다.

이에 문화재청은 2019년부터 지방자치단체와 함께 문화재 안내문안 개선 작업을 진행하고 있다. 어떻게 하면 문화재 안내문을 좀 더 효과적으로 의미 있게 개선할 수 있을까. 여기에도 관점과 철학이 중요하다.

우선, 문화재 안내문 관련해 이런 질문들을 해보자.

"우리 시대, 문화재의 무엇을 국민들에게 전달할 것인가."

"문화재의 어떤 속성이나 특징을 전달할 것인가."

"문화재의 어떤 측면에 주목해야 할 것인가."

"국민들은 어떤 정보와 내용을 원하고 있는가."

"국민들에게 어떤 내용과 정보를 선택해 전달하는 것이 더욱 효과적인가."

이러한 질문들은 결국 문화재를 어떻게 바라볼 것인지, 문화재 안내문안을 작성하는데 어떤 관점을 견지해야 하는지의 문제로 이어진다. 이 대목이 문화재 안내문의 핵심이라고 생각한다.

수용자 관점과 생애 기반 스토리텔링

문화재 안내문에는 기본적으로 들어가야 할 내용이 있다. 이른바 6하원칙 같은 것이다. 그러나 그것만으로는 부족하다. 6하원칙만으로는 좀 딱딱하고 지루할 수 있다. 읽는 이들은 안내문에서 그 이상의 감동과 스토리를 원한다. 6하원칙에서 담아 낼 수 없는, 그 이상의 얘기를 찾아내야 한다. 그러기 위해선 시대의 관심사를 찾아보는 것이 필요하다. 이를 다시 말하면 시대의 관점이다.

문화재를 바라보는 관점(혹은 관심사)은 시대에 따라 변하고 있다. 문화재 전반에 대한 관점도 변하고 특정 문화재 하나하나에 대한 생각이나 관점도 변한다. 따라서 우리 시대에 이 문화재에 대해서 무엇을 원하고 있는지 고민해야 한다. 우리 시대의 관심은 50년 전 문화재 관심사와는 분명 다를 것이다. 이 시대의 트렌드가 존재할 것이고 그것을 최대한 찾아내 안내문안에 반영하는 것이 필요하다.

이것은 곧 수용자, 소비자의 관점이라고 할 수 있다. 그들이 문화재를 통해 무엇을 얻고 싶어하는지를 먼저 제대로 파악할 수 있어야 한다.

이를 위해선 특정 개별 문화재에 관한 정보, 역사, 스토리, 주변 상황의 변화 등 정확한 지식과 깊이 있는 이해가 전제되어야 한다. 그 문화재를 제대로 알지 못하면 문화재 향유의 목적에 맞게 안내문을 작성할 수 없다. 특히 수용자들이 궁금해하는 내용, 수용자의 호기심을 자극하는 내용을 제대로 반영할 수 있어야 한다. 그 예를 들어 보자.

★ 국보 2호 원각사지 10층석탑
유리 보호각은 언제 왜 세운 것인가.

★ 국보 11호 익산 미륵사지 석탑
해체 수리 복원 과정은 어떠했는가.
선화공주 관련 내용은 어디까지가 사실인가.

★ 국보 101호 원주 법천사 지광국사탑
일제강점기 때 어떻게 수난을 당했는지.
보수복원 과정과 원위치 이전은 어떻게 진행되는지.

★ 보물 1739호 창녕 영산 석빙고
그 옛날에 얼음을 어떻게 보관할 수 있었을까.
얼음을 어떻게 채취했으며 저온 유지의 비밀은 무엇인지.

★ 사적 137호 강화 부근리 지석묘
우리가 고인돌의 왕국이라는데 대체 어느 정도 규모인가.
청동기인들은 저 무거운 돌로 어떻게 무덤을 만들었을까.

★ 사적 101호 서울 삼전도비
치욕의 문화재가 왜 석촌동 주택가에 있는 걸까.

★ 국보 5호 보은 법주사 쌍사자 석등

석등에는 왜 사자가 등장하는 걸까.

문화재 자체의 제작연도, 제작자, 재료, 장르적 특성, 미학 등도 물론 중요하다. 이런 기본 내용이 안내문에서 빠질 수는 없다. 하지만 위에서 말한 특정 문화재에 관한 궁금증이나 호기심 내용이 빠져 있는 경우가 많다. 수용자들의 궁금증이나 호기심, 문화재에 담긴 흥미로운 내용을 외면한 것이다. 그렇다보니 딱딱하고 지루하고 어려운 편이다. 제한된 분량이지만 수용자들이 궁금하게 생각하는 것들을 반영하기 위해 다양한 노력을 기울여야 한다.

앞서 말한 점들을 안내문에 제대로 구현하려면 이 시대의 트렌드, 수용자들의 관심 사항에 기초한 접근이 필요하다. 그리고 개별 문화재가 지금까지 이어져 온 다채로운 일생을 검토해야 한다. 여기서 특히 문화재의 일생을 강조하고 싶다. 개별 문화재의 생애에 담겨 있는 여러 요소의 의미와 가치를 판단해 안내문에 적극 반영해야 한다는 말이다. 이를 두고 생애사적 스토리텔링이라고 할 수 있다.

장소적 특수성, 장소와의 연계성이 한 예가 될 것이다. 장소 이동의 측면(이동, 약탈, 환수)에서 본 생애사인 셈이다. 또 다른 예로는, 살아온 내력이다. 여기에는 훼손, 수리, 소장자(소유자)의 변화와 이동, 수난사 등이 해당될 것이다. 이처럼 문화재 각각의 생애에 주목할 때 수요자가 관심 있는 스토리텔링 안내문이 가능해진다.

그렇다면 좋은 안내문안은 다음과 같은 형식을 충족해야 한다.

★ 문화재에 관한 단순 정보 그 이상의 스토리를 담아내야 한다.

★ 개별 문화재에 두드러진 특성이나 스토리를 찾아내 반영해야 한다.

★ 읽고 나서 궁금한 점이 최대한 남지 않도록 해야 한다.

★ 읽는 이의 관심, 호기심을 이끌어 낼 수 있어야 한다.

★ 읽는 이에게 감동과 여운이 남아야 한다.

여기서 가장 중요한 것은 해당 문화재의 개별 생애사를 제대로 알고 있어야 한다는 점이다. 그렇지 못하면 위 조건을 만족시킬 수 없다. 해당 문화재에 대해 잘 모르면 재미있고 감동적으로 소개할 수 없기 때문이다.

그리고 이런 고민까지 나아가야 한다. '문화재 안내문의 궁극적인 목적이나 효용은 무엇인지.' 결국, 안내문을 읽는 사람이 매력을 느낄 수 있고 읽는 사람의 감동을 이끌어 낼 수 있는 수준까지 이르러야 한다. 우리 문화재가 이렇게 자랑스럽고 아름다운 것이구나, 우리에게 이런 수난의 역사가 담겨 있구나, 그래서 우리가 문화재를 잘 보존해야겠구나 하는 생각이 들 수 있도록 해야 한다.

물론 쉬운 일은 아니지만, 불가능하지도 않다. 직접 안내문을 작성하는 사람은 개별 문화재에 대해 정확하고 깊이 있는 지식과 이해가 있어야 하고 해당 문화재와 끈끈한 일체감을 유지해야 한다. 문화재란 무엇인가, 문화재란 우리 시대에 어떻게 존재해야 하는가에 관한 고민이 있을 때 충실하면서도 매력적인 문화재 안내문으로 발전할 것이다.

안내문 개선방향 사례

1) 국보 86호 개성 경천사 10층 석탑

〈문화재청 홈페이지 안내문〉

경천사는 경기도 개풍군 광덕면 부소산에 있던 절로, 고려시대 전기에 창건된 것으로 추정된다. 절터에 세워져 있었던 이 탑은 ❶ 일제 시대에 일본으로 무단 반출되었던 것을 되돌려 받아 1960년에 경복궁으로 옮겨 세워 놓았다가 현재 국립중앙박물관에 옮겨 놓았다.

3단으로 된 기단(基壇)은 위에서 보면 아(亞)자 모양이고, 그 위로 올려진 10층의 높은 탑신(基壇) 역시 3층까지는 기단과 같은 아(亞)자 모양이었다가, 4층에 이르러 정사각형의 평면을 이루고 있다. 기단과 탑신에는 화려한 조각이 가득차 있는데, 부처, 보살, 풀꽃무늬 등이 뛰어난 조각수법으로 새겨져 있다. 4층부터는 각 몸돌마다 난간을 돌리고, 지붕돌은 옆에서 보아 여덟 팔(八)자 모양인 팔작지붕 형태의 기와골을 표현해 놓는 등 목조건축을 연상케 하는 풍부한 조각들이 섬세하게 새겨져 있다. 탑의 1층 몸돌에 고려 충목왕 4년(1348)에 세웠다는 기록이 있어

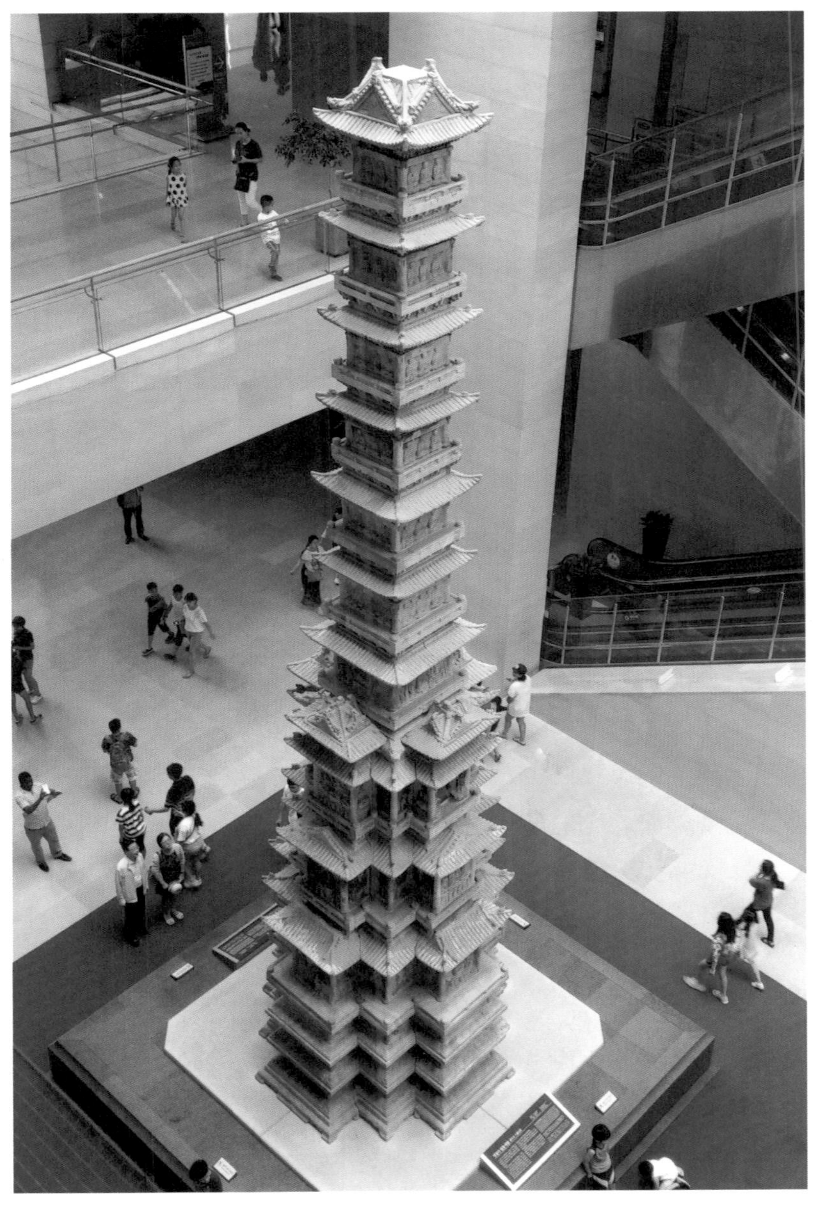

개성 경천사 10층 석탑

만들어진 연대를 정확히 알 수 있다. 새로운 양식의 석탑이 많이 출현했던 고려시대에서도 특수한 형태를 자랑하고 있으며, 우리나라 석탑의 일반적 재료가 화강암인 데 비해 대리석으로 만들어졌다는 점도 특이하다. 전체적인 균형과 세부적인 조각수법이 잘 어우러진 아름다운 자태로 눈길을 끌며, 지붕돌의 처마가 목조건축의 구조를 그대로 나타내고 있어 당시의 건축양식을 엿볼 수 있는 좋은 자료가 된다. 이러한 양식은 이후 조선시대에 이르러 서울 원각사지 10층 석탑(국보 제2호)에 영향을 주기도 하였다. ❷ 일본으로 반출되면서 훼손되었던 원래의 탑 형태를 국립문화재연구소의 복원작업을 거쳐 현재 새로 개관한 용산의 국립중앙박물관에 전시되어 있다.

★ 궁금증과 아쉬운 점

- 언제(좀더 구체적으로) 어떻게 밀반출되었나. ❶
- 언제 어떻게 보수 복원했는가. 언제 국립중앙박물관으로 옮겨 놓았나. 국립중앙박물관이 새로 개관했다고 되어 있는데, 정확하게 언제 개관했는가. ❷

〈국립중앙박물관 전시실 안내문〉

이 탑은 고려 충목왕 4년에 세운 10층 석탑으로 대리석으로 만들었다. 고려 석탑의 전통적인 양식과 이국적인 형태가 조화를 이루며 고려인이 생각한 불교 세계가 입체적으로 표현된 석탑이다. 사면이 튀어나온 기단부에는 사자, 서유기 장면, 나한 등을 조각했다. 목조 건물을 그대로 옮겨 놓은 듯한 탑신부에는 1층부터 4층까지 부처와 보살의 법회

장면을 총 16면에 조각하였으며, 지붕에는 각각의 장면을 알려주는 현판이 달려 있다. 5층부터 10층까지는 다섯 분 혹은 세 분의 부처를 조각하였다. 상륜부는 원래의 모습을 알 수 없어 지붕만을 복원하였다.

이 탑은 1907년 일본의 궁내대신 다나카가 ❶ 일본으로 밀반출하였으나, ❷ 영국 언론인 E. 베델과 미국 언론인 H. 헐버트 등의 노력에 의해 1918년에 반환되었다.

1960년 경복궁에 복원되었으나 산성비와 풍화작용에 의해 보존상의 문제점이 드러나 1995년 해체되었다. 국립문화재연구소가 ❸ 10년간 보존처리를 진행한 후, 국립중앙박물관이 2005년 용산 이전 개관에 맞춰 현재의 위치에 이전 복원하였다.

★ 궁금증과 아쉬운 점

- 어떻게 밀반출했는가. ❶
- 경천사탑 반환에 있어 베델과 헐버트는 어떤 노력을 했는가. 헐버트를 언론인이라 하는 것이 적절한가. ❷
- 보존처리는 대략 어떻게 진행되었는가. ❸

★ 보완할 사항

- 우리 시대의 관심사로 떠오른 문화재 수난, 약탈과 환수, 보수 보존 등에 관해 좀 더 정확하고 세밀한 정보를 담는 것이 필요해 보인다.

2) 보물 93호 파주 용미리 마애이불입상

〈문화재청 홈페이지 안내문〉

거대한 천연 암벽에 2구의 불상을 우람하게 새겼는데, 머리 위에는 돌갓을 얹어 토속적인 분위기를 느끼게 한다. ❶ 자연석을 그대로 이용한 까닭에 신체 비율이 맞지 않아 굉장히 거대한 느낌이 든다. 이런 점에서 불성(佛性)보다는 세속적인 특징이 잘 나타나는 지방화된 불상이다. 왼쪽의 둥근 갓을 쓴 원립불(圓笠佛)은 목이 원통형이고 두 손은 가슴 앞에서 연꽃을 쥐고 있다. 오른쪽의 4각형 갓을 쓴 방립불(方笠佛)은 합장한 손모양이 다를 뿐 신체 조각은 왼쪽 불상과 같다.

❷ 지방민의 구전에 의하면, 둥근 갓의 불상은 남상(男像), 모난 갓의 불상은 여상(女像)이라 한다. 고려 선종이 자식이 없어 원신궁주(元信宮主)까지 맞이했지만 여전히 왕자가 없었다. 이것을 못내 걱정하던 궁주가 어느날 꿈을 꾸었는데, 두 도승(道僧)이 나타나 "우리는 장지산(長芝山) 남쪽 기슭에 있는 바위 틈에 사는 사람들이다. 매우 시장하니 먹을 것을 달라" 하고는 사라져 버렸다. 꿈을 깬 궁주가 하도 이상하여 왕께 아뢰었더니 왕은 곧 사람을 장지산에 보내어 알아오게 하였는데, 장지산 아래에 큰 바위 둘이 나란히 서 있다고 보고하였다. 왕은 즉시 이 바위에다 두 도승을 새기게 하여 절을 짓고 불공을 드렸는데, 그 해에 왕자인 한산후(漢山候)가 탄생했다는 것이다.

이 불상들은 고려시대의 조각으로 우수한 편은 아니지만, 탄생설화가 있는 점 등을 미루어 볼 때 고려시대 지방화된 불상 양식을 연구하는 귀중한 예로 높이 평가된다.

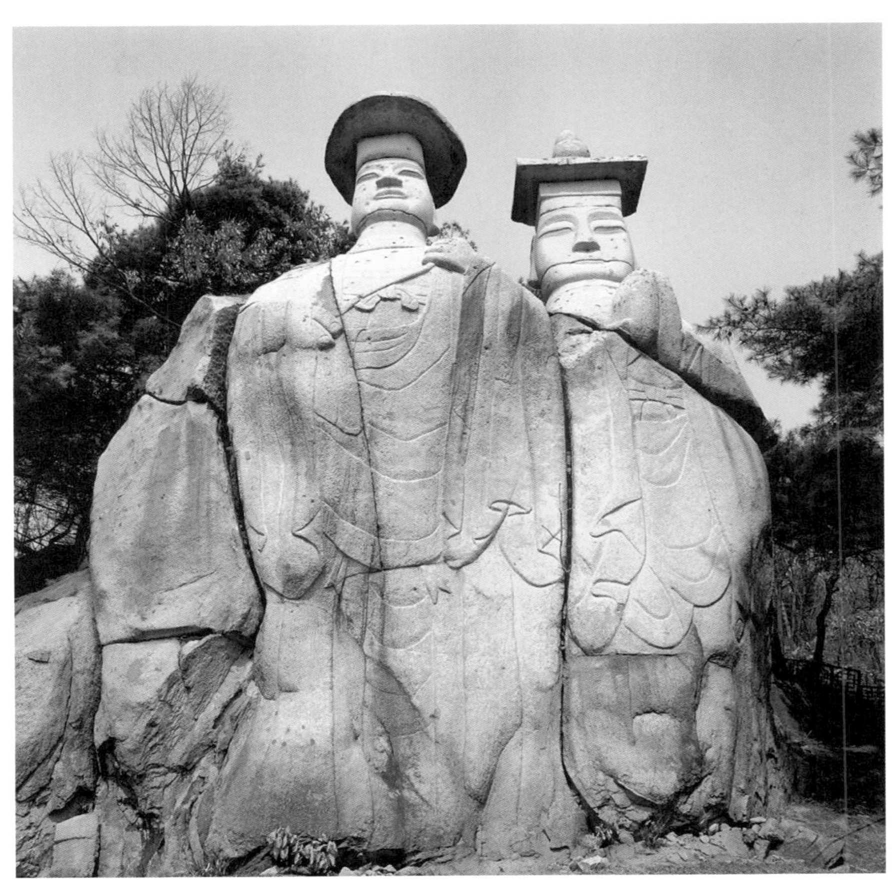

파주 용미리 마애이불입상

★ 궁금증과 아쉬운 점

- 거대한 마애불을 어떻게 만들었는가. 몸체 위로 튀어나온 얼굴은 어떻게 만든 것인가. ❶
- 마애불에 얽힌 전설이 지나치게 많은 분량을 차지한다. ❷

★ 보완할 사항

- 전체 안내문의 절반에 달하는 전설 내용을 최대한 축약하고 제작의 비밀 등에 관한 내용을 보완하는 것이 필요하다. ❶
- 제작 비밀에 관해선 '불상을 워낙 크게 만들다 보니 하나의 바위가 아니라 여러 조각을 따로 만들어 연결했다. 몸체는 커다란 하나의 바위에 조각했지만 그 위의 목과 얼굴, 갓을 따로 만들어 몸체 위에 올려놓았다' 라는 식으로 압축해 포함시키는 것이 바람직해 보인다. ❷

3) 사적 101호 서울 삼전도비

〈문화재청 홈페이지 안내문〉

병자호란 때 청에 패배해 굴욕적인 강화협정을 맺고, 청태종의 요구에 따라 그의 공덕을 적은 비석이다. 조선 인조 17년(1639)에 세워진 비석으로 높이 3.95m, 폭 1.4m이고, 제목은 '대청황제공덕비(大淸皇帝功德碑)'로 되어 있다.

조선 전기까지 조선에 조공을 바쳐오던 여진족은 명나라가 어지러운 틈을 타 급속히 성장하여 후금을 건국하고, 더욱더 세력을 확장하여 조선을 침략하는 등 압력을 행사하면서 조선과의 관계가 원만하지 못하였다. 나라의 이름을 청으로 바꾼 여진족이 조선에게 신하로서의 예를 갖출 것을 요구하자 두 나라의 관계가 단절되었다. 결국 인조 14년(1636) 청나라 태종은 10만의 군사를 이끌고 직접 조선에 쳐들어와 병자호란을 일으켰다. 남한산성에 머물며 항전하던 인조가 결국 청나라의 군대가 머물고 있는 한강가의 삼전도 나루터에서 항복을 하면서 부끄러운 강화협정을 맺게 되었다.

병자호란이 끝난 뒤 청태종은 자신의 공덕을 새긴 기념비를 세우도록 조선에 강요했고, 그 결과 삼전도비가 세워졌다. 비문은 이경석이 짓고 글씨는 오준이 썼으며, '대청황제공덕비'라는 제목은 여이징이 썼다. 비석 앞면의 왼쪽에는 몽골글자, 오른쪽에는 만주글자, 뒷면에는 한자로 쓰여져 있어 만주어 및 몽골어를 연구하는 데도 중요한 자료이다. ❶ 2010년 3월 송파구 석촌동 289-3번지에 위치하던 비석을 고증을 통해 현 위치로 이전하였다.

★ 궁금증과 아쉬운 점

- 송파구 석촌동 289-3번지를 아는 사람이 과연 몇이나 될까. ❶
- 삼전도비가 왜 여기 있는지.
- 치욕의 문화재를 왜 보존해야 하는지, 삼전도비 훼손 사건(2007년)에 관한 이야기.

★ 보완할 사항

- 삼전도비의 수난사를 장황하지 않게 비교적 간략하게 소개하

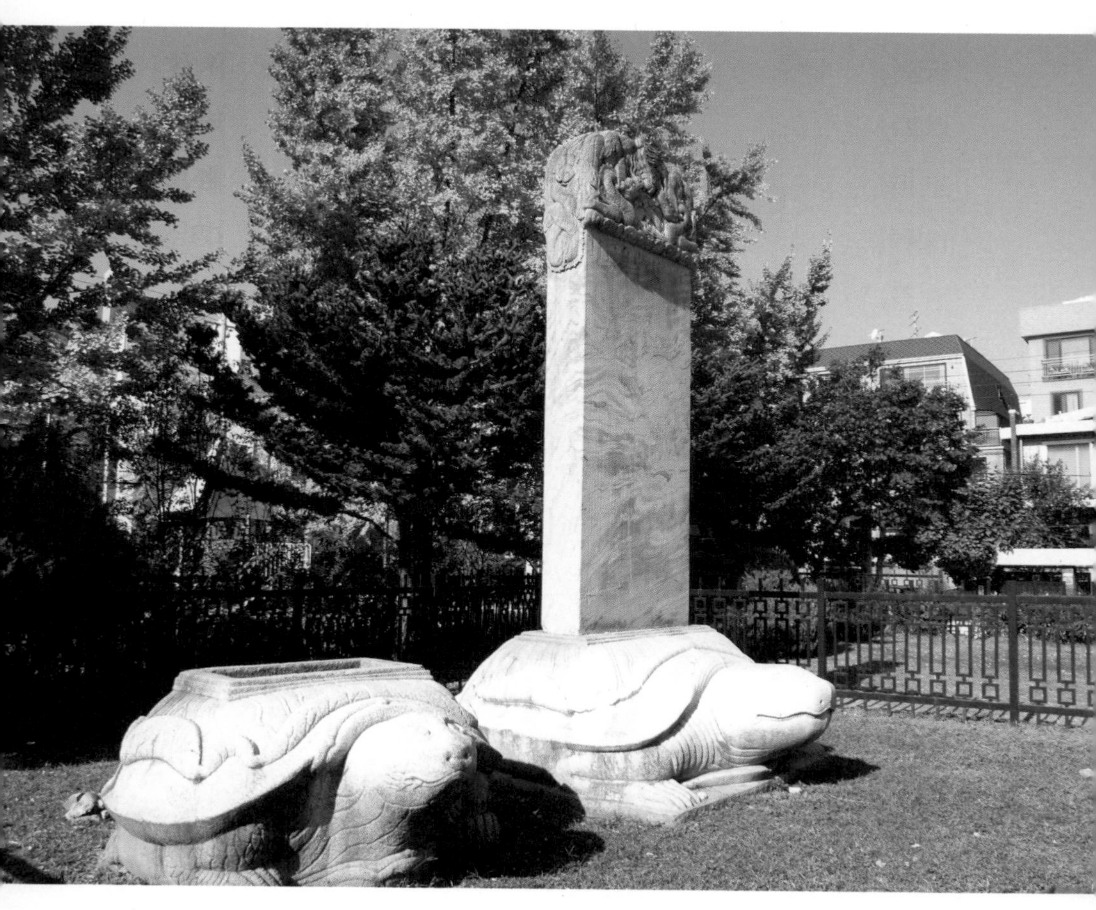

서울 삼전도비 서울 송파구 석촌동 주택가에 있을 때의 모습. 삼전도비는 2010년 송파구 잠실동 석촌 호수 주변으로 옮겨졌다.

는 것은 쉬운 일은 아니다. 하지만 이러한 내력에 대한 궁금증을 비교적 간략하게 표현할 수 있도록 고민하고 노력해야 한다.

– 최근 문화재에 대한 사회적 관심사와 연결지어 볼 때, 수난사에 관한 내용을 간략하게라도 안내문에 반영해야 문화재의 가치와 의미를 제대로 전달할 수 있다.

〈현장 안내판〉

(…) 정식 이름은 대청황제공덕비(大淸皇帝功德碑)이지만 1963년 문화재 지정 당시 지명을 따서 삼전도비라고 지었다. 한강의 물길이 닿는 나루터였던 삼전도는 1950년대까지 나룻터가 있었으나 1970년대 이후 한강 개발로 인해 사라졌다. 비석의 원래 자리는 석촌호수 서호 내부에 위치했던 것으로 알려져 있다. (…)

비문의 굴욕적인 내용 때문에 1895년(고종 32) 고종은 삼전도비를 땅속에 묻게 했으나 일제는 1918년 다시 삼전도비를 세웠고, 1956년에는 당시 문교부의 주도하에 땅 속에 다시 묻는 등 비석의 수난은 이어졌다. 1963년 홍수로 비석이 드러난 후 사적 제101호로 지정되었다. 1983년 석촌동 아름어린이공원 내에 세워졌다가 2010년 원위치에 가장 가까운 곳에 세워야 한다는 중론에 따라 현재의 자리인 이곳 석촌호수 주변으로 옮겨졌다.

★ 보완할 사항

– 전체적으로 배경 설명이 잘 되어 있다. 치욕의 문화재를 보존해야 하는 이유에 대해서도 간략히 소개하면 좋을 것 같다.

4) 보물 1739호 창녕 영산 석빙고

〈현장 안내판〉

창녕 영산 석빙고는 조선시대에 얼음을 저장하던 시설로, 영산면 동쪽의 함박산 자락에 위치하고 있다. 마치 고분처럼 보이는 빙고는 동서가 약간 긴 타원형이며, 뒤쪽에는 개울이 있어 이곳에서 얼음을 채취했던 것으로 보인다.

빙실은 남북으로 긴 장방형인데, 빙실 규모는 창녕 석빙고에 비해 작다. 사각형의 문은 남향이며, 좌우에 길고 큰 바위를 쌓고 그 위에 긴 돌을 놓은 형태이다. ❶ 입구는 'ㄱ' 자 형태로 조성하여 외기(外氣)의 영향을 덜 받도록 하였다. 빙실의 천장은 4개의 홍예틀을 설치한 다음, 상부에 판석으로 개석을 얹고 2미터 내외 두께의 흙을 덮었다. 빙실 내에서 발생한 용해수(溶解水)는 발생 즉시 북쪽의 낮은 곳으로 배수되도록 하였다. 천장에는 2개의 환기구가 있는데, 납작한 돌을 비스듬히 끼워 외기의 차단과 통풍을 함께 고려하였다.

『여지도서(輿地圖書)』 하권 「영산 창고조(倉庫條)」에 따르면 영산 석빙고를 당시 현감 윤이일(尹彝逸)이 축조하였다고 기록되어 있어 18세기 후반에 조영된 것으로 보인다. 현존하는 석빙고 가운데 규모가 작은 편에 속하나, 빙고의 원형이 잘 남아 있어 석빙고 구조 연구의 중요한 자료로 평가받고 있다.

★ 궁금증과 아쉬운 점

– ㄱ자 입구는 어떤 효과를 내는 것일까. ❶

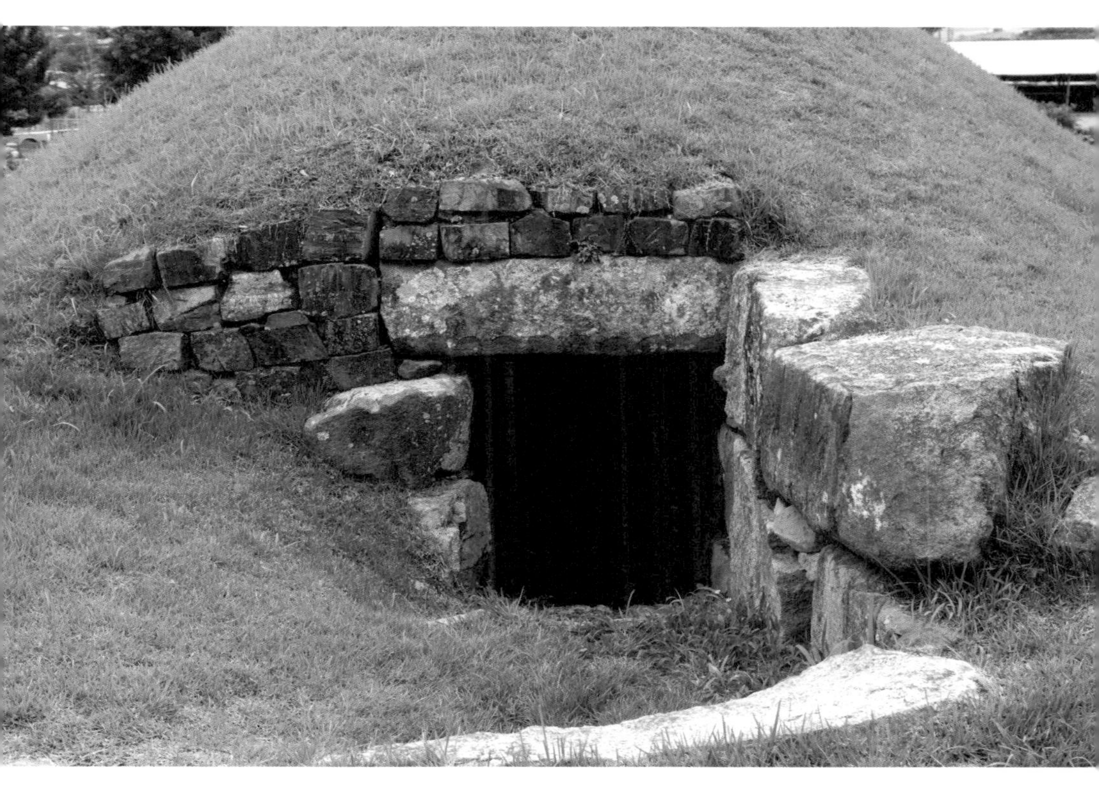

창녕 영산 석빙고

– 얼음 저장 원리, 내부 구조의 냉동효과 등이 궁금하다.

〈문화재청 개선안 예시〉

석빙고는 봄여름에 사용할 얼음을 ❶ 겨울에 강이나 하천에서 채취해 넣어 두는 창고이다. ❷ 땅을 판 다음 돌로 벽을 쌓고 바닥은 앞을 높이고 뒤를 처지게 경사를 만들어 물이 잘 빠지도록 했다. 천장은 기다란 돌을 무지개처럼 쌓고 바람이 잘 통하도록 돌을 맞추어 지붕을 얹고 구멍을 냈다.

석빙고 얼음은 일반 백성은 쓰지 못했고 양반이나 관에서 썼다. 현재 남아 있는 석빙고는 모두 경상도 지역에 있으며, 전부 조선시대에 만든 것들이다. 영산 석빙고는 영산면 동쪽 함박산 자락에 있는데, 언제 만들었는지는 정확히 알 수 없다. 다른 석빙고에 비해 규모가 좀 작지만 원형이 잘 남아 있다.(문화재청이 발간한 『사례로 보는 문화재 안내문안 작성 가이드라인』에 수록)

★ 궁금증과 아쉬운 점

– 겨울철에 채취해 언제까지 얼음을 저장한 것인가. ❶

– 이같은 구조가 얼음 저장에 어떤 도움이 되는 것인가. ❷

– 전체적으로 석빙고의 원리는 어떠한 것인가.

★ 보완할 사항

– 석빙고의 과학적 원리에 대해 압축적인 설명이 필요하다. 입구의 ㄱ자 구조, 내부의 바닥과 천장, 외부의 구조가 얼음 저장에

어떤 효과가 있는지, 간단하게 설명해 주는 것이 좋다. 최근 들어 과학 문화재에 대한 관심이 커지고 우리 전통 과학에 대한 자부심이 축적되고 있기 때문에 이러한 상황을 안내 문안에 반영하는 것이 필요하다.

– 다만 과학 문화재의 경우, 그 원리를 설명하다 보면 장황해지고 오히려 더 어려워질 수가 있다. 따라서 과학적 원리는 어느 정도까지 어떻게 소개할 것인지에 대한 고민과 판단이 필요하다.

5) 사적 137호 강화 부근리 지석묘

〈현장 안내판〉

❶ 우리나라는 고인돌의 왕국이라고 할 만큼 수량면에서 전 세계적으로 단연 으뜸이다. 강화도 고인돌은 동북아시아 고인돌의 흐름과 변화를 연구하는 데 중요한 유적이다.

강화 부근리 지석묘는 이른바 탁자식 고인돌로 분류되는 우리나라 대표적 고인돌이다. 해발 약 30미터 높이의 능선에 세워진 이 고인돌은 흙으로 바닥을 수십 층 다진 뒤 받침돌(支石)을 좌우에 세우고 안쪽 끝에 판석을 세워 묘실을 만들고 사체를 넣은 다음 판석을 막아 무덤을 만들었으나, 두 끝의 막음돌은 없어진 상태여서 석실 내부가 마치 긴 통로 같아 보인다. 이 고인돌은 무덤의 역할을 했던 것으로 보이나, 일부 제단 기능의 고인돌로 보는 견해도 있다.

규모는 덮개돌의 긴축 길이가 6.40미터, 너비 5.23미터, 두께 1.34미터에 전체 높이 2.45미터이고 덮개돌의 무게는 약 53톤이다. 2000년

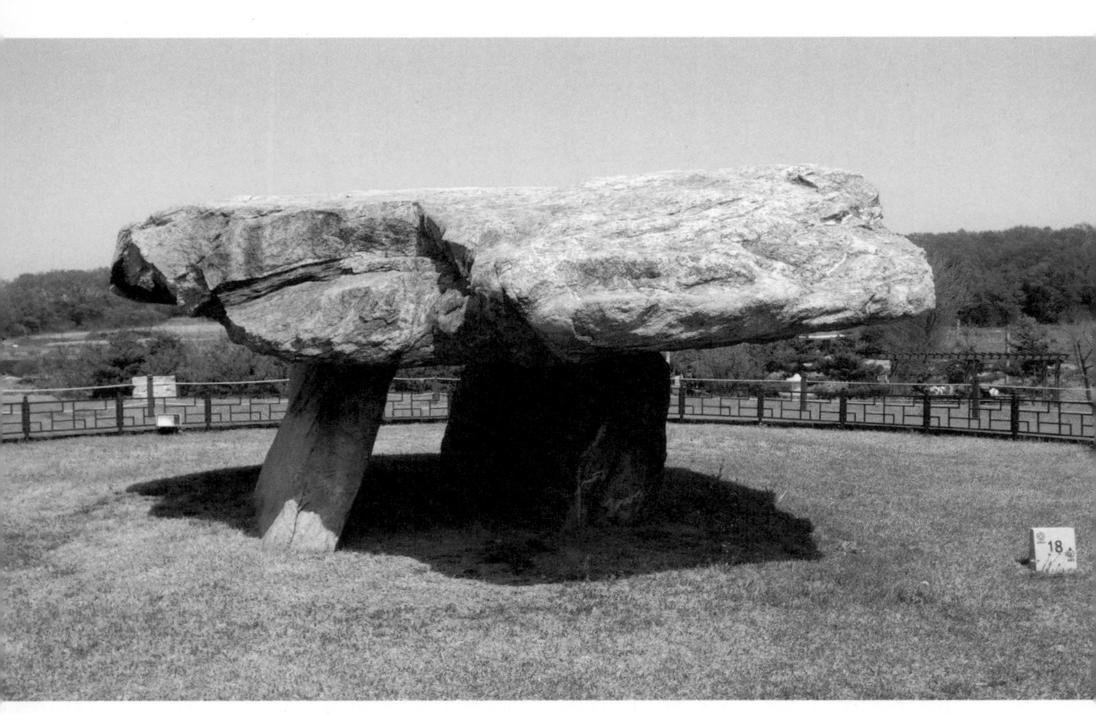

강화 부근리 지석묘

12월 고창, 화순 고인돌 유적과 함께 강화 고인돌 유적이 세계문화유산으로 등재되었다.

〈문화재청 개선 예시〉

고인돌은 청동기 시대 사람들이 만든 무덤으로 지석묘라고도 한다. 무덤으로 보지 않고 제사를 지내는 제단으로 보는 견해도 있다. 지석묘는 생김새에 따라 땅 위에 책상처럼 세우는 탁자식(북방식)과 큰 돌을 조그만 받침돌로 괴거나 받침돌 없이 평평한 돌을 얹는 바둑판식(남방식)으로 나뉜다.

❶ 우리나라는 고인돌 왕국이라고 할 만큼 세계에서 고인돌이 가장 많이 남아 있다. 그중에서도 강화도 고인돌은 동북아시아 고인돌의 흐름과 변화를 연구하는 데 중요한 유적이다. 이 지석묘는 우리나라의 대표적인 탁자식 고인돌로, 덮개돌의 무게가 약 53톤이나 되어 우리나라에서 발견된 것 가운데 규모가 가장 크다. ❷ 강화 부근리 지석묘는 2000년에 전라북도 고창의 지석묘, 전라남도 화순의 지석묘와 함께 유네스코 세계문화유산으로 등재되었다.(문화재청이 발간한 『사례로 보는 문화재 안내문안 작성 가이드라인』에 수록)

★ 궁금증과 아쉬운 점

- 가장 많이 남아 있다면 그 수량은 구체적으로 몇 개인가. ❶
- 유네스코 세계유산으로 등재된 사유는 무엇인가. ❷
- 고인돌에 대한 정보량이 다소 적어 보인다.

★ 보완할 사항

- 고인돌은 사람들이 비교적 친숙하게 생각하고 호기심을 갖는 대상이기 때문에 고인돌의 의미와 가치, 용도 등에 대해 좀 더 충분하게 소개하는 것이 필요하다.
- 부족한 정보량을 보완할 필요가 있다. 다만 장황하거나 너무 어렵게 느껴지지 않도록 핵심을 잘 간추려야 한다.

제5장

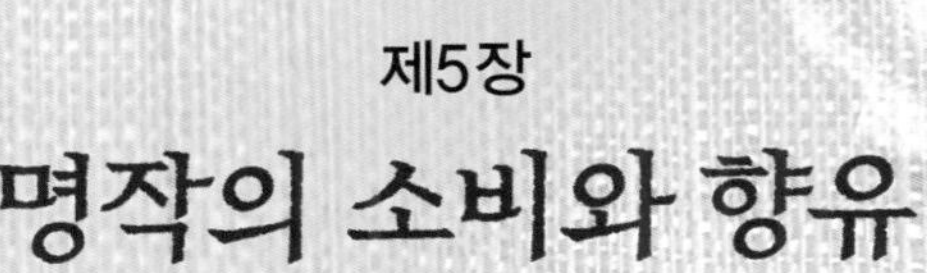

명작의 소비와 향유

다보탑 석가탑과 경주 : 파격과 개방성

신라 금관 : 상상력과 스토리텔링

이 충무공 동상 : 예술과 정치

모나리자 : 도난과 대중화

투탕카멘과 황금 마스크 : 비극적 죽음

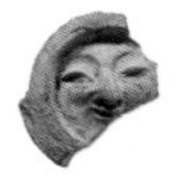

다보탑과 석가탑, 신라 금관, 레오나르도 다빈치의 모나리자, 투탕카멘 황금 마스크…. 많은 사람들이 좋아하는 문화재가 있다. 누군가는 걸작이라 부르기도 하고 누군가는 명작이라 부르기도 한다. 그 문화재를 보기 위해 사람들은 기꺼이 귀한 시간을 내고 비싼 돈을 지불한다.

그런데 그것들은 왜 걸작이나 명작으로 평가받는 것일까. 걸작이나 명작의 기준은 과연 무엇일까. 그 기준은 영구불변한 것일까. 이런 질문을 좀 더 발전시켜 보자. 사람들은 왜 언제부터 어떤 계기로 그것을 명품이라고 받아들이는가. 500년 전 사람들이 받아들이는 정도와 이 시대의 우리가 받아들이는 정도엔 차이가 없는가. 차이가 있다면 왜 그런 것인가.

특정 문화재는 처음부터 걸작으로 평가받는 것이 아니다. 특정 문화재가 탄생하고 사람들을 만나 교류하고 전승되는 과정에서 무언가 결정적인 순간이 있을 수 있다는 말이다. 아울러, 시대가 변하면 특정 문화재를 평가하는 방식도 달라진다. 좋아하는 기준도 변할 수밖에 없다. 시대에 따라 문화재의 감상 포인트가 변하게 된다. 그것을 찾아내는 것은 문화재를 입체적으로 이해하는 데 중요한 전제가 된다. 늘 그대로 있는 것을, 우리가 어느 관점을 부여해 명작으로서의 특징을 다시 들여다보는 것이다. 우리 시대의 기준으로 다시 불러내 그것을 향유하고 소비하는 것이다.

다보탑과 석가탑을 예로 들어보자. 한 쌍으로 조성된 다보탑과 석가탑은 특이하게도 서로 모양이 다르다. 달라도 너무 다르다. 불교미술에서 볼 수 없는 전무후무한 파격이다. 그 파격의 의미를 추적하고 그 파격의 키워드로 다보탑과 석가탑을 바라보는 것이 필요하다. 파격의 관점으로 보면, 신라 문화의 개방성을 알게 된다. 파격과 개방성이 신라의 힘이었음을 알게 된다.

다보탑 석가탑과 경주 : 파격과 개방성

한 해 1,100만~1,200만 명이 찾는 천년고도 경주. 경주에 가는 사람들이 빠짐없이 찾는 곳 가운데 하나가 불국사(佛國寺)다. 거기 국보 20호 다보탑(多寶塔, 8세기)과 국보 21호 석가탑(釋迦塔, 8세기)이 있다. 사람들은 특히 다보탑 앞에서 화려하고 정교한 디자인에 찬사를 보낸다. 다보탑은 다른 전통 석탑들과 확연히 다르다. 세계 어느 곳에서도 그 유례를 찾아볼 수 없다.

불국사 대웅전 앞 다보탑은 왜 저렇게 특이한 모습일까. 이렇게 질문을 한 번 해보면, 궁금증이 꼬리를 문다. 석가탑과 다보탑은 왜 모양이 서로 다를까. 사찰에서 쌍탑일 경우, 두 탑은 모양이 똑같거나 아주 흡사한데, 그래서 이름도 ○○사 동탑, ○○사 서탑이라고 부르는데, 왜 유독 불국사에서만 두 탑이 모양도 다르고 이름도 다르단 말인가. 그리고 저 다보탑은 과연 몇 층 탑이란 말인가. 이 궁금증에 다보탑과 석가탑의 미학이 있다.

1) 종교미술의 틀을 깨다

다보탑은 불교 경전『법화경(法華經)』에서 유래한다. 법화경에는 다보여래(多寶如來)와 석가여래(釋迦如來)가 등장한다. 다보여래는 과거의 부처(과거불)이고 석가여래는 현재의 부처(현세불)다. 법화경 가운데 '견보탑품(見寶塔品)'에는 이런 내용이 나온다.

> 다보여래는 평소 "내가 부처가 된 뒤 누군가 법화경을 설법하는 자가 있으면 언제라도 그 앞에 탑 모양으로 솟아나 그 내용이 진실하다는 것을 증명하겠다"고 서원(誓願)했다. 다보여래는 훗날 석가모니가 법화경의 진리를 설파하자 정말로 그 앞에 화려한 탑으로 불쑥 솟아났다. 그 탑의 높이는 500유순(由旬)이요 평면의 넓이는 250유순이다. 온갖 보물과 5,000개의 난순(欄楯, 난간), 1,000만 개의 감실(龕室)로 장식되어 무척이나 화려했다. 옆으로 깃발이 나부끼고 줄줄이 구슬이 늘어져 있고, 보배로운 방울들이 달려 있다. 또한 사방으로 아름다운 향이 풍겨 세계에 가득찼다.

법화경 견보탑품의 내용을 요약하면, 석가탑은 현재의 부처인 석가여래가 설법하는 내용을 표현한 탑이고, 다보탑은 과거의 부처인 다보여래가 불법을 증명하는 것을 상징하는 탑이다. 다보탑은 따라서 다보여래가 머무는 환상적인 궁전인 셈이다. 다보여래는 석가여래와 한 쌍을 이루기에 다보탑은 석가탑과 한 쌍이다.

불국사의 다보탑과 석가탑은 법화경의 이같은 내용을 시각적으로 구현

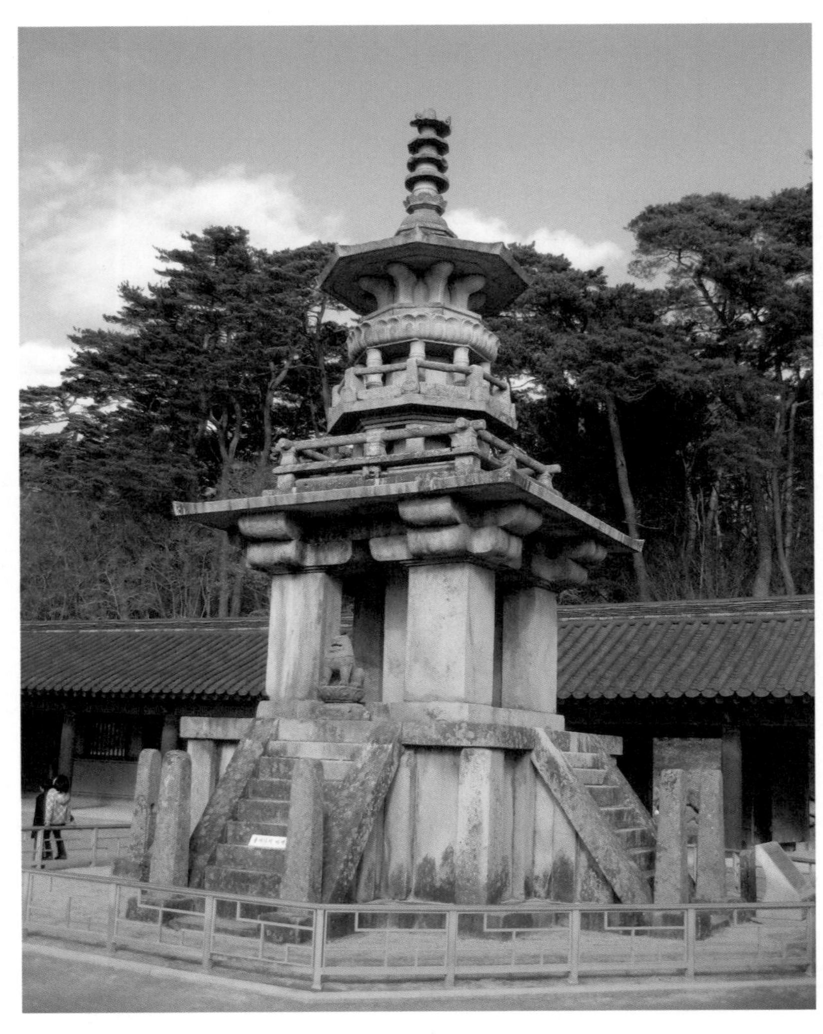

경주 불국사의 다보탑(국보 20호)과 3층 석탑(석가탑, 국보 21호)

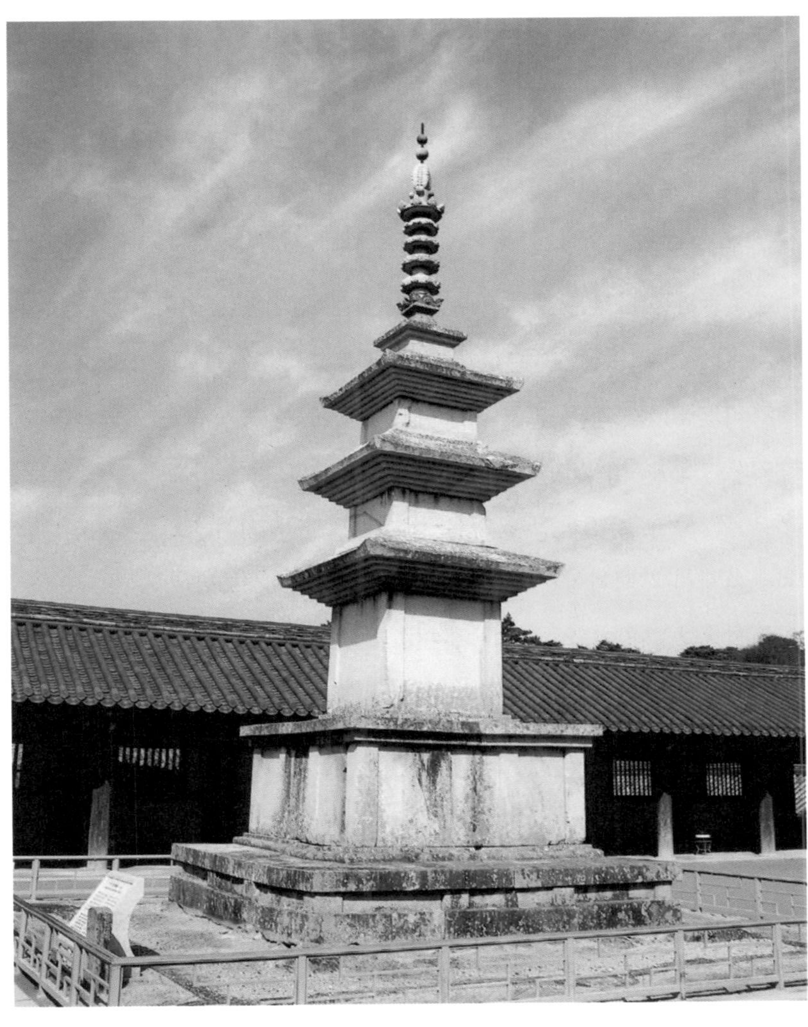

사찰의 일반적인 쌍탑은 모양이 거의 똑같지만 불국사의 다보탑과 석가탑은 모양이 완전히 다른데다 다보탑 자체도 전무후무할 정도로 매우 특이하고 화려하다.

한 것이다. 기단부의 계단과 난간(현재는 난간 기둥만 남아 있음), 네 마리의 사자상, 4각과 8각의 난간 장식, 연꽃잎과 그걸 받치는 대나무 줄기 모양의 기둥, 뒤집힌 신발 모양의 기둥 등 일반적인 석탑에서는 상상할 수 없을 정도로 다채로운 장식을 넣어 화려하게 꾸민 것도 법화경의 내용을 충실하게 표현하기 위해서였다. 그래서 다보탑은 마치 노련한 목조 건축물을 보는 듯하다.

다보탑과 석가탑은 불교건축이고 불교미술이다. 불교미술, 기독교미술과 같은 종교미술은 동서고금을 막론하고 그 격식과 틀이 중요하다. 작가의 창의성보다 종교의 이념이 중요하고 종교 이념과 교리를 드러내기 위한 규칙이 있다. 종교미술은 모두 그 규칙을 따라야 한다. 성스러운 목적, 교리 전파의 목적과 관계없는 것은 배제한다. 종교미술은 지나치게 감각적이어서도 안 되고 지나치게 인간적이어서도 안 된다. 창의성보다 규칙이 우선이다. 불교건축도 예외일 수 없다.

그런데 다보탑은 무척이나 독특하다. 우리나라 석탑 가운데 유일하다. 이런 모양의 탑은 그 이전에도 없었고 그 이후에도 없다. 경전의 내용을 탑으로 표현한 적도 없다. 게다가 사찰에 쌍탑을 배치하면서 이렇게 서로 다르게 탑을 조성한 경우도 전무후무한 일이다. 기존 쌍탑 불교건축의 기존 틀을 벗어난 것이다. 사찰 건축의 핵심이 되는 탑을 조성함에 있어 새롭고 파격적인 형식을 보여 주었다. 고구려에서 백제에서 찾아볼 수 없는 일이다. 그럼, 이렇게 새로운 형식이 어떻게 신라 땅, 경주에서 나타난 것일까.

2) 서역인과 신라인이 폴로를 즐기던 곳

이제 경주 도심을 거닐어 봐야 한다. 경주 도심에서 가장 눈에 띄는 것은 대형 고분이다. 도심 한복판 도처가 죽은 자의 무덤이다. 경주 도심을 걸으면서 불국사에서와 같은 질문을 던져야 한다. 죽은 자의 무덤이 왜 이렇게 도심 한복판에 있는 것인가. 신라 사람들은 왕궁 바로 옆에, 일상 공간 바로 옆에 왜 무덤을 만들었는가.

로마, 교토(京都), 시안(西安) 등 세계 어느 곳을 다녀보아도 도심 한복판에 대형 무덤이 즐비한 곳은 없다. 우리의 고도 어느 곳을 다녀보아도 마찬가지다. 설령 고분들이 있더라도 도심에서 약간 벗어난 근교 쪽에, 평지가 아닌 구릉지대에 조성되어 있다. 경주처럼 도심 한복판 평지에 조성한 곳은 찾아보기 어렵다..

경주 사람들은 21세기 첨단 디지털시대에도 무덤 사이로 출근하고 퇴근하고, 유모차를 끌고 고분 옆에서 휴식을 취하고, 죽은 자를 바라보며 차를 마신다. 대릉원(大陵苑) 무덤 옆에 '황리단길'이 생겨 이제는 젊은이들마저 신라인들의 무덤 옆에서 낭만을 논한다. 경주에서 살고 경주를 즐기는 사람들은 예나 지금이나 무덤 옆에서 죽음과 함께 살아간다. 참으로 대담하고 파격적이지 아니한가. 묘한 매력이다. 신라 사람들은 이미 성찰적이었고 경주는 이미 철학적인 공간이었다.

이번엔 바닷가로 나가보자. 경주 감포 앞바다에 가면 대왕암이 있다. 삼국을 통일한 신라 문무왕(재위 661~681년)의 수중릉(水中陵, 7세기 말)이다. 아들 신문왕이 아버지의 유언에 따라 동해 가운데 큰 바위에 장사를 지낸 곳이다. 문무왕은 죽고 나서도 용이 되어 나라를 지키고 싶은 마음

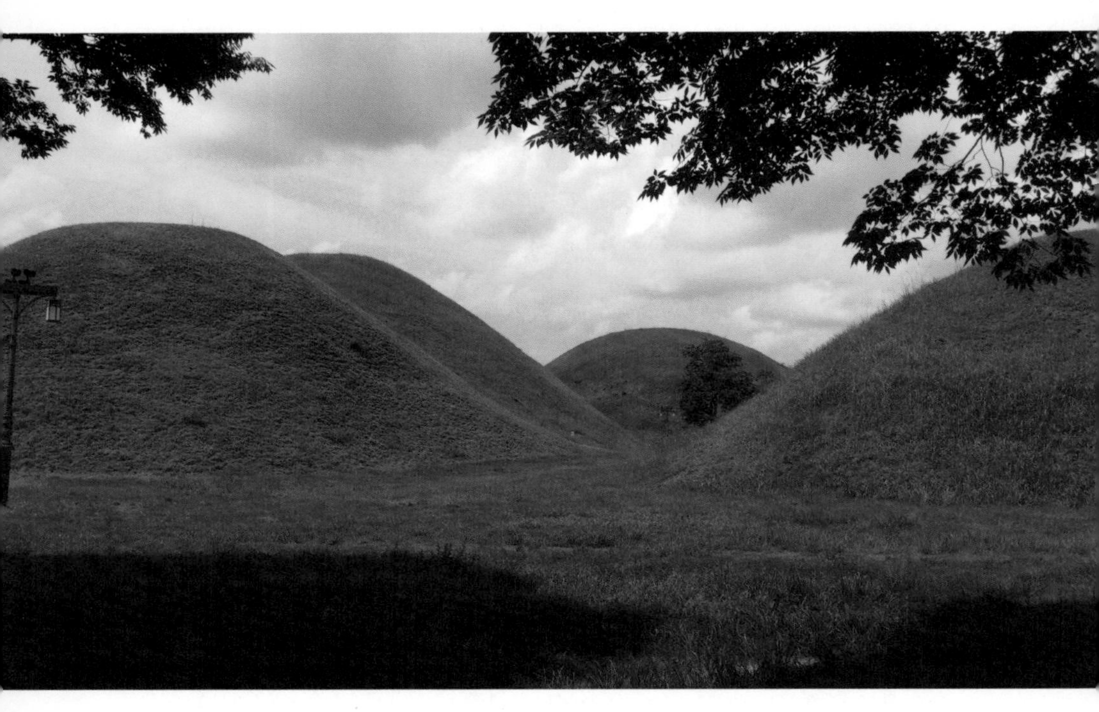

경주 도심 곳곳에 산재한 신라시대 대형 고분들

으로 바다에 장사 지내 달라는 유언을 남겼고 그에 따라 동해 바위 틈에 유골함을 매장한 것으로 추정된다. 우리 역사에 수중릉은 없다. 그런데도 수중릉을 만들 생각을 했다니, 이 또한 파격적이고 도발적이다.

경주에서 울산 쪽으로 가다 보면 큰길 옆으로 괘릉(掛陵, 8세기)이 있다. 신라 원성왕(재위 785~798년)의 무덤으로 알려져 있다. 능 앞에는 좌우 두 줄로 무인, 문인, 사자를 형상화한 돌조각이 세워져 있다. 이들은 모두 무덤의 주인공을 지켜주는 상징적인 존재다.

이 가운데 무인석 한 쌍의 모습이 독특하다. 신라인, 한반도인의 얼굴이 아니라 무시무시한 외국인 얼굴이다. 눈은 깊숙하고 코는 우뚝 솟은 메부리코, 이른바 심목고비(深目高鼻)다. 귀밑에서 턱으로 내려간 수염 역시 우리 모습이 아니다. 곱슬머리를 동여맸고 아랍식의 둥근 터번까지 쓰고 있다. 헐렁한 상의에 치마 같은 하의를 걸쳤다. 전체적으로 서아시아 아랍계 얼굴이다. 당시의 용어를 빌리자면, 서역인(西域人)의 얼굴. 서역은 중국의 서쪽 지역을 일컫는다.

그런데 신라왕의 무덤을 신라인이 아니라 외국에서 온 서역인 무사가 지키고 있다니, 이게 어찌된 일인가. 무덤 앞 무인상을 서역인으로 표현했다면 무덤의 주인공은 살아 있을 때 서역인과 특별한 관계였을 것이다. 그렇지 않고서야 죽고 나서 그의 무덤 앞에 서역인 조각상을 세울 까닭이 어디 있겠는가. 그렇다면 원성왕이 살아 있을 때, 원성왕을 경호하는 호위무사는 분명 서역인이었다는 얘기가 된다. 서역인이 왕의 경호실장을 맡았던 셈이니, 파격이 아닐 수 없다.

경주에서는 이 외에도 서역인 조각상이 여럿 전해 온다. 헌덕왕릉의 무인상(9세기), 흥덕왕릉의 무인상(9세기), 서악동 고분(8~9세기)의 묘실 문

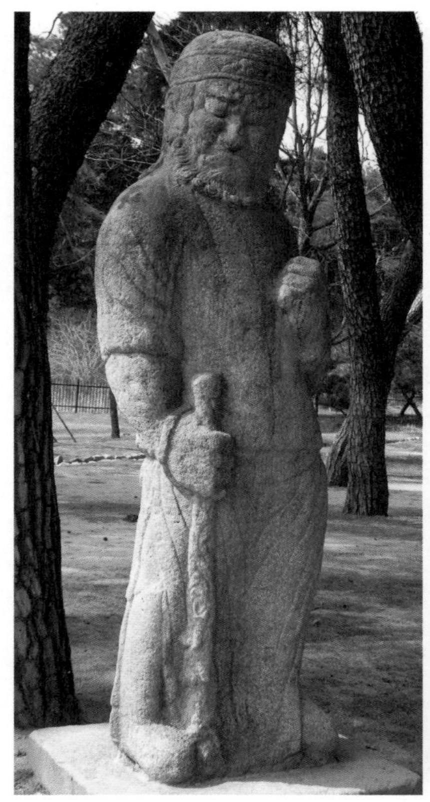
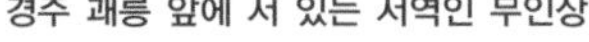

경주 괘릉 앞에 서 있는 서역인 무인상

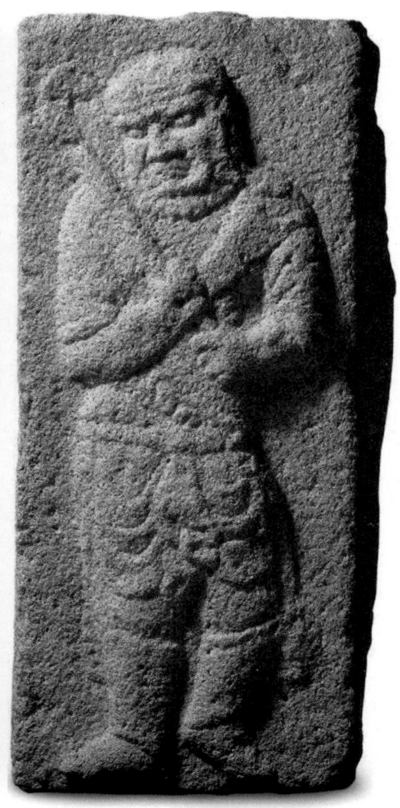

격구(폴로) 스틱을 든 서역인상 경주 구정동 고분의 모퉁이 돌조각이었으나 지금은 국립경주박물관 경내에 있다.

서역인상, 구정동 석실분의 서역인상(9세기) 등. 이 가운데 구정동 석실분의 모서리 기둥에 조각된 서역인상이 특히 더 흥미롭다. 현재 국립경주박물관 야외에 전시 중인 이 돌기둥엔 방망이를 어깨에 걸친 무사 한 명이 조각되어 있다. 방망이를 들고 있다면 무덤 침입자를 막아 달라는 마음이 담겨 있을 것이다. 그런데 그 방망이를 잘 들여다보니 방망이의 끝이 폴로 혹은 하키 스틱처럼 휘어져 있다.

폴로는 통일신라시대 인기 스포츠의 하나였다. 폴로는 우리식으로 말하면 격구(擊毬)다. 그럼, 왜 서역인이 폴로 스틱을 쥐고 있는 것일까. 사산조 페르시아에서 시작된 폴로가 실크로드와 중국을 거쳐 통일신라 당시 한반도에 상륙했고 많은 신라인이 외국의 신종 스포츠에 열광했음을 일러준다. 이 무덤의 주인공은 생전에 격구를 무척이나 좋아했던 모양이다. 그렇지 않고서야 그의 무덤에 이런 모습을 조각해 넣을 리가 없다. 무덤의 주인공은 이란 페르시아에서 건너온 서역인과 함께 격구를 즐겼음에 틀림없다. 흥미로운 사실이다.

경주 용강동 석실분(8세기)에서는 문관상 토용(土俑)이 출토되었다. 그 문관상은 홀(笏)을 들고 서 있는 모습인데 긴 턱수염과 얼굴 모습이 분명 서역인이다. 이 토용의 모델, 즉 서역인은 8세기 신라의 문관 공무원으로 일했을 가능성이 농후하다.

한번 상상을 해본다. 8~9세기 서역인들은 경주에 들어와 왕의 호위무사로 일했고 또 공무원으로 일했다. 퇴근 이후 서역인들은 경주 사람들과 어울려 대형 고분 옆에서 격구를 즐겼다. 그리곤 틈틈이 불국사 나들이도 했을 것이다. 그 대담한 개방성과 파격에 놀라지 않을 수 없다. 8~9세기 신라 땅 경주는 이런 곳이었다.

3) 8세기 경주의 자신감과 파격

통일신라는 불국토를 지향했다. 8세기 중반 조성한 불국사는 신라인들의 내면을 응축한 공간이다. 그렇기에 불국사는 대중들이 가장 즐겨 찾는 곳이었다. 신라의 조탑공(造塔工, 석공)은 그곳에 두 개의 탑을 세웠다. 쌍탑을 세우면서 그 누구도 시도하지 않았던 파격적인 디자인을 감행했다. 경전의 내용을 시각적인 조형물로 구현하겠다고 생각했다.

신라가 삼국을 통일한 지 70여 년이 지난 8세기 중반, 그 석공은 새로운 것에 대한 열망을 느꼈을 것이다. 그때까지의 석탑 양식을 과감히 깨뜨리고 이제껏 보지도 경험하지도 못했던 새로운 형태를 시도하고 싶었다. 경전에만 있는 것, 실제로 볼 수 없는 것, 마음에만 있던 것을 눈앞에 실물로 펼쳐 보이고 싶었을 것이다. 그건 그 누구도 상상조차 하지 못했던 일이었다. 과감하고 창의적인 시도였다.

불교의 틀을 벗어나는 것은 쉬운 일이 아니다. 자칫하면 파문(破門)까지 당할 일이다. 하지만 8세기 신라의 불교는 석공의 도발에 가까운 창의성을 받아들였다. 대담한 발상을 하는 것도, 그 대담함을 받아들이는 것도 자신감이 없으면 불가능한 일이다. 이러한 새로운 시도는 그 이전에도 없고 이후에도 없다.

다보탑과 석가탑은 그 파격의 절정이다. 종교미술의 틀을 뛰어넘는 자유로운 창의성은 자신감에서 왔다. 8세기 신라의 자신감이다. 삼국 가운데 후발 주자였음에도 삼국을 통일하고 주도권을 잡은 신라의 그 당찬 자신감일 것이다. 명작은 이렇게 당찬 파격에서 온다. 그 파격은 개인의 역량뿐만 아니라, 종교의 포용성뿐만 아니라 시대의 힘이 응축된 것이다. 다보탑과 석가탑은 이렇게 불교건축 종교미술의 획일성을 보기 좋게 날려 보냈다.

그것이 8세기 신라와 경주였다. 이런 점에서 8세기 전후는 남다른 시대가 아닐 수 없다. 불국사, 다보탑과 석가탑, 석굴암, 성덕대왕신종(에밀

례종) 등이 탄생했다. 이들은 모두 해당 장르에서 우리 전통미술의 전범이 되었고 한국 최고의 문화유산으로 자리 잡았다. 모두 8세기 신라의 문화적 종교적 자신감의 산물이다. 8세기학(學)을 논해야 할 정도다.

다보탑은 다음 시대에도 만들어지지 않았다. 세계 어느 나라에서도 이같은 양식을 찾아볼 수 없다. 일본과 중국에도 다보탑이라는 형식은 있지만 완전히 다르다. 다보탑은 우리 석탑의 역사 가운데 형식과 내용 면에서 가장 혁신적이다. 이건 8세기 신라 경주만의 석탑이다. 불국사 대웅전 앞의 두 탑이 모두 석가탑처럼 똑같이 생겼다면 어떠했을까. 지금처럼 생동감이 넘치지는 않을 것이다. 지금처럼 흥미진진한 스토리를 만들어 내지 못했을 것이다. 명작은 이렇게 새로운 길을 열어간다. 그 과감하고 도발적인 파격으로, 참신한 안목으로 새로운 미를 개척한다.

다시 한번 질문을 던진다. 그럼, 다보탑은 과연 몇 층인가. 2층탑, 3층탑, 4층탑 등 다양한 설이 있지만 아직 명쾌한 답은 없다. 일반적인 탑과 모양이 너무 다르다 보니 층수를 헤아리기가 쉽지 않다.

다보탑 맨 아래쪽 계단이 있는 부분이 기단부(받침 부분)라는 점에는 전문가들의 의견이 일치한다. 그러나 그 윗부분을 놓고 의견이 엇갈린다. 기단부 위쪽의 사각 기둥이 있는 부분을 기단으로 보는 견해가 있는가 하면, 이것을 하나의 층으로 보는 견해도 있다.

탑 중간의 난간 부분에 대해서도 의견이 갈린다. 4각 난간과 8각 난간 부분을 각각 하나의 층으로 보는 견해가 있고, 이와 달리 4각 난간과 8각 난간 부분을 모두 합쳐 하나의 층으로 보는 견해도 있다. 그리고 난간 위부터 8각 옥개석(지붕돌) 아래 부분을 또 하나의 층으로 보는 전문가도 있다. 이렇게 보는 각도에 따라 다보탑은 2층탑, 3층탑, 4층

탑이 될 수 있다.

뿐만 아니라 무급(無級)의 탑, 즉 층이 없는 탑이라는 주장도 있다. 이 견해는 난간 안쪽에 숨겨져 있는 8각 기둥에 주목한다. 이 8각 기둥이 다보탑의 탑신(몸체)인데, 이것이 난간에 의해 가려져 있다는 점에서 탑신은 없는 것이나 마찬가지라는 견해다. 즉 탑신은 있으면서 없는 것이며, 탑신이 없다는 것은 층이 없음을 의미한다. 그래서 무급탑, 무층탑이라는 말이다.

다보탑이 과연 몇 층인지, 영영 그 답을 찾아내지 못할 수도 있다. 하지만 그렇기에 다보탑은 더 매력적이다. 8세기 중반 다보탑을 세운 신라의 석공에게 몇 층 탑인지는 중요하지 않았을 것이다. 그는 새로운 다보탑을 통해 한국 석탑미술의 미래를 활짝 펼쳐 보였다. 모든 것이 새로운 도전이었다. 그런 석공에게 기존 석탑의 층수 개념은 별 의미가 없었다.

신라 땅 경주는 도처가 파격이다. 도심 한복판 대형 고분이 그렇고, 서역인 조각과 토용이 그렇고, 대왕암이 그렇고, 다보탑과 석가탑이 그렇다. 8세기 경주는 과감하고 도발적이었다. 다보탑은 그 파격의 절정이다. 사유와 성찰과 욕망을 이렇게 탑으로 시각화하다니, 그것도 화려하고 세련된 미술로 탄생시키다니. 다보탑은 이 시대에 여전히 신비와 미스터리를 남긴다. 명작은 미스터리를 낳고 그 미스터리는 명작의 가치를 더해 준다. 이제, 불국사에 가면 다보탑이 과연 몇 층 탑인지 헤아려 볼 일이다.

신라 금관 : 상상력과 스토리텔링

세련되고 독특한 조형미, 화려한 장식과 황금빛 찬란함…. 한국을 대표하는 문화재 가운데 하나를 꼽으라면 신라 금관이 빠질 수 없다. 그 흔한 고분 도굴도 피했고, 전시실에 침입한 도난범의 마수도 피해 갔던 금관. 순도 90%에 육박하는 금관은 보는 이를 신비로움과 궁금증에 빠뜨린다. 금관은 누구의 것이고, 금관은 실제로 착용했던 것인지. 저 특이한 모습은 어디서 온 것인지. 최근 들어 금관 연구가 부쩍 늘어났지만, 전문가들의 의견은 나올 때마다 모두 다르다. 왜 그런 것일까.

1) 금관의 미학

1927년 11월 10일 밤, 조선총독부박물관 경주분관(지금의 국립경주박물관)에 괴한이 침입했다. 그는 진열실 자물쇠를 부수고 들어가 금관총(金冠塚)에서 출토된 순금 허리띠와 장식물(현재 국보 제88호) 등 금제 유물을 몽땅 털어갔다. 그런데 신기하게도 금관에는 손도 대지 않았다. 6개월

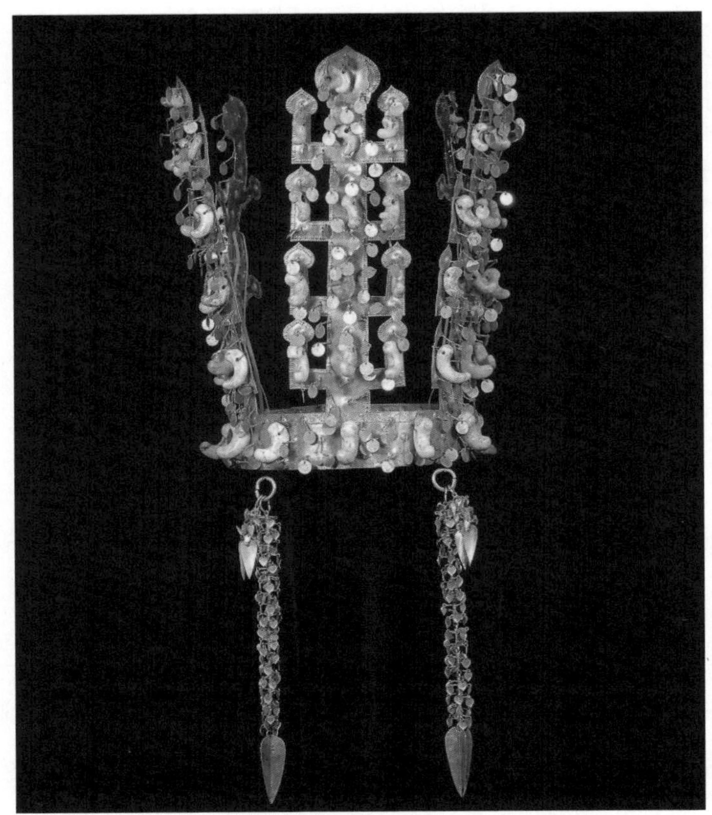

천마총 금관 국보 188호, 6세기

이 지났건만 수사에 진전은 없고 사건은 미궁으로 빠져들었다. 그러던 중 1928년 5월 어느날 새벽, 경주경찰서장 관사 앞을 지나던 한 노인이 이상한 보따리 하나를 발견했다. 열어보니 찬란한 황금빛 유물, 바로 그 도난품들이었다. 하지만 범인은 이미 종적을 감춘 뒤였다. 이때 화를 면했던 금관총 출토 금관(5세기, 현재 국보 87호)은 1956년 결국 수난을 겪고 말았다. 국립경주박물관에 또다시 범인이 침입했다. 범인은 1927년과는 정반대로 다른 금제 유물엔 손도 대지 않고 금관총 출토 금관 한 점만 훔쳐갔다. 그러나 천만다행으로 그건 복제품이었다. 금관총 출토 금관은 그렇게 극적으로 살아남았다.

1997년 영국 런던의 브리티시뮤지엄(대영박물관) 한국실 개관 기념전에 금관총 금관이 출품되었고, 당시 보험가는 50억 원이었다. 2013년 미국 뉴욕의 메트로폴리탄박물관에서 〈황금의 나라 신라〉 특별전이 열렸다. 이때 황남대총(皇南大塚) 금관(5세기, 국보 191호)이 출품되었다. 이 금관의 보험가는 100억 원. 누군가는 '대단한 액수'라며 놀라워했고 누군가는 '너무 적게 책정된 것 아니냐'며 아쉬워하기도 했다. 하지만 영국과 미국의 공공기관이 금관의 안전을 보장했기에 굳이 수백억 원의 보험에 가입할 필요는 없었다. 어쨌든 이 소식에 세인들은 대체로 "역시 금관이군"이란 반응을 보였다.

현재 전해 오는 순금제 금관은 총 8점. 이 가운데 6점이 5~6세기 신라 것이고, 나머지 2점은 가야의 금관이다. 충남 공주의 백제 무령왕릉(武寧王陵)에서 왕과 왕비의 금제 관장식이 나왔으나 금관은 나오지 않았다. 우리가 박물관에서 자주 만나는 관들은 대부분 금동관이다.

신라 금관은 경주 황남대총 북분 출토 금관, 금관총 출토 금관, 서봉총(瑞鳳塚) 출토 금관(5~6세기, 보물 339호), 금령총(金鈴塚) 출토 금관(6세기, 보물 338호), 천마총(天馬塚) 출토 금관(6세기, 국보 188호), 교동 고분(校洞古墳) 출토 금관(5세기)이다. 모두 경주 도심의 신라 고분에서 출토된 것이다. 교동 금관을 제외하면 형태가 모두 비슷하다. 나뭇가지 모양 장식(出字形 장식) 3개와 사슴뿔 모양 장식 2개를 관테에 덧대 금못으로 고정하고, 곡옥(曲玉, 곱은옥)과 달개 등으로 장식한 모습이다.

2) 신라 금관이 도굴되지 않은 이유

신라 금관이 처음 확인된 것은 1921년 9월 23일 경북 경주시 노서동의 한 집터 공사 현장에서였다. 당시 인부들의 신고를 받은 조선총독부 직원들은 곧바로 조사에 들어갔다. 봉분이 훼손된 고분이었지만 금관을 비롯해 새 날개 모양의 관모 장식, 금제 허리띠와 장식, 금제 목걸이와 귀고리, 금동 신발 등 200여 점의 유물이 출토됐다. 이 무덤은 주인공이 확인되지 않아 가장 대표적인 유물인 금관의 이름을 따 금관총이라 부르게 되었다. 경주 지역 주민들의 희망에 따라 1923년 10월 경주에 경주유물진열관을 지어 금관 등 출토 유물을 상시 공개했다. 사람들은 이 진열관을 금관고(金冠庫)라고 불렀다. 금관고는 조선총독부박물관 경주분관(국립경주박물관의 전신)으로 발전했다.

1924년 금령총에서 금관이 발견되었다. 무덤에서 금령(金鈴, 금방울)이 나왔다고 해서 금령총이라고 이름 붙였다. 1926년 서봉총에서 또다시 금관이 나왔는데, 서봉총 발굴은 그 사연이 좀 독특하다. 1926년 발굴 때, 한국을 방문 중이던 스웨덴의 황태자이자 고고학자인 구스타프가 발굴에 직접 참여했었다. 무덤의 이름도 여기서 유래했다. 황태자의 발굴 참여를 기념해 스웨덴의 한자 표기인 서전(瑞典)에서 서(瑞)자를 따고, 이 고분에서 출토된 금관에 봉황(鳳凰)과 비슷한 새가 장식되어 있다고 해서 봉(鳳)자를 따 서봉총이라고 했다.

광복 후에도 경주 지역뿐 아니라 곳곳에서 고분 발굴이 이어졌으나 체계적이고 본격적인 발굴은 1970년대에 시작되었다. 1970년대는 한국

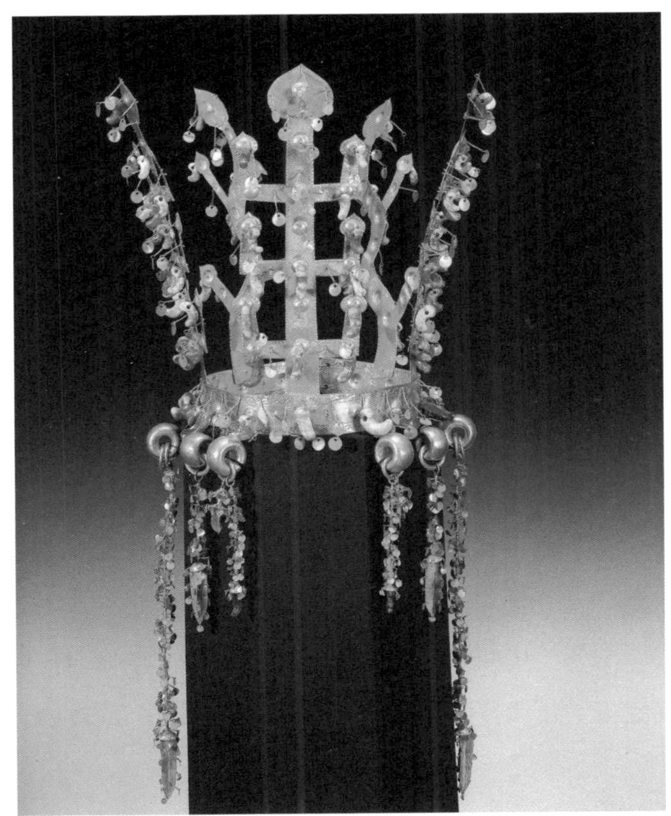

황남대총 금관 국보 191호, 5세기

고분 발굴사에 길이 남는 시기라고 할 수 있다. 한국의 3대 고분 발굴로 일컬어지는 무령왕릉 발굴(1971년), 천마총 발굴(1973년), 황남대총 발굴(1973~1975년) 등 대형 고분의 발굴이 잇따라 이뤄졌기 때문이다. 무령왕릉에선 4,600여 점의 6세기 백제 유물이, 천마총과 황남대총에서는 각각 1만1,000여 점과 5만8,000여 점의 5~6세기 신라 유물이 쏟아져 나왔다. 이후 이러한 대규모 고분 발굴 조사는 아직까지 이뤄지지 않고 있다.

고고학자와 고고학 인부들이 발굴을 위해 고분을 열고 들어가면 도굴꾼들이 훑고 지나간 경우가 허다하다. 거기엔 담배꽁초와 소주병, 심지어 컵라면 용기가 발견되기도 한다. 그런 고분들은 대부분 내부가 석실(石室)로 이뤄진 경우가 많다. 널찍한 돌로 방을 만들고 시신과 부장품을 안치한 경우다. 도굴꾼들은 흙을 조금 파내고 석실 안으로 들어가기만 하면 안전하게 유물들을 빼낼 수 있다.

그럼, 우리나라 고분들의 상당수가 도굴되었는데 어떻게 해서 5~6세기 신라 고분만 도굴되지 않고 지금까지 잘 남아 있는 것일까. 경주 시내의 대형 고분들은 사정이 다르다. 천마총, 황남대총과 같은 경주 시내 대형 고분은 적석목관분(積石木槨墳, 돌무지덧널무덤)이다. 적석목곽분은 시신을 넣은 목관과 부장품을 안치한 뒤 그 위에 목곽(木槨)을 설치하고 그 위를 엄청난 양의 돌로 촘촘히 쌓고 다시 흙으로 둥글게 봉분(封墳)을 다져 만든 무덤이다.

공식 발굴은 고분의 위부터 열고 들어가 조사를 하지만 도굴꾼들은 남의 눈을 피해 주로 고분의 바깥 아래쪽에 사람 한 명 들어갈 만한 구멍을 뚫고 들어가 관 속에 있는 유물을 훔쳐간다. 그런데 적석목관분은 그것이 불가능하다. 구멍을 뚫으려면 관 위에 무수히 쌓여 있는 돌의 일부를 빼내야 한다. 하지만 돌을 뽑아내면 그 위에 쌓여 있는 수많은 돌들이 밑으로 쏟아져 내리고, 그렇게 되면 도굴꾼은 돌에 깔려 죽고 말 것이다. 적석목관분은 이처럼 애초부터 외부인이 침입할 수 없는 구조로 되어 있다. 특이하게도 적석목곽분은 5~6세기 신라에서만 나타난다. 1500여 년 전 신라인들은 자신들의 무덤에 훗날 누군가가 침입하는 것을 극도로 꺼렸던 것이 아니었을까.

경주 시내엔 대형 고분이 즐비하지만 현재까지 공식 발굴된 고분은 몇 안 된다. 또 다른 거대 고분을 발굴한다면 천마총, 황남대총 못지않게 엄청난 유물을 토해 낼 것이 분명하다.

3) 금관을 머리에 썼다고?

사극 드라마를 보면 신라 왕들은 금관을 쓰고 나온다. '금관이니까 모자처럼 머리에 썼겠지' 라는 생각에서 비롯한 것이다. 하지만 금관의 용도에 대한 기록은 어디에도 없다. 사실 마땅한 증거물도 찾기 어려운 형편이다. 그렇기에 금관의 용도를 두고 실용품인지, 비실용품인지로 의견이 갈린다. 여기서 실용품이라고 하면 신라 왕이 특정 의식에서 이 금관을 직접 착용했음을 의미한다. 비실용품이라고 하면 실생활에서는 사용하지 않고 죽은 자의 영혼을 기리기 위해 장송의례용품으로 부장했다는 것을 의미한다. 간단히 정리하면 비실용품 = 장송의례용, 실용품=의식용이다.

그럼, 실용품이 아니라는 견해의 근거를 알아보자.

첫째, 금관은 너무 약한데다 지나치게 장식이 많아 실제 착용하기 어려웠을 것이라는 점. 금관은 얇은 금판을 오려 그것들을 서로 붙여 만들었다. 관테에 고정시킨 세움 장식이 너무 약하고 불안정하다. 실제로 머리에 금관을 쓴다면 조금만 움직여도 세움 장식이 꺾일 정도로 약하다고 한다.

둘째, 마감이 깔끔하지 않다는 점. 신라 금관은 전체적인 디자인이나

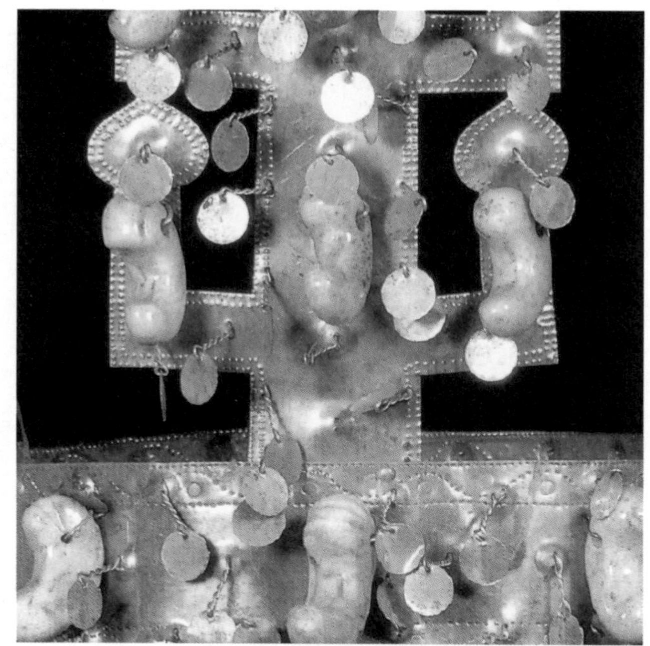

천마총 금관의 관테와 세움장식 이음부

조형미는 대단히 뛰어나고 세련되었다. 그러나 마감은 매끈하지 못하다. 평소에 왕이 사용하는 것이었다면 신라의 장인들이, 정교하기 짝이 없는 금목걸이와 금귀걸이를 만들었던 신라의 장인들이 마감을 엉성하게 하지 않았을 것이라는 견해다. 실제 사용한 것이 아니라 사후 부장용이었을 가능성이 높다는 것이다.

셋째, 금관과 함께 출토된 장신구들 가운데 비실용품들이 있다는 점. 대표적인 경우가 대형 금동신발인데, 이것을 실제 착용했다고 보기는 어렵다. 금관도 마찬가지라는 말이다.

넷째, 금관의 실제 출토 상황. 황남대총의 경우, 신라 금관은 죽은 사람

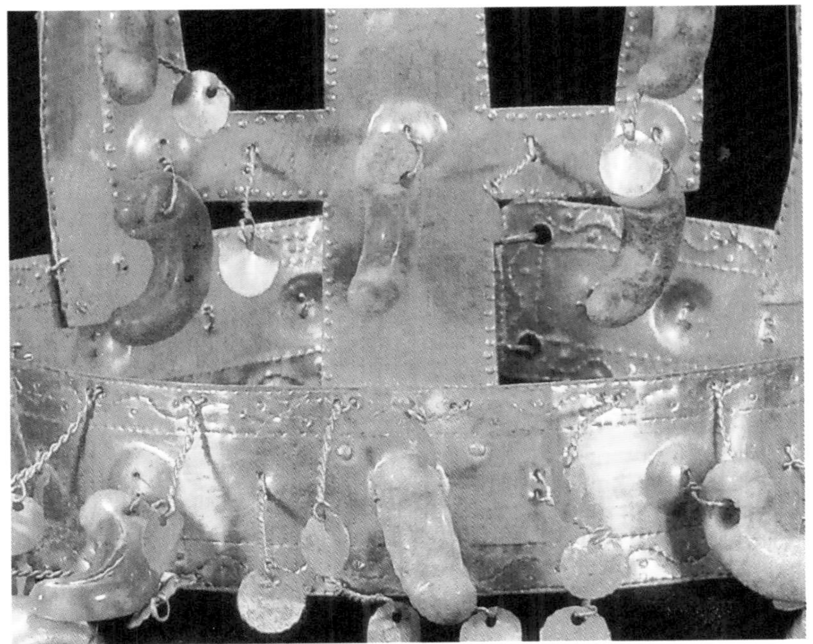

황남대총 금관의 관테와 세움장식 이음부

(무덤의 주인공)의 머리 위에 씌워져 있지 않고 얼굴을 모두 감싼 모습으로 출토되었다. 금관의 아래쪽 둥근 테는 무덤 주인공 얼굴의 턱 부근까지 내려와 있다. 그리고 금관 위쪽 세움 장식(나뭇가지나 사슴뿔 모양)의 끝이 모두 머리 위쪽 한 곳에서 묶인 채 고깔 모양을 하고 있다. 즉 모자처럼 이마 위에 쓴 것이 아니라 얼굴 전체를 뒤집어 씌운 모습으로 발굴된 것이다. 이는 신라 금관이 실용품이 아니라 장송의례품임을 의미한다는 것이다.

그러나 의식용 실용품이었다는 반론도 만만치 않다. 금관이 비록 약하기는 하지만 천이나 가죽 등의 모(帽)에 부착된 형태로 사용되었을 것이라는 견해다. 한 민속학자는 "신라 금관을 부장품 장례용품으로 보는 것은 식민사관의 일종"이라도 비판하기도 한다. 그는 "왕관은 원래 의식용이었기 때문에 실제 착용의 편리함과 거리가 멀다. 신성성(神聖性)을 강조하는 것이기 때문에 굳이 실용적으로 제작할 필요가 없다"고 반박한다.

4) 금관의 주인공은 누구인가

금관이 실용품이었든 장송의례용품이었든, 사람들은 대부분 신라 왕이 금관의 주인공이었을 것으로 생각한다. 과연 그럴까? 금관의 주인이 왕이려면 금관이 출토된 고분이 왕의 무덤이어야 한다. 그러나 왕의 무덤으로 밝혀진 경우는 아직 없다. 발굴이 이뤄진 우리나라 고대(古代) 고분 가운데 주인공이 확인된 것은 충남 공주에 있는 백제 무령왕릉뿐이다. 그래서 ○○왕릉이라 명명하지 못하고 금관총, 천마총, 황남대총 등으로 부르는 것이다.

금관이 출토된 황남대총 북분을 보자. 황남대총은 동서 80미터, 남북 120미터에 달하는 국내 최대 규모의 고분이다. 남북으로 무덤 두 개가 붙어 있는 쌍분이며 부부 무덤일 가능성이 농후하다. 100% 물증이 있는 건 아니지만 내물왕(내물마립간) 부부묘라는 추정이 지배적이다. 흥미로운 사실은 남성의 무덤인 남분이 아니라 여성의 무덤인 북분에서 금관이 나왔다는 점이다. 남성의 무덤에서는 그보다 급이 낮은 금동관과 은관이 나왔다. 이 무덤이 축조된 5세기 전후 신라엔 여왕이 없었으니 황남대총은 여왕의 무덤일 수 없다. 그렇다면 황남대총 금관의 주인공이 왕비일 수는 있어도 왕은 아니라는 말이 된다. 이와 함께 "서봉총 금관의 주인공도 여성일 가능성이 높다"는 주장도 나온다. 금령총에서 나온 금관은 지름이 16.5센티미터로 작은 편이다. 성인용이 아니다. 그 주인공이 어린 아이라면 아마 왕자였을 가능성이 높다. 신라의 금관 하면 우리는 보통 왕의 것으로 생각한다. 하지만 발굴 결과는 그렇지 않다.

호기심은 그치지 않는다. 그 기원을 두고도 의견이 다양하다. 스키타이 기마민족 문화의 영향을 받았다는 주장, 시베리아 샤먼의 풍속에서 왔다는 주장, 고조선 초기부터 이어온 한민족 고유의 양식이라는 주장 등 그 폭은 상당히 넓다. 나뭇가지 장식을 두고도 의견이 많다. 생명수(生命樹)라는 견해도 있고, 경주 계림(鷄林)의 숲을 형상화했다는 견해도 있다. 계림은 김알지 탄생 설화가 서려 있는 경주 도심의 오래된 숲이다.

금관 표면엔 비취로 만든 곡옥이 다수 장식되어 있다. 대체로 곡옥은 영원한 생명을 상징한다고 받아들이는 편이지만, 구체적으로 들어가면 의견이 분분하다. 용을 단순화해 표현한 것으로 보는 이도 있고, 자식을 상징한다고 보는 이도 있다. 자식을 상징한다고 보는 견해에 따르면, 곡옥이 많이 달려 있는 금관은 자식을 많이 나은 왕의 것이고 곡옥이 없는 금관은 자식이 없는 왕의 것이라고 한다. 물론 이러한 주장은 객관적이고 뚜렷한 근거가 있는 것은 아니다. 그런데 소년의 것으로 추정되는 금령총 금관에만 곡옥이 없다는 사실을 고려해 보면, 이 주장이 흥미롭게 다가온다.

이밖에도 신라 금관의 주인은 무당이나 제사장이라고 보는 견해도 있다. 서봉총 금관의 제작연대를 두고도, 대체로 5~6세기 것으로 보지만 624년 진평왕 때 만든 것이라는 주장도 있다. 그렇다면 서봉총 금관의 주인공이 여성이라는 주장과 배치된다.

금관에 대한 다양한 의견은 최근 10여 년 사이에 왕성하게 제시되고 있다. 하나하나의 견해는 모두 흥미롭다. 그 견해를 따라가 보면 모두 일리가 있다. 그런데 한 발 밖에서 바라보면, 지나치게 주관적인 함정에 갇혀 있는 것은 아닌가 하는 생각도 든다. 연구가 늘어날수록 더 복잡해지는 형국이라고 할까.

국립경주박물관이 금관의 순도를 조사한 바 있다. 이에 따르면 교동 금관 88.8%, 황남대총 금관 86.2%, 금관총 금관 85.4%, 천마총 금관 83.5%, 금령총 금관 82.2%, 서봉총 금관 80%였다. 그 결과가 많은 사람들을 놀라게 했다. "정말로 순금이었구나."

우리 고대사에서 그 이전에도 없었고 그 이후에도 없었던 독특한 모습의 순금제 금관. 죽은 자의 무덤에서 나온 독특하고 세련된 모습의 순금제 금관. 금관은 그 자체로 신비롭다. 고고학자, 역사학자, 미술사학자, 민속학자 등 다양한 전문가들을 호기심 속으로 빨아들인다. 그들은 자료도 찾고 상상도 한다. 다빈치코드 같은 상징을 찾아내고자 한다. 그렇기에 금관은 상상력의 보고다. 그런데 그 상상력의 유혹은 때론 치명적이다.

이 충무공 동상 : 예술과 정치

"칼집을 오른손에 잡고 있는데 그렇다면 이순신 장군은 왼손잡이였다는 말인가."

"고개를 숙이고 있는 걸 보니 패장(敗將)이란 말인가."

"세종대왕을 기념하는 세종로에 왜 충무공 동상이 서 있는 것일까."

서울 광화문 광장의 충무공 이순신 장군 동상. 1968년 4월 건립 직후부터 지금까지 이런 논란이 그치지 않고 있다. 당대의 대표 조각가 김세중(1928~1986년)의 작품으로, 1960~1970년대를 대표하는 공공미술인데도 사람들은 이 동상을 자꾸만 정치적 시선으로 바라보게 된다. 그렇기에 또다른 궁금증이 생긴다. 이런 논란은 언제쯤 마무리될 수 있을까. 50년, 100년 뒤 광화문 광장을 그대로 지킬 수 있을까. 훗날 사람들은 저 조각품을 어떻게 평가할 것인가.

1) 세종로와 애국선열 조상

1964년 5월 16일 서울 세종로 한복판에 독특한 조형물들이 대거 등장했다. 당시 문교부(현재의 교육부)가 중앙청(옛 조선총독부 건물, 1996년 철거)에서 숭례문에 이르는 대로의 중앙 녹지대에 김유신, 권율, 정약용, 김정호, 유관순, 김구 등 역사위인 37명의 조상(彫像)을 세운 것이다. 애국선열조상(愛國先烈彫像)이었다. 당시 여당이었던 민주공화당 김종필 의장의 제안으로 시작되어 서라벌예대, 서울대, 이화여대, 홍익대 미술대 학생들이 나누어 제작했다. 모두 석고상이었고 일부는 좌상, 일부는 입상이었다.

건립 당시부터 "졸속이다", "석고상이기에 훼손 우려가 크다"는 비판이 적지 않았다. 설치하고 보니 대학생들의 작품이었기에 수준이 좀 낮은 것도 사실이었고, 석고상이었기에 너무 쉽게 훼손되었다. 비바람에 쓰러지거나 깨지고 더러워지면서 도시의 흉물로 전락했다. 애국선열을 기린다는 취지였지만 오히려 선열을 욕보이고 말았다. 두 달도 채 되지 않아 동아일보는 이렇게 지적했다.

> "주요 도로명을 선현의 이름을 따서 고친 것은 좋았다고 하겠으나, 서른일곱 분의 선열조상(先烈彫像)에 관한 한, 적지 않게 송구스럽다. 지난봄 한두 달 동안에 급조해서 세울 때부터 걱정된 일이지만, 세워진 지 두 달도 못 되어 얼룩지고 상처가 난다는 이야기이니, 과연 올해 장마나 무사히 넘길 수 있을는지 모르겠다. 생각은 좋았지만 좀더 신중했어야 할 일이 아니었을까." (동아일보 1964년 7월 9일자 1면)

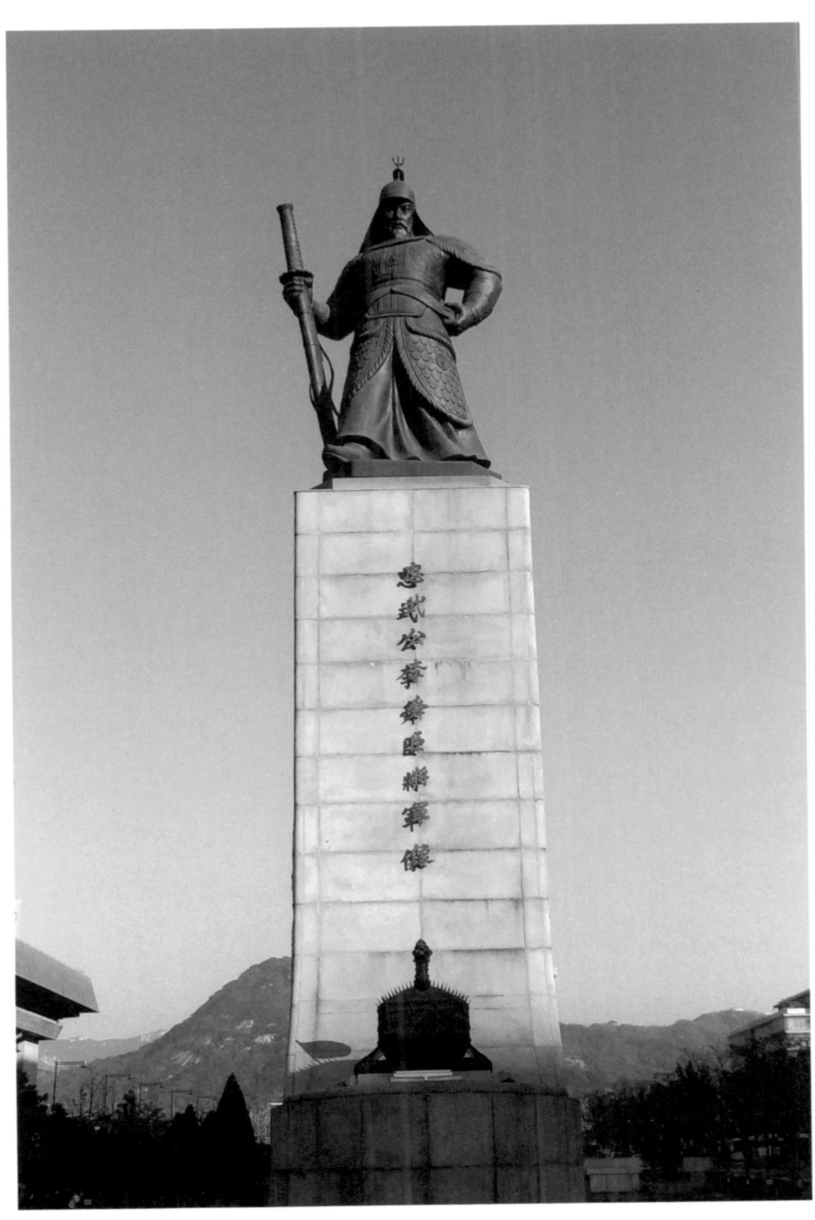

서울 광화문광장에 있는 이 충무공 동상 1968년 조각가 김세중이 제작했다.

이듬해인 1965년 봄, 문교부는 일부를 보수했으나 지속적인 비판 여론에 밀려 1966년 7월에 석고상 37개를 모두 철거했다. 그리고 한 달 뒤인 1966년 8월 15일, 애국선열조상건립위원회가 출범했다. 석고상의 전철을 밟지 않기 위해 동(銅)으로 영구적인 선열조상을 조성할 목적이었다. 위원장은 김종필이 맡았다. 건립위원회는 서울신문사와 함께 애국선열조상 건립운동을 펼쳐 나갔다. 1972년 해체될 때까지 을지문덕, 김유신, 강감찬, 정몽주, 세종대왕, 이황, 이이, 이순신, 세종대왕, 정약용, 윤봉길 등 모두 15명의 동상을 제작해 설치했다.

2) 충무공상 고증 논란 : 패장인가 아닌가

애국선열조상건립위원회의 첫 작품이 바로 충무공 이순신 장군 동상이다. 1968년 4월 27일 지금의 광화문 광장에서 충무공 동상 제막식이 열렸다. 당시 박정희 대통령이 건립비 983만 원 전액을 헌납했다. 결국 최고권력자 박정희가 만든 것이나 다름없다. 게다가 이 충무공은 박정희가 그토록 존경했던 인물이었기에, 광화문 충무공 동상은 군인 출신 박정희의 이미지와 오버랩 될 수밖에 없었다.

광화문에 세워진 이 충무공 동상은 좌대를 포함해 전체 높이가 16.8미터다. 화강석 좌대는 10.5미터, 충무공상 자체는 6.3미터. 충무공 동상은 구리로 주조했다. 좌대 전면에는 거북선 모형(길이 2.79미터)을 구리로 만들어 설치했다. 제작은 서울대 미대 교수인 조각가 김세중이 맡았다. 김세중은 김남조 시인의 남편이다. 서울 용산구 효창동에 가면 그의 미술세계를 만날 수 있는 김세중미술관이 있다.

충무공 동상을 보면, 이순신 장군은 갑옷을 입고 오른쪽 발을 앞으로 살짝 내민 채 오른손에 장검(長劍)을 쥐고 있다. 턱을 바짝 당기고 눈을 부릅뜬 채 아래쪽을 내려다보고 있다. 또한 배를 앞으로 내밀어 당당함을 과시하고 있다.

그런데 충무공 동상이 모습을 드러내자 고증이 잘못되었다는 지적이 제기되었다. 쟁점은 ① 칼을 오른손에 잡고 있는 점 ② 갑옷자락이 발끝까지 내려왔다는 점 ③ 동상의 칼이 임진왜란 당시 충무공이 사용했던 장검과 모양이 다르다는 점 ④ 좌대 옆의 북(戰鼓)이 뉘어져 있다는 점 등이었다.

이런 논란으로 인해 건립 직후부터 이 충무공 동상을 다시 세워야 한다는 주장이 나왔다. 당시 재건립 주장은 오래가지 않지 않았지만 1977년 무렵 다시 본격적으로 제기되었다. 이때엔 표준 영정 문제가 추가로 거론되었다. 장우성 화백이 그린 충무공 표준 영정 속의 얼굴과 동상의 얼굴이 다르다는 것이다. 그런데 표준 영정은 충무공 동상이 건립되고 5년이 지난 1973년에 제정된 것이다. 따라서 이런 주장은 애초부터 적절하지 않았다.

그럼에도 서울시는 1977년 표준 영정에 맞게 동상을 다시 만들기로 했고 문화공보부(현재 문화체육관광부)의 동의를 얻어냈다. 1980년 1월 예산까지 확보했지만 문화계와 시민들의 반대가 적지 않았다. 게다가 10 · 26 시해사건과 12 · 12 신군부 쿠데타로 정국이 불안정해지는 상황이 겹치면서 부담을 느낀 서울시는 결국 1980년 2월 재건립을 포기했다.

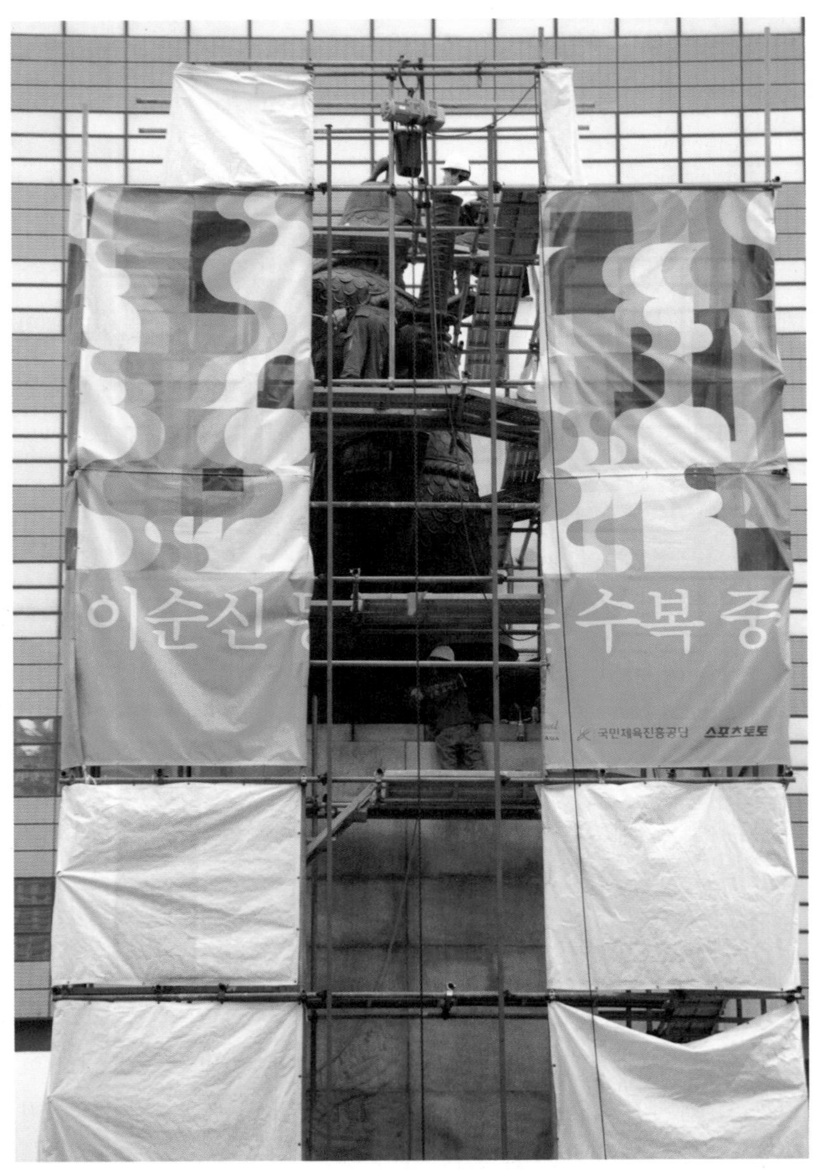

이 충무공 동상 보존처리 2008년 국립현대미술관 보존과학팀이 이 충무공 동상의 보수보존 작업을 진행했다.

3) 고증 논란의 실체와 동상의 미학

여기서 고증 문제를 구체적으로 들여다보자. ①의 경우, 칼을 오른쪽에서 잡고 있는 것은 전투에 나선 지휘관의 모습이 아니라 패장(敗將) 또는 항장(降將)의 모습이라는 지적이다. 왼쪽에 칼을 차고 있어야 오른손으로 칼을 뽑아 바로 전투를 할 수 있다는 것이다. ②의 경우, 발끝까지 내려오는데 갑옷이 너무 길어 전투를 하는 장군의 군복으로는 적절하지 않다는 지적이다. ③의 경우, 임진왜란 당시 충무공이 사용했던 장검(보물 326호)은 칼날이 약간 휘어지고 길이가 2미터에 달하는데 동상의 칼은 직선인데다 길이도 1.3미터에 불과하다는 지적이다. ④의 경우, 전투에서는 북을 세워 놓고 치는데 뉘어 놓았기 때문에 전쟁 분위기가 나지 않는다는 지적이다. 이밖에 충무공이 고개를 살짝 숙이고 아래쪽을 내려보고 있다는 점도 논란의 대상이 되었다. 이와 관련해 조각가 김세중의 작업실의 천장이 낮아 이순신 장군이 고개를 숙이고 있는 모습으로 동상을 만들었다는 미확인 이야기까지 떠돌았다.

충무공 동상에 쏟아진 지적은 객관적이라고 말하기는 어렵다. 칼의 위치나 크기, 시선의 문제는 조각가의 창작 의도를 외면한 주관적인 지적이기 때문이다. 고증에 문제가 있다는 지적은 모두 전투 상황을 염두에 둔 것이다. 그러나 김세중은 전투를 승리로 이끈 뒤 휘하의 병사들을 독려하는 이순신 장군을 동상으로 표현했다. 그런 승전의 분위기를 부각시키기 위해 칼을 오른손에 쥔 모습으로, 칼을 이순신 장군 키보다 다소 작게 표현한 것이다. 그래야 승장(勝將)의 위엄이 더 살아난다고 조각가는 판단했다.

고개를 숙이고 내려다보는 것도 마찬가지다. 저 멀리 적군을 바라보는 시선이 아니라, 승리를 성취한 아군 병사들을 향한 이순신 장군의 시선이다. 아군을 향해 "우리가 이겼다… 나를 따르라"고 외치는 듯한 분위기다. 물론 이에 대해 대통령 박정희 자신의 이미지를 투영하려 했다는 지적도 있다. 이는 개연성이 높다고 보아야 할 것이다. 박정희가 제작비를 전액 헌납하고 김세중의 작업실을 직접 방문할 정도로 지대한 관심을 가졌기 때문이다. 하지만 박정희의 의도가 개입되었든 그렇지 않든, 중요한 것은 동상에 표현된 이순신 장군은 승리를 이끌고 부하 병사들을 독려하는 모습이라는 사실이다.

충무공 동상은 우리가 많이 보아온 고대 로마 조각과는 그 분위기가 사뭇 다르다. 로마 조각들이 해부학적 사실성의 인체를 표현했다면 충무공 동상은 사실적 신체 표현보다는 위인의 풍모를 강조했다. 갑옷을 입고 있기는 하지만 하체를 하나의 기둥처럼 견고하게 표현한 것이 그렇다. 마치 조선시대 능묘(陵墓)에 세운 무인상(武人像)을 연상시킨다는 의견도 있다. 이처럼 기둥처럼 단단한 신체는 충무공의 강인함과 불굴의 의지를 상징한다. 이는 우리의 위인 기념 조각 초창기인 1950~1960년대에 공통적으로 드러나는 특징이다. 위인 개인의 사실적인 신체보다는 역사적 위인으로서의 이미지를 더 드러내는 것이 중요하다고 생각했기 때문이다.

우리나라 조각가 가운데 이순신 장군을 패장으로 표현할 사람이 어디 있을까. 게다가 동상을 제작한 김세중은 당대의 대표적인 조각가였다. 칼의 위치와 크기, 시선 등은 그가 이순신의 이미지를 효과적으로 표현하기 위한 하나의 장치였다고 보는 게 마땅하다. 고증의 잘못이라고 말할 수는 없다. 그는 이 동상이 정치 논리로 해석되는 것을 저어했다. 동상은 언뜻 정적(靜的)인 듯하지만 자세히 들여다보면 동적(動的)이다. 칼의 위치나 시선 등으로 패장이라고 단정 짓는 것은 지극히 주관적인 발상이다.

4) 이전 논란 : 세종로인가 충무로인가

그후 충무공 동상의 고증 문제를 두고 논란이 특별히 재연되지는 않았다. 하지만 이런 얘기들은 지금도 여전히 가십처럼 떠돌아다닌다. 그런데 언제부턴가 충무공 동상을 광화문에서 다른 곳으로 옮겨야 한다는 주장이 나오기 시작했다. "세종로에는 세종대왕 동상이 있어야 하고, 충무공 동상은 충무로로 옮겨야 한다"는 주장이었다.

충무공 동상 이전을 본격적으로 검토한 것은 1994년이었다. 당시 정부 행정쇄신위원회는 세종로에는 세종대왕 동상을 세우고, 충무공 동상은 충무로로 옮기는 방안을 서울시에 검토 의뢰했다. 거리 이름에 맞게 동상의 위치를 찾아주자는 취지였다. 그러나 이 사안을 심의한 서울시 문화재위원회는 "충무공 동상은 이미 역사적 가치를 지니고 있고 세종로의 상징이 됐기 때문에 이전할 필요가 없다"고 결정했다.

한동안 잠잠했으나 10년 뒤 이전 얘기가 다시 나왔다. 세종로의 차로를 줄이고 보도를 넓히기 위한 논의가 한창이던 2004년이었다. 그러나 당시 한 여론조사에서 시민 87%가 충무공 동상을 옮기는 데 반대했다. 결국 이전 계획은 무산되었다. 2005년 일본이 독도 영유권을 주장할 때 일각에서는 충무공 동상을 독도로 옮겨 세우자는 다소 황당한 주장이 나오기도 했다. 2008년 지금의 광화문 광장을 만들면서 또 한 차례

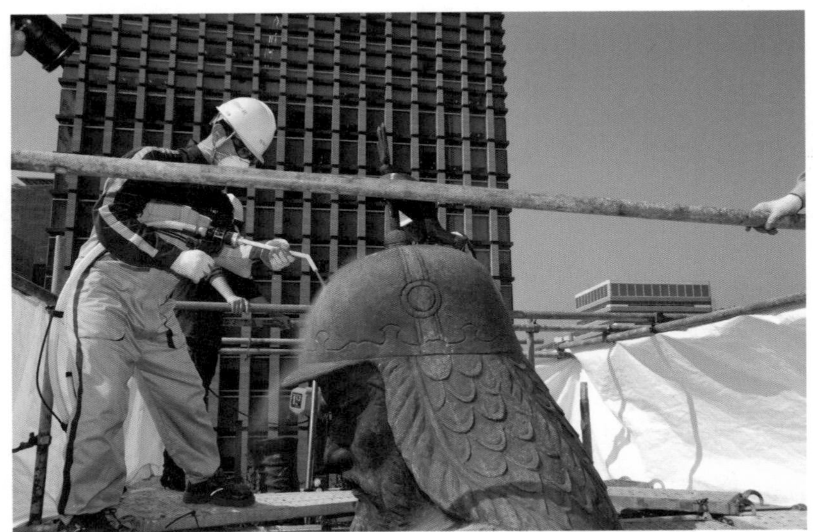

2008년 보수보존처리 과정에서 이 충무공 동상의 얼굴을 클리닝하고 있다.

충무공 동상 이전 주장이 나왔으나 실현되지 않았다.

"세종로에 세종대왕이 있어야지 왜 충무공이냐. 군사독재의 산물 아닌가. 이순신 장군은 태어난 곳인 충무로 쪽으로 옮겨야 한다"는 주장은 이렇게 잊을 만하면 한 번씩 터져나왔다. 그런데 일종의 절충안이었는지, 2009년 광화문 광장에 세종대왕 동상이 들어섰다. 세종대왕 동상은 경복궁을 배경으로 이순신 장군 동상 뒤편에 자리잡았다. 그러자 "임금 앞에 어떻게 신하가 서 있느냐"는 말도 나왔다.

그로부터 10년이 흐른 2019년 1월, 또다시 이전 문제가 불거졌다. 서울시가 발표한 '새로운 광화문 광장' 설계공모 당선작에 충무공 동상을 정부서울청사 정문 앞으로 옮기는 내용이 포함된 것이다. 발표 직후 동상 이전에 대한 반대 의견이 터져 나왔다. 논란이 일자 서울시는 "이전이 확정된 것은 아니다. 연말까지 시민 의견을 최대한 수렴해 최종 결정하겠다"고 밝혔다. 현재로선 제자리에 남을 가능성이 다소 높아 보인다. 그러나 충무공 동상 이전 주장은 끝나지 않을 것 같다. 무언가 계기가 되면 이전 주장이 또다시 터져 나올 가능성이 농후하다. 그건 충무공 동상을 정치적으로 보려고 하는 시각 때문이다. 박정희 정권에서 박정희의 헌납에 의해 제작된 것이기에, 어찌 보면 이것은 충무공 동상의 운명일지도 모른다.

5) 광화문 광장과 충무공의 존재감

국가나 민족과 관련된 영웅적 이미지는 권력자들이 모두 자신의 상징으로 활용한다. 프랑스 국기인 삼색기, 프랑스 국가인 라마르세예즈도 그런 과정을 거쳤다. 이것들은 현재 프랑스 공화주의의 상징이다. 그러나 이 깃발과 이 노래는 100년 넘게 공화 진보파와 왕당 보수파 사이에서 온갖 부침을 거듭했다. 두 세력은 깃발과 노래를 자신의 상징으로 삼기 위해 투쟁을 계속했고, 그 과정에서 깃발과 노래는 영광과 수난을 함께 겪어야 했다. 한때는 진보의 상징이었고 한때는 보수의 상징이었다. 어쩔 수 없는 일이었다. 그러나 역설적으로 그 과정이 깃발과 노래의 의미와 가치를 더욱 부각시켰고 이를 통해 프랑스의 상징으로 더욱 공고화되었다.

1964년 4월 27일 이후 이 충무공 동상은 늘 논란의 대상이었다. 특히 정치적 해석에서, 정치적 이데올로기에서 자유롭지 못했다. 그러나 숱한 논란 속에서도 그 동상은 원래 그 자리, 대한민국 국민이 가장 많이 모이는 곳에 그대로 있다. 충무공이 내려다보는 바로 그곳에서, 사람들은 서로 만나고 논쟁하고 추모하고 분노하고 무언가를 소리 높여 외친다.

뒤집어 생각해 보자. 이 충무공 동상이 없었다면 이곳에서 이런 일들이 계속될 수 있을까. 이곳이 이렇게 상징적인 공간이 될 수 있었을까. 충무공 이순신의 존재감이 아닐 수 없다. 한 미술사학자는 이렇게 말한다.

"누가 동상을 만들자고 했는지, 어느 조각가가 만들었는지 모두 잊힐지라도 변하지 않는 것은 그 동상의 인물이 갖는 인격성이다. 조성된 지 50년이 다가오는 시점에서 이순신 장군 동상은 더 이상 권력자의 화신도, 가상세계의 장군도 아닌 그 자신의 모습으로 존재한다."(조은정 「100만 촛불 군중 속 이순신 장군 동상」, 『월간미술』 2016년 12월호)

앞서 말했듯 충무공 동상을 이전하자는 이슈는 무슨 계기가 있으면 다시 재점화할 가능성이 농후하다. 그렇기에 이런 궁금증이 든다. "50년 뒤, 100년 뒤 이 충무공 동상은 어떻게 될 것인가. 그 자리를 그대로 지킬 수 있을 것인가."

독재자 시대에 독재자의 후원으로 세워졌다고 해서 그것만으로 충무공 동상이 불명예일 수는 없다. 물론 논란이 될 수는 있다. 하지만 논란은 화제가 되고 많은 이들의 관심을 유발한다. 그 논란조차도 세월이 흐르면 매력적인 스토리가 된다. 충무공 동상이 건립된 지 이제 51년째. 문화재로서의 법적인 조건을 갖추었다. 좀 더 세월이 흐르면 충무공 동상은 분명 문화재의 반열에 오를 것이다. 그럴 때 지금의 논란과 스토리는 이 동상의 중요한 덕목이 된다. 그렇다면, 지금의 논란은 충무공 동상이 명성을 쌓아가는 과정이자 명작으로서의 조건을 하나둘 갖춰 나가는 과정일지도 모른다. 명작의 역설이 아닐 수 없다.

모나리자 : 도난과 대중화

'모나리자 집단'이라는 말이 있다. 프랑스 루브르박물관을 방문해 〈모나리자〉 한 작품만 감상하고 전시실을 떠나는 사람들을 일컫는다. 여건이 가능하다면 다른 작품을 굳이 감상하지 않을 이유까지야 없겠지만, 어쨌든 루브르박물관의 방문객 25% 정도가 모나리자 집단에 속한다고 한다.

이들에겐 모나리자가 최우선이다. 인류가 남긴 미술품 가운데 독보적인 인기를 구가하는 모나리자. 그래서 루브르박물관의 모나리자 앞은 리자 부인의 고상한 미소를 보려는 사람들로 늘 인산인해다. 게다가 감상에 그치지 않고 모나리자를 열심히 패러디한다. 벌거벗은 모나리자, 수염 난 모나리자, 뚱뚱한 모나리자, 담배 피우는 모나리자, 포탄 속의 모나리자….

복제품이나 사진, 영상, 문화상품 등 모나리자 이미지는 우리 주변에 넘쳐나는데 왜 우리는 루브르로 가는 것일까. 사람들은 왜 이렇게 모나리자를 패러디하고 조롱하며 소비하는 것일까.

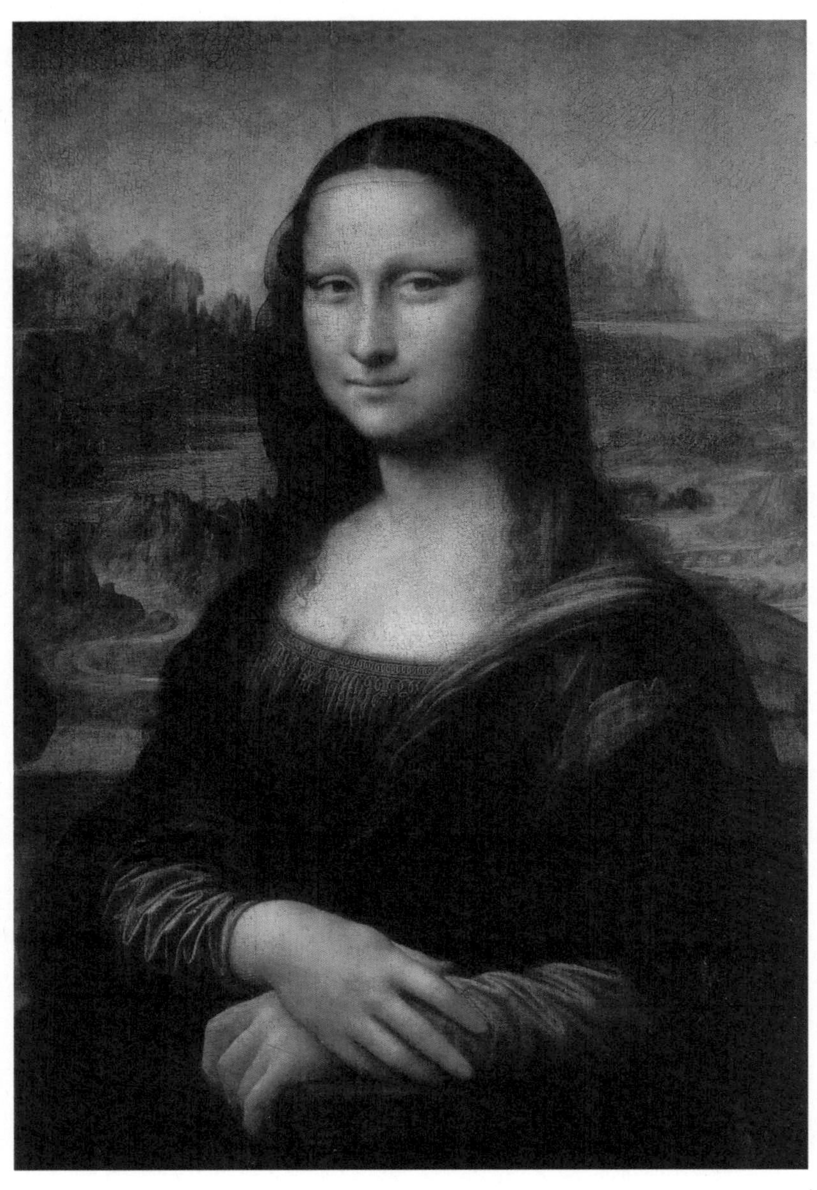

레오나르도 다빈치의 〈모나리자〉 루브르박물관은 1911년 이탈리아 청년에게 도난당했다가 1913년 되찾았다.

1) 국경을 넘어 비너스를 만나다

1516년 모나리자는 레오나르도 다빈치(1452~1519년)를 따라 이탈리아 국경을 넘어 프랑스 앙부아즈 지역으로 건너갔다. 레오나르도는 그곳에서 프랑수아 1세의 후원을 받아 작품활동을 하며 말년을 보냈다. 이때 모나리자를 프랑수아 1세에게 넘겼다. 모나리자는 프랑스 왕실 소장품이 되었다. 베르사이유 궁에 머물던 모나리자는 1797년 루브르박물관(1793년 개관)으로 넘어갔다. 그후 1800년 나폴레옹 1세는 튈르리 궁 자신의 침실로 모나리자를 옮기기도 했다. 비난의 소리가 커지자 나폴레옹은 1804년 슬며시 루브르의 제자리에 돌려놓았다. 이 기간을 제외하고 모나리자는 늘 루브르에 있었다.

루브르의 명작, 신비의 미소로 자리잡아 가던 모나리자는 19세기 후반 자신의 위상을 위해 〈밀로의 비너스〉와 한판 대결을 벌여야 했다. 1867년 『대중을 위한 루브르 안내서』라는 가이드북이 발간되었다. 이 책은 "모나리자는 루브르의 가장 소중한 보석 가운데 하나", "영혼과 미소"라 칭송했다.

그러자 1878년 또 다른 여행 가이드북은 모나리자보다 밀로의 비너스에 더 많은 지면을 할애하고 "비너스는 루브르의 가장 유명한 보물"이라고 찬사를 보냈다. 모나리자와 밀로의 비너스 사이에 치열한 경쟁구도가 펼쳐진 것이다. 하지만 월터 페이터, 오스카 와일드 같은 여러 문인들의 지지에 힘입어 모나리자는 밀로의 비너스를 누르고 루브르의 대표작이 되었다. 미소의 신비감도 더 증폭되어 갔다.

급기야 프로이트는 레오나르도의 유년기 성적 무의식과 연결지어 모나리자의 미소를 분석하기에 이르렀다. 그 분석은 1910년에 발표한 「레오나르도 다빈치 : 유년시절의 기억」이라는 글에 들어 있다. 프로이트는 '어린 시절 한 마리 독수리가 내 입에 꼬리를 집어넣는 꿈을 꾸었다' 는 레오나르도의 노트 한 대목에 주목했다. 프로이트가 볼 때 이것은 당연하게도 성적인 행위였다. 프로이트는 여기서 사생아 레오나르도의 무의식 속 성적 억압을 발견했고 "모나리자의 미소는 다빈치의 무의식 속에 잠복해 있던 미소"라고 설명했다. 논란은 있었지만 프로이트 덕분에 모나리자의 미소는 더욱 신비로운 존재로 자리잡았다.

그래도 무언가가 좀 아쉬웠다. 모나리자의 인기가 엘리트와 상류층 일부에 국한되었기 때문이다. 그때까지도 박물관은 여전히 장벽이 높은 곳이었다. 대중화가 좀 더 필요했다. 당시 성장세를 보이던 신문, 사진, 광고 등 대중매체와 호흡할 수 있는 그 무엇이 부족했다.

2) 모나리자 도난과 부재의 역설

1911년 8월 21일 월요일 오전. 루브르박물관의 휴관일이었다. 살롱카레 전시실에 한 청년이 들어섰다. 그는 전시실 벽에 걸린 모나리자를 아무렇지 않게 떼어냈다. 먼발치로 경비원이 이 모습을 바라보았다. 계단 쪽으로 자리를 옮긴 청년은 액자를 뜯어낸 뒤 그림을 둘둘 말아 옷 속에 넣고 루브르를 빠져 나왔다. 모나리자가 걸렸던 벽엔 4개의 고리와 액자틀 자국만 남았다.

그날 오후 루브르는 발칵 뒤집혔다. 경찰 수사가 시작되었다. 경찰은 경비원을 취조했다. 경비원은 "박물관 큐레이터가 조사를 위해 모나리

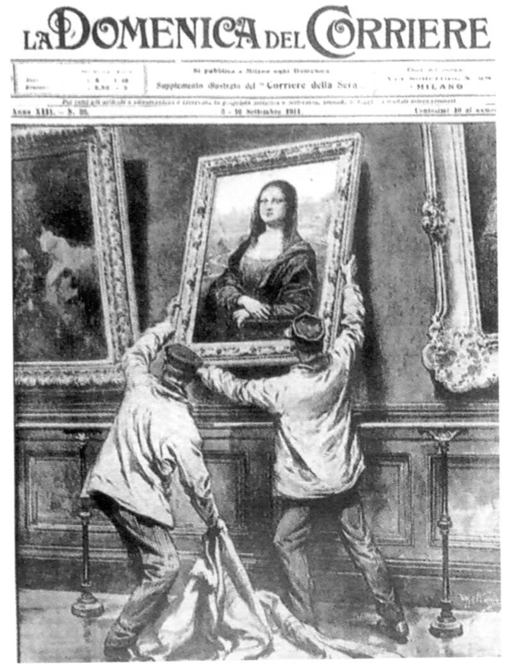
LA DOMENICA DEL CORRIERE

Si pubblica a Milano ogni Domenica

Supplemento illustrato del "Corriere della Sera"

MILANO

3 - 10 Settembre 1911.

모나리자 도난 상황 1911년 〈모나리자〉가 도난당했을 때 그 상황을 삽화 형식으로 재구성해 소개한 이탈리아 신문.

자를 잠시 연구실로 옮기는 줄 알았다"고 말했다. 그도 그럴 것이 루브르에서 누가 감히 모나리자를 훔쳐가리라고 생각이나 했을까. 하지만 동서를 막론하고 명작들의 도난은 외려 이렇게 사람들의 허를 찌른다.

2004년 8월 22일 노르웨이 오슬로 뭉크미술관. 북적이는 전시실에 복면 괴한 두 명이 들이닥쳤다. 한 사람은 총으로 보안요원을 위협했고 한 사람은 벽에 걸린 〈절규〉와 〈마돈나〉를 잡아당겨 철사줄을 뜯어냈다. 30여 명의 관람객은 놀라서 멍하니 쳐다볼 뿐이었다. 괴한들은 그림을 들고 유유히 걸어나가 대기해 놓은 아우디를 타고 도주했다. 두 작품의 목제 액자틀은 오슬로 거리에서 부서진 채 발견되었다.

루브르박물관장과 관계자는 즉각 해고됐다. 아무렇지도 않게(사실은 노련하고 익숙하게) 모나리자를 떼어 가다니, 내부 사정을 잘 아는 사람의 소행이 아닐까. 그림에 미친 억만장자의 사주를 받은 사람이 아닐까…. 경찰도 당황스러웠다. 여러 사람이 용의선상에 올랐다. 시인 기욤 아폴리네르와 화가 피카소도 의심을 샀다. 이들은 "과거에 집착하는 박물관은 폭파해야 한다"는 주장을 펼친 바 있다. 피카소는 루브르 도난품을 4점씩이나 구입한 전력이 있었다. 피카소는 의심을 벗기 위해 그것들을 센강에 버리려고도 했었다. 하지만 아폴리네르도 아니었고 피카소도 아니었다.

언론의 비판은 신랄했다. 당시 부수가 급팽창하던 신문들의 비판이 특히 가혹했다. 「일라스트라시옹」은 8월 26일자 한 개 면 가득 모나리자 사진을 실었다. 한 신문은 일주일 내내 1면에 도둑이 모나리자를 훔쳐가는 모습의 그림을 게재했다. 다른 신문은 '루브르박물관에서 사라진 라 조콩드 … 우리는 아직 액자는 갖고 있다' 고 했다. 그건 일종의 조롱이었다. '정권의 부실 탓' 이라는 지적도 나왔다.

모나리자 도난사건이 발생하자 루브르박물관은 일주일 넘게 문을 열 수가 없었다. 8월 30일 루브르 살롱 카레 전시실은 충격을 딛고 다시 문을 열었다. 수천 명의 인파가 몰렸다. 평소 모나리자를 보지 않았던 사람들까지 박물관에 몰린 것이다. 이들은 모나리자가 사라진 전시실에서 네 개의 고리와 빈자리만 망연히 바라보았다. 흔적만 응시하며 눈물을 흘리고 헌화하고 애도했다.

프랑스의 한 시인은 "우리에게도 이런 것이 있었구나" 하고 새삼 중얼

거렸다. 루브르박물관 밖에서는 모나리자 복제품, 엽서 등이 불티나게 팔렸다. 카바레 등 유흥업소에서도 모나리자 스토리가 무대에 올랐다. 모나리자의 뒤늦은 존재감이 보통 사람들에게까지 파고든 것이다. 부재(不在)의 역설(逆說), 부재의 미학(美學)이었다.

2008년 2월 우리의 국보 1호 숭례문 화재 직후도 이와 닮았다. 다음 날 아침부터 사람들이 시커먼 화재 현장에 몰렸다. 불타 버린 숭례문을 애도하고 눈물을 흘렸다. 처참한 숭례문 앞에는 국화가 쌓였다. 평소 국보 1호 숭례문의 가치나 아름다움에 무심했던 사람들도 상당수 현장으로 몰려들었다. 그 폐허, 그 빈자리 앞에서 숭례문의 아름다움을 떠올렸다.

다시 100년 전. 그런데 모나리자 도난을 바라보는 시각이 그리 간단치 않았다. 도난 직후 화가들을 대상으로 설문조사가 있었다. 50여 명이 응답했고 이 가운데 30여 명은 "엄청난 손실", "대재앙"이라고 답했다. 그러나 20여 명은 "사실 별것 아니었다", "모나리자는 루브르에서 가장 훌륭한 작품이 아니었다", "모나리자의 미소는 음울하다. 날 유혹하지 못했다", "그녀는 눈썹도 없고 이상한 미소를 띠고 있었다"라고 답했다. 예상을 뒤엎는 놀라운 대답이었다.

왜 이런 대답이 나온 것일까. 도난 사건을 계기로 모나리자가 대중들에게 너무 가까이 다가가자 이에 대한 경계심을 드러낸 것이다. 고급문화계는 오히려 모나리자와 거리를 두고자 했다. 과도한 대중화에 대한 경계심의 발로였다.

3) 모나리자의 어색한 귀향

수사는 별 진척이 없었다. 1911년이 지나고 1912년 또 한 해가 지났다. 1913년이 되자 모나리자는 사람들에게서 잊혀져 갔다. 그러던 1913년 11월, 모나리자를 훔쳐간 이탈리아 청년 빈첸초 페루자가 조금씩 모습을 드러냈다. 그는 피렌체에 있는 유력 골동상에게 편지를 썼다. '내가 모나리자를 갖고 있고 그것을 넘기고 싶다' 는 내용이었다. 골동상은 '작품을 직접 보고 싶다' 는 답장을 보냈다. 페루자는 12월 12일 모나리자를 들고 피렌체에 도착했다. 모나리자를 훔쳐갈 정도로 대담했던 청년이 그게 덫이라는 것을 몰랐을까. 페루자는 골동상의 신고로 대기 중이던 이탈리아 경찰에 체포되었다. 페루자는 범행 동기에 대해 이렇게 말했다.

"이탈리아 화가가 그린 작품이 왜 루브르에 있는가. 모나리자를 고향으로 돌려보내고 싶었다. 이탈리아 문화재를 약탈해 간 나폴레옹에게 복수를 하고 싶었다."

그러나 프랑스가 모나리자를 약탈해 갔다는 것은 사실이 아니다.

경찰 조사 결과, 범인 페루자는 놀랍게도 범행 일 년 전 모나리자 설치 작업에 참여했던 것으로 드러났다. 페루자의 발언은 이탈리아 사람들의 민족 감정을 자극했다. 이탈리아에 모나리자가 들어와 있다는 사실에 사람들은 놀랐다. 범죄자 페루자는 순식간에 국민적 영웅이 되었다. 그가 수감 중인 교도소에 수많은 꽃다발과 선물이 답지했고, 감방을 더 큰 곳으로 옮겼다는 얘기도 전한다. 급기야 모나리자를 돌려주지 말아야 한다는 주장이 고개를 내밀었다.

1997년 서울에서 이런 일이 있었다. 서울 서소문의 호암갤러리에서 〈조선 전기 국보전〉이 열렸고 여기에 안견(安堅)의 〈몽유도원도(夢遊桃源圖)〉가 출품되었다. 몽유도원도는 조선시대 언젠가 일본으로 유출되었고 한때 일본의 국보로 지정되기까지 했던 조선 전기 최고의 산수화다. 여러 일본인의 손을 거쳐 현재는 나라(奈良)의 덴리대(天理大) 도서관이 소장하고 있다. 전시가 시작되고 며칠 뒤, 일군의 청년들이 서울 인사동에서 몇몇 기자들을 불러놓고 이렇게 말했다.

"몽유도원도는 일본이 약탈해 간 것이니 지금 전시 중인 작품이 일본으로 돌아가면 안 된다. 우리가 몽유도원도를 탈취하겠다."

몽유도원도는 약탈되었을 가능성이 있지만 아직까지 명백한 증거는 확인되지 않았다. 따라서 약탈이라고 말할 수 없다. 그런데도 그들은 약탈이라 주장하며 탈취 운운했다. 다행히 아무 일 없었지만 황당한 일이었다.

이탈리아는 모나리자를 프랑스에 돌려주기로 결정했다. 다만 이탈리아인들의 정서를 감안해 프랑스 반환에 앞서 피렌체, 로마, 밀라노에서 전시를 하게 해달라고 프랑스에 제안했다. 프랑스는 이를 받아들였다.

1913년 12월 하순, 약 2주간에 걸쳐 모나리자의 독특한 귀향전(歸鄕展)이 열렸다. 전시는 대박이었다. 먼저 피렌체 우피치미술관에 모나리자가 걸리자 관객들이 구름처럼 몰려들었다. 그림 앞에서 눈물을 글썽이는 사람도 있었다. 로마를 거쳐 밀라노 전시로 이어졌다. 밀라노 전시엔 이틀 동안 6만 명이 몰렸다.

4) 이삿짐센터 모델이 된 모나리자

1913년 12월 31일, 이탈리아 밀라노를 출발한 열차가 프랑스 파리 리옹역에 들어섰다. 사람들이 운집했고 리자 부인(모나리자)이 열차에서 내렸다. 충격적인 수난을 겪으면서도 이탈리아에서 존재감을 한껏 과시한 모나리자는 더더욱 스타가 되어 있었다. 모나리자는 우선 국립미술학교인 에콜 데 보자르로 옮겨졌다. 여기서 며칠 휴식을 취한 모나리자는 1914년 1월 4일 루브르박물관의 원래 자리인 살롱 카레 전시실로 귀환했다.

리옹역과 루브르박물관 주변엔 환영인파가 넘쳐났다. 모나리자의 무사 귀환을 두고 "즐겁고 유쾌한 이탈리아 여행"이라는 여유 있는 농담도 나왔다. 거리에선 모나리자 노래가 울려 퍼졌고, 모나리자를 모티브로 한 각종 엽서와 상품들이 불티나게 팔려 나갔다. 엽서에 실린 이미지들은 재기발랄했다. 리옹역에서 루브르로 보내 달라며 떨고 있는 모나리자, 모나리자를 실은 마차를 끌고 가는 지친 모습의 레오나르도 다빈치, 열차에 올라타는 모나리자 등. 한 이삿짐센터의 엽서에는 밀라노를 떠나는 모나리자가 그려져 있었다. 도난과 귀환을 계기로 고상한 모나리자가 이삿짐센터 광고 모델로 변신한 것이다. 이것이 모나리자를 활용한 최초의 상업광고 아니었을까.

모나리자의 무사 귀환은 참으로 반가운 일이었다. 그런데 예상치 않은 반발이 생겼다. 지식인, 엘리트, 상류층 등 이른바 고급문화 향유층들의 우려였다. 그들은 그동안 모나리자를 독점했다. 그런데 도난 사건 이후 모나리자가 너무나 빠른 속도로 대중화되었다. 모나리자라는

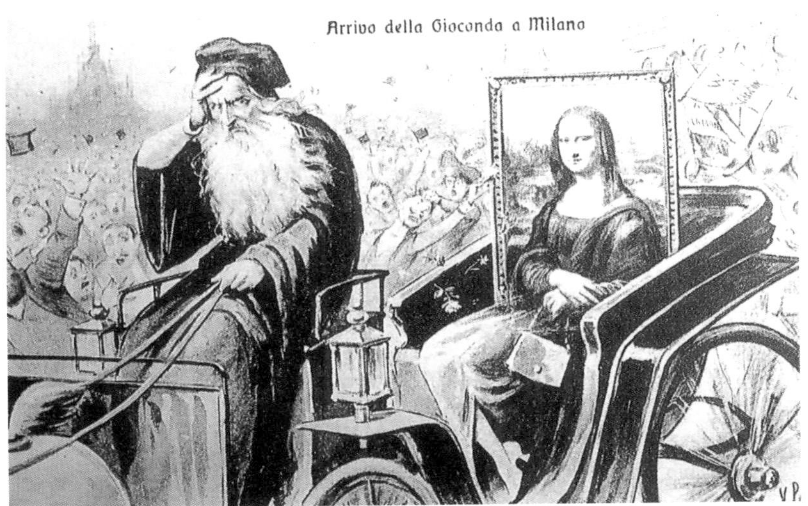

1913년 〈모나리자〉가 이탈리아 밀라노를 거쳐 프랑스로 돌아올 때의 모습을 익살스럽게 표현한 삽화 〈모나리자〉를 운반하는 마부 레오나르도 다빈치가 무척 피곤해 보인다.

고급 예술은 그들만이 독점할 수 있다는 특권의식이 깨진 것이고 그런 상황을 받아들이기 어려웠던 것이다.

하지만 그들의 우려에도 불구하고 모나리자는 대중화에 완벽하게 성공했다. 도난이라는 희대의 사건을 통해 모나리자는 이제 대중의 스타가 되었다. 레오나르도 다빈치가 창조한 고품격 미소, 고상했던 명작 모나리자는 대중문화가 되었고 본격적인 상품으로 소비되기 시작했다. 모나리자 500년 생애에서 처음 있는 일이었다. 이런 현상은 고급문화에 대한 대중들의 은근한 조롱이기도 했다. 그렇게 고상하다고 으스대면서도 모나리자 하나 지키지 못한 것에 대한 비판이고 조롱이고 풍자였다. 모나리자는 그렇게 새로 태어났다.

2019년 레오나르도 다빈치 타계 500주기를 맞았다. 한 미술사가는 이런 질문을 던진다. "1913년 루브르로 돌아온 모나리자. 그것이 과연 진짜인가"라고. 아니, 이게 무슨 말인가. 이 질문은 물론 농담이겠지만 예술의 존재에 대해 많은 것을 생각하게 한다. 인기는 영원한 것이 아니다. 미의 기준, 미술을 생각하는 기준도 절대적인 것이 아니다. 이 위대한(?) 도난 사고는 모나리자에 엄청난 스토리를 축적시켰고 영원한 의심을 가져왔다. 도난은 스토리를 낳고 스토리는 의심을 낳고 또 다른 스토리가 만들어진다. 그렇기에 다채로운 풍자와 패러디의 대상이 되는 것이다. 새로운 예술의 토양이 되고 모나리자는 더욱 풍성해진다. 의심은 예술과 철학의 본질 가운데 하나다. 그런 점에서 모나리자는 복이 많은 그림이다.

앙드레 말로는 "박물관은 걸작을 전시하는 것에 그치지 않고 걸작을 창조한다"고 말했다. 루브르가 그렇고 모나리자가 그렇다.

투탕카멘과 황금 마스크 : 비극적 죽음

소년 파라오(왕) 투탕카멘. 그는 왜 어린 나이에 죽어야 했을까. 의문은 1922년 무덤 발굴 당시부터 제기되었다. 그의 무덤은 다른 파라오의 무덤에 비해 너무 작은데다 서둘러 축조한 흔적이 역력했기 때문이다. 갑작스레 죽임을 당해 불명예스럽게 매장된 것이 아닐까. X선 촬영, 컴퓨터 단층촬영, DNA 분석 등 다양한 조사가 이어졌다. 사인 분석은 최근 들어 놀라운 국면으로 접어들었다. 근친혼으로 인한 치명적인 유전적 결함! 우리는 3300년 전 소년 파라오의 죽음에 왜 자꾸만 빨려 들어가는 것일까.

1) 세기의 발굴과 투탕카멘 마케팅

이집트 나일강 중류 룩소르 서쪽 교외지역에 위치한 왕들의 계곡. 고대 이집트 왕들의 무덤이 모여 있는 곳이다. 1922년 11월 4일 영국인 고고학자 하워드 카터와 인부들은 비밀의 문으로 통하는 16개의 돌계단을 발견했다. 1914년부터 왕들의 계곡을 조사하기 시작했으니 벌써 9년째였다. 카터는 무언가 심상치 않음을 직감했다. 곧바로 발굴 후원자인 런던의 카나번 백작에게 '놀라운 발견'이라는 짧은 전보를 보냈다. 카나번이 도착할 때까지 아무도 무덤에 들어가지 않았다.

11월 26일 카나번이 도착하자 첫 번째 문을 열었다. 어두운 회랑을 가로막고 있던 대리석 돌문을 열자 두 번째 문이 나타났다. 두 번째 문 앞은 돌로 채워져 있었다. 돌을 치우기 시작하자 투탕카멘이란 이름이 드러났다. 카터는 몇 개의 돌을 더 제거한 뒤 촛불을 들고 돌문을 열었다. 안에서 뜨거운 공기가 밖으로 빠져 나왔고 들고 있던 촛불이 흔들렸다. 뒤에 있던 카나번이 카터에게 물었다. "뭐가 보입니까?" 카터의 짤막한 대답. "예, 대단합니다. 호화로운 유물들이 겹겹이 포개져 있습니다." 발굴은 1924년까지 이어졌다. 황금관과 황금 마스크가 온전한 모습으로 세상에 모습을 드러낸 것은 1924년이었다.

20세기의 가장 위대한 고고학적 발견 가운데 하나를 꼽는다면, 이집트 투탕카멘의 무덤 발굴일 것이다. 화려한 황금 마스크의 주인공인 투탕카멘. 그는 이집트 제18왕조의 12대 파라오(왕)였다. 그가 태어난 시기와 왕에 즉위한 시기는 정확하게 밝혀지지 않았다. 그러나 그의 왕위 즉위 연대는 대략 기원전 1350년경으로 추정된다. 그는 9세의 나이에 왕위에 올라 19세 때 갑작스레 세상을 떠났다. 무덤을 발굴해 보니 투탕카멘은 겹겹의 관 속에 황금 마스크를 뒤집어쓴 채 미라 상태로 누워 있었다. 무덤에서는 3,400여 점의 유물이 쏟아져 나왔다.

희대의 파라오 무덤 발굴 소식은 전 세계로 보도되었고, 그해 12월부터 왕들의 계곡으로 관광객들이 몰려들었다. 이집트 사람보다 외국인

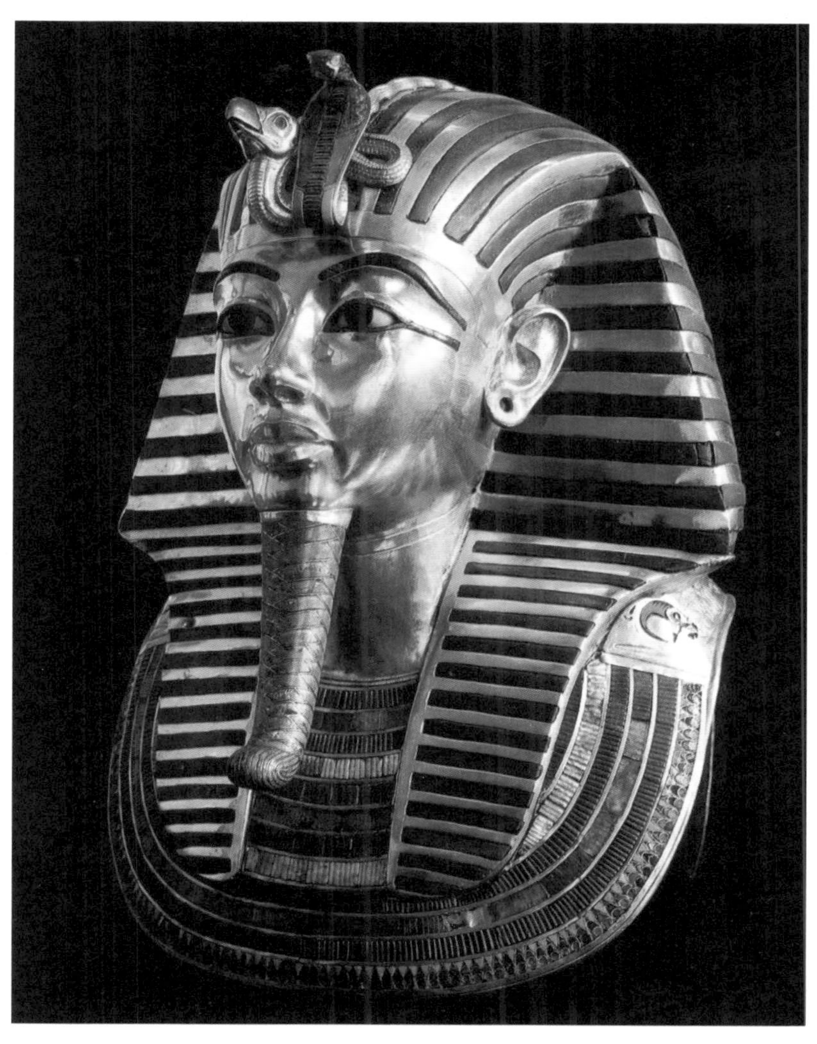

고대 이집트의 소년 파라오 투탕카멘의 시신 얼굴을 덮었던 황금 마스크

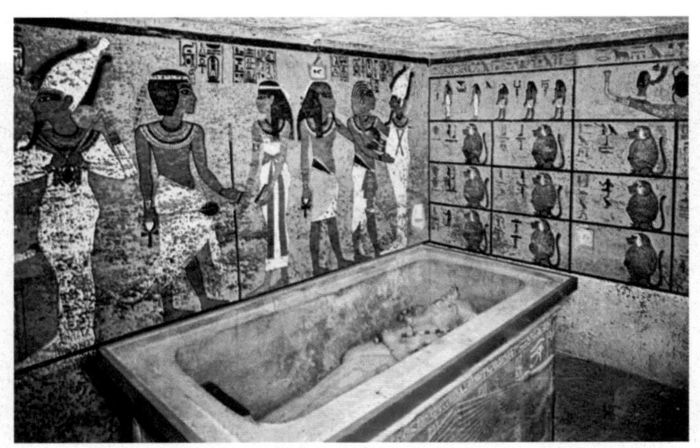

투탕카멘 고분의 내부

이 더 많았다. 해외 관광객을 위해 쿠르즈 관광과 연계한 룩소르 여행 상품이 출시되었다. 1930년대엔 투탕카멘 관련 영화도 제작되었다. 1932년작 '미라', 1939년작 '우리는 미라를 원한다'와 같은 것이었다.

이집트는 1968년 투탕카멘의 미라를 X선 촬영했다. 그 결과 두개골 뒤쪽이 손상되었음을 확인했다. 두개골 뒤쪽 위편에서 작은 뼛조각이 나타났고 아래편에선 핏덩어리가 보였다. 모두들 뼛조각과 핏덩어리는 저절로 생긴 것이 아니라고 생각했다. 누군가 머리 뒤쪽을 강하게 가격했기 때문이라고 믿었다. 투탕카멘 죽음의 비밀이 대중들을 매혹하기 시작했다. "타살이야말로 진정한 파라오의 저주 아닌가"라는 말도 나왔다.

1970년대 들어서면서 이집트는 투탕카멘 무덤 출토 유물을 해외에 내보내기로 했다. 투탕카멘 유물들이 장사가 될 것으로 생각한 것이다. 1972년 투탕카멘 유물 다수를 영국 런던의 브리티시뮤지엄(대영박물관)

으로 보냈다. 명분은 하워드 카터의 투탕카멘 무덤 발굴 50주년 기념이었다. 1976, 1977년엔 미국 순회전을 가졌다. 명분은 미국 건국 200주년 기념이었다. 영국에서는 6개월 간 170만 명, 미국에서는 2년 동안 800만 명이 몰렸다. 전시가 열리는 도시에서는 각종 기념상품이 불티나게 팔렸고, 소년 파라오 투탕카멘은 인기 문화상품으로 부각되었다.

투탕카멘 전시는 프랑스, 일본, 캐나다, 독일 등 세계 곳곳에서 계속되었다. 복제품만으로 열리는 전시도 적지 않다. 이에 대해 지나치게 상업적이라는 비판도 따라다닌다. 2011년엔 한국에서도 복제품 1,300여 점으로 투탕카멘 황금유물 전시가 열리기도 했다.

2) 자연사인가 타살인가

1968년 X선 촬영 이후 투탕카멘의 사인(死因)에 관한 특별한 진척 없이 세월이 흘렀다. 그러다 2002년 7월, 미국의 베테랑 수사관 2명이 투탕카멘 타살설을 강력하게 제기했다. 2명의 수사관은 당시 연방수사국(FBI) 수사관 그레그 쿠퍼와 유타주 경찰국 범죄분석관 마이크 킹이었다. 이들은 투탕카멘 무덤의 사진, 미라 두개골의 X선 촬영 자료, 각종 관련 자료 등을 종합 분석해 치명적인 가격에 의해 투탕카멘이 숨졌다고 보았다.

쿠퍼와 킹은 왕의 자리를 노리는 주변 인물 네 명을 용의자로 지목했다. 총리 야, 회계 담당자 마야, 군사령관 호렘헵, 왕비 안케세나멘이었다. 쿠퍼와 킹은 총리 야를 가장 강력한 용의자로 꼽았다. 왕비를 탐하기 위해 투탕카멘을 죽였을 가능성이 크다고 본 것이다. 이들은 무덤

벽화 속에 그려진 결혼반지에 왕비 안케세나멘과 총리 야의 이름이 함께 적혀 있다는 점, 과부가 된 한 이집트 왕비가 '신하와 결혼하고 싶다'는 내용의 편지를 히타이트 왕에게 보낸 일이 있다는 점 등을 근거로 제시했다.

여기서 편지를 보낸 왕비가 안케세나멘이고 신하는 총리 야라고 보았다. 왕비는 평소 남자를 좋아했으며 결국 총리가 왕비를 차지하기 위해 왕을 죽였을 것이라는 주장이다. 또한 투탕카멘이 죽고 난 뒤 총리 야가 실제로 권력을 잡았고 결국 왕비와 결혼까지 했다는 점에서 야가 틀림없이 범인일 것으로 추정했다. 그러나 쿠퍼와 킹의 타살론에 고고학자들은 "그 추론은 그저 상상의 산물일 따름"이라며 냉담한 반응을 보였다.

2005년 이집트는 무덤 현장에서 미라에 대한 컴퓨터 단층촬영(CT)을 실시했다. 죽음의 비밀 등을 밝혀내기 위한 새롭고 과학적인 시도였다. 이집트, 프랑스, 미국의 이집트 전문가들과 과학자들은 컴퓨터 단층촬영한 1,700여 장의 사진을 정밀 분석했다. 그 결과, 투탕카멘은 167센티미터 키에 둥근 턱을 가진 것으로 나타났다. 질병이나 영양실조 모습은 없었다. 다만 사망하기 하루이틀 전에 생긴 것으로 보이는 왼쪽 무릎 골절을 확인했다. 당시 전문가들은 무릎 골절 이후 말라리아 감염 합병증으로 사망했다고 추정했다.

컴퓨터 단층촬영에 기초한 분석은 타살론을 뒤집는 획기적인 계기가 되었다. 연구진은 "두개골 뒤쪽의 상처는 미라 발견 당시 얼굴에서 황금 가면을 뜯어내다가 생긴 것 같다"고 말했다. 사망한 나이도 19세로 보았다. 그때까지 투탕카멘은 18세에 숨진 것으로 알려져 왔다. 연구진은 이 데이터를 토대로 컴퓨터 3차원 그래픽 기법을 통해 투탕카멘의 얼굴을 복원해 공개하기도 했다. 이것이 투탕카멘의 얼굴이라고 물론 단정할 수는 없다. 하지만 황금 마스크와 비슷한 미소년의 모습이라는 평가를 받기도 했다.

당시 이집트의 대표적인 고고학자 자히 하와스는 두개골 뒤쪽의 손상 부위에 대해 다른 의견을 내놓았다. 투탕카멘이 사망한 직후 시신을 미라로 만들면서 방부제 용액을 주입하기 위해 뚫은 구멍이라고 주장했다. 이 외에도 2007년 일군의 과학자들은 투탕카멘이 달리는 전차에서 굴러떨어져 그 후유증으로 사망했다는 의견을 내놓기도 했다.

3) 근친혼 가족사, 비극적 죽음

투탕카멘 미라 조사는 2010년대 들어 더욱 과감해졌다. 2010년 이집트 연구진은 컴퓨터 단층촬영뿐만 아니라 DNA 분석을 추가했다. 이집트 왕들의 무덤에서 나온 수많은 미라의 유전자를 조사해 서로 비교 분석하겠다는 계획이었다. 다국적 연구팀들은 지속적으로 조사 분석을 진행했다. 그 결과는 놀라웠고 투탕카멘의 새로운 면모가 속속 드러났다.

우선, 유전적 질환이 다수 발견되었다. 투탕카멘은 왼쪽 발 내반족(內反足) 질환을 앓았다. 이것은 발이 안쪽으로 휘어 들어가는 유전적 질병이다. 투탕카멘은 내반족 때문에 심하게 절뚝거렸을 것이다. 그렇기에 투탕카멘은 지팡이에 의지하지 않을 수 없었을 것이다. 그의 무덤에서 100여 개의 지팡이가 발굴된 것도 이와 관계가 있다고 보았다. 내반족 질환이 있으면 발목뼈에 일시적으로 혈액이 공급되지 않아 골세포

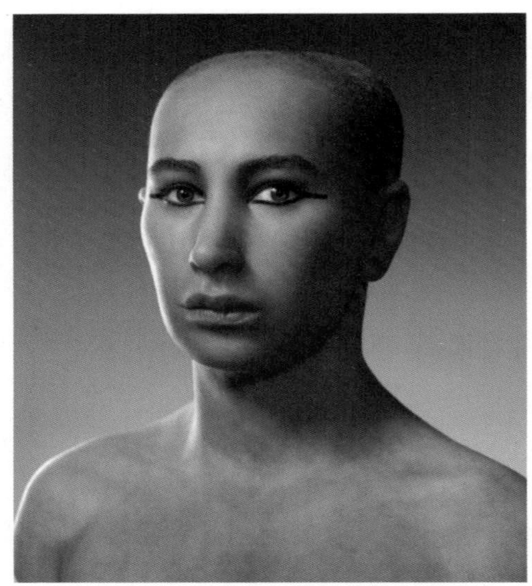

미라와 CT 데이터 등을 토대로 추정 복원한 투탕카멘의 얼굴

가 죽어 버리는 일이 발생한다. 골괴사증이다. 이것이 투탕카멘 사인의 하나일 가능성이 있다. 게다가 오른쪽 다리는 뼈 질환을 앓았다. 이런 상황에서 투탕카멘이 전차 경주를 즐기기는 어려웠을 것이다.

투탕카멘은 또 겸상적혈구 질환을 앓았던 것으로 밝혀졌다. 연구진들이 투탕카멘의 발뼈를 자세히 조사해 본 결과, 적혈구가 낫 모양으로 일그러지는 유전병인 겸상적혈구병을 앓고 있었다고 판단했다. 유전적인 혈액 질환의 하나인 겸상적혈구병으로 사망했을 수 있다는 말이다. 전차 낙상으로 인한 사망 가능성, 골절로 인한 사망 가능성, 말라리아 감염으로 인한 사망 가능성을 모두 뒤집어 버리는 결과였다.

투탕카멘의 골반은 남성의 골반이 아니라 여성의 골반인 것으로 확인되었다. 또한 구강 구조상 언청이였을 가능성도 드러났다. 선천성 기형으로 입천장이 갈라져 말을 제대로 하기 어려웠을 것이라고 연구진은 분석했다.

투탕카멘 출생의 비밀도 밝혀졌다. DNA 분석 결과, 투탕카멘은 아크나톤(이집트 제18왕조 10대 파라오)과 그의 다섯 누이 중 한 명 사이에서 태어난 것으로 드러났다. 즉 근친혼에 의해 태어난 것이다. 또한 투탕카멘 무덤에서 나온 태아 미라 2구의 유전자를 분석한 결과, 투탕카멘의 유전자와 일치했다. 이들은 투탕카멘의 쌍둥이 아들이었다. 투탕카멘은 12세에 그의 이복 누나 안케세나멘과 결혼했고 후사 없이 사망한 것으로 알려져 왔다. 이같은 기존 통설 또한 뒤집어졌다.

내반족 기형, 겸상적혈구 질환, 여성의 골반, 유전적 언청이…. 투탕카멘은 왜 이런 증상을 갖게 되었을까. 그저 우연일 뿐인가. 전문가들은 그렇지 않다고 말한다. 이러한 질환들은 모두 근친혼에서 비롯된 것이라고 입을 모은다. 근친혼으로 태어나다 보니 유전적인 결함이 생겼고 그로 인해 이같은 무서운 질환이 생겼다는 것이다. 호르몬의 불균형과 이로 인한 신체장애. 끔찍한 일이다. 소년 파라오는 얼마나 힘들었을까. 그 유전적 신체 장애를 이기지 못하고 투탕카멘은 결국 열아홉의 어린 나이에 생을 마쳐야 했다.

4) 잠들지 못하는 소년 파라오

1922~1924년 투탕카멘 무덤 발굴 당시 일부 유물이 외부로 반출되었다는 의혹이 있다. 구체적인 물증이나 기록이 있는 것은 아니지만, 일부 유물의 무단 반출 가능성에 대해선 대체로 인정하는 편이다. 미국

메트로폴리탄 박물관에도 일부가 들어갔고 영국에도 일부가 건너갔다고 한다. 다행스럽게 이집트로 돌아온 것도 있지만. 일부는 지금도 여기저기 떠돌고 있을 것이고 더러는 경매에 나오기도 한다.

1996년 9월 어느 날 오전, 이집트국립 박물관에서 20대 청년이 투탕카멘의 황금 보검을 양말 속에 감추어 나오다 현관에서 붙잡히는 일이 발생했다. 경찰 조사 결과, 그는 전날 관람객으로 가장해 박물관에 들어간 뒤 전시대 밑에 숨어 있었다. 밤이 되자 화장실에서 나온 그는 전시실 진열장으로 다가가 드라이버로 투탕카멘 보물 진열장 유리 뚜껑을 열어 황금 보검을 양말 속에 넣었다. 크기가 작은 유물 20여 점은 나중에 찾아갈 생각으로 화장실에 숨겨 놓았다. 그런데 경찰에 붙잡힌 범인의 말이 충격적이었다.

"박물관은 일단 폐장하고 나면 간섭하는 사람이 아무도 없어 물건을 훔치기에 너무 편하다. 가정집을 터는 것보다 훨씬 쉬웠다. …이번 실패는 아마도 파라오의 저주 때문인 것 같다."

2011년에는 어수선한 시위 상황을 틈타 이집트국립박물관에 사람들이 침입했다. 이들은 유리 진열장을 부수고 유물들을 훼손했다. 조각품이 도난당하기도 했다. 이집트의 정치적 사회적 혼란으로 인해 이런 일이 발생하고 있다는 것이 전문가들의 대체적인 견해다. 이집트국립박물관의 관리가 부실하다는 지적도 적지 않다.

그래서일까. 2014년엔 이집트국립박물관 직원이 전시 유물을 청소하다 황금 마스크를 떨어뜨려 턱수염이 부러졌다. 박물관 직원들은 이같은 사실이 알려질까 두려워 자기들끼리 에폭시 접착제로 수염을 다시 붙였다. 에폭시 접착제는 공업용 본드와 비슷하다. 이렇게 귀중한 문화

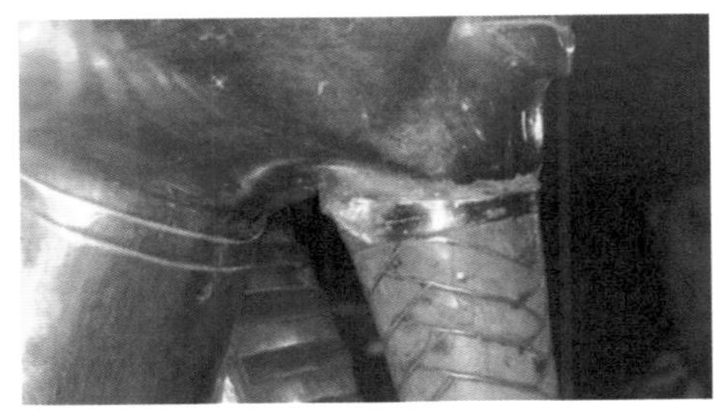

턱수염이 훼손된 황금 마스크 2014년 이집트국립박물관 직원이 청소하다 황금 마스크의 수염을 부러뜨리는 사고가 발생했다. 그러자 박물관 직원들은 이를 감추기 위해 공업용 본드로 적당히 붙여 버렸다.

재를 본드로 붙이다니, 황당한 일이 벌어진 것이다. 게다가 접착제가 마스크 얼굴에 떨어져 주걱으로 접착제를 긁어내기까지 했다고 한다. 이때 긁힌 자국이 지금도 선명하다. 투탕카멘의 출생과 죽음의 비밀이 하나둘 밝혀지고 있는데, 이집트국립박물관에선 어처구니없는 사고가 끊이지 않는다.

2022년은 투탕카멘 무덤 발굴 100주년이다. 이집트는 이를 미리 기념하기 위해 2018년부터 미국 로스앤젤레스, 프랑스 파리 등 세계 10대 도시 순회전을 시작했다. 개별 전시회마다 출품 유물이 다소 다르지만, 최고급 유물들이 수십 점씩 포함된다고 한다.

2020년 말엔 카이로 기자지구에 이집트 대박물관(The Grand Museum of Egypt)이 들어선다. 투탕카멘 무덤 출토 유물 상당수는 이집트 대박물관으로 옮겨진다. 미라를 넣었던 황금관은 2019년 7월부터 보존처리에 들어갔다. 8개월에 걸쳐 보존처리가 진행되면 황금관은 이집트 대박물관에 전시된다. 이집트 대박물관은 세계 최대 규모를 자랑한다. 10만여 점의 유물을 소장 전시할 계획이다. 그 엄청난 유물 가운데 두드러진 주인공은 단연 투탕카멘이다. 이 박물관에서 소년 파라오는 호사가들의 입에 오르내릴 것이다. 그때마다 그들은 투탕카멘 가족사의 내력을 거론할 것이다. 두드러진 화제는 근친혼, 근친상간이리라.

아직 투탕카멘의 죽음의 실체를 100% 밝혀낸 것은 아니다. 하지만 그의 사인을 밝히고자 하는 고고학자와 과학자들의 노력은 집요하게 계속될 것이다. 내밀한 가족사와 비극적인 죽음. 누군가 이렇게 말한다. "우리가 너무 들여다보는 건 아닌지. 이제 그만 그를 놓아 주어야 하는 것 아닌지." 그렇다. 하지만 우리는 그 비밀과 내력을 들여다보고픈 욕망을 거두기 어려울 것이다. 앞으로도 오랫동안 소년 파라오를 탐할 것이다.

우리는 3300여 년 전 소년 파라오에 왜 이렇게 열광하는 것일까. 컴퓨터 3차원 그래픽으로 되살려 놓은 투탕카멘의 얼굴을 바라본다. 그의 눈망울이 슬프게 다가온다. 그는 과연 영면에 들 수 있을까.

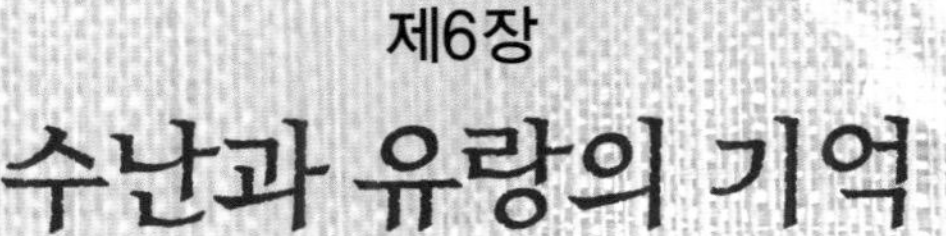

제6장

수난과 유랑의 기억

끝나지 않은 100년 유랑

근대기 문화재 수난사

유출 문화재의 반환

약탈 문화재 반환을 보는 눈

환수 방식의 다변화

끝나지 않은 100년 유랑

1) 경천사 10층 석탑의 망향가

서울 용산 국립중앙박물관 중앙홀에 들어서면 안쪽 끝에 우뚝 서 있는 탑 하나가 눈에 들어온다. 국보 86호 경천사 10층 석탑(고려 1348년, 높이 13.5미터)이다. 훤칠하게 쑥 솟아오른 몸체에 세련된 조형미. 이 탑은 흔히 보아온 우리네 석탑과 그 모양이 확연히 다르다. 이국적이다.

그렇기에 경천사 10층 석탑은 많은 궁금증을 자아낸다. 우선, 탑의 구조가 매우 특이하다. 기단부 3개 층과 탑신 1~3층이 특히 그렇다. 이 부분을 위에서 내려다보면 아자형(亞字形)이다. 정사각형이 있고 네 개의 변으로 직사각형이 튀어나온 모습이어서 아자형이라고 부른다. 엄밀히 말하면 아자형 두 개가 중첩되어 있는 모양새다. 어떻게 이런 모양새가 나올 수 있었던 것일까. 이 같은 아자형 구조는 중국의 라마교 탑의 영향을 받은 것이다.

옥개석(지붕돌)은 실제 기와지붕인 양 정교하게 기왓골을 새겨 목조 건축물을 연상시킨다. 기단부와 탑신(1~3층은 각 20개 면, 4~10층은 각 4개 면)의 표면엔 부처 보살과 같은 불교 관련 내용과 상징물들이 빼곡하게 조각되어 있다. 삼세불회(三世佛會), 영산회(靈山會), 미타회(彌陀會), 용화회(龍華會) 등 불교 경전에 나오는 여러 불회의 모습을 중심으로 부처와 보살, 금강역사 등이 생동감 넘치게 등장한다. 용, 사자, 모란, 연꽃 등 불교를 상징하는 다양한 무늬도 등장한다.

기단부에는 삼장법사와 손오공 등 서유기(西遊記)의 내용도 새겨 넣었다. 불교의 스토리를 탑 표면 전체에 빼곡하고 정교하게 표현해 넣었다. 이렇게 정교한 조각 표현은 이 탑이 대리석 재질이기 때문에 가능했다. 우리나라 석탑 거의 모두는 화강암으로 만들었다.

경천사 10층 석탑의 1층 탑신에는 탑을 조성한 연대, 시주자, 조성 목적 등에 관한 내용이 새겨져 있다. 이에 따르면 제작 시기는 1348년. 그런데 시주자는 원나라와 사돈을 맺어 원 황실의 비호를 받았던 인물이며, 원 황실을 축원하기 위해 이 탑을 조성한 것으로 되어 있다. 이 대목에서 이 탑의 비밀이 풀린다. 1348년이면 원이 고려의 내정에 간섭하던 시기. 게다가 시주자가 친원파(親元派)이었으니, 이 탑은 애초부터 중국 원나라 요소가 적잖이 반영될 수밖에 없었다. 그럼에도 표면에 등장하는 불교 스토리를 통해 고려인의 불심을 엿볼 수 있다.

경천사 10층 석탑을 감상하다 보면 또 다른 궁금증이 밀려온다. 이 탑이 왜 박물관 건물 안에 있는 것일까. 탑은 원래 야외에, 사찰의 마당에 있어야 하는데 말이다.

이 탑은 원래 경기 개풍군(지금의 북한 개성시) 부소산 경천사에 있었다. 1907년 2월, 무장한 일본인 인부 130여 명이 개성 경천사 터를 급습했다. 이들은 10층 석탑을 막아서는 개성 주민들을 위협하면서 석탑을

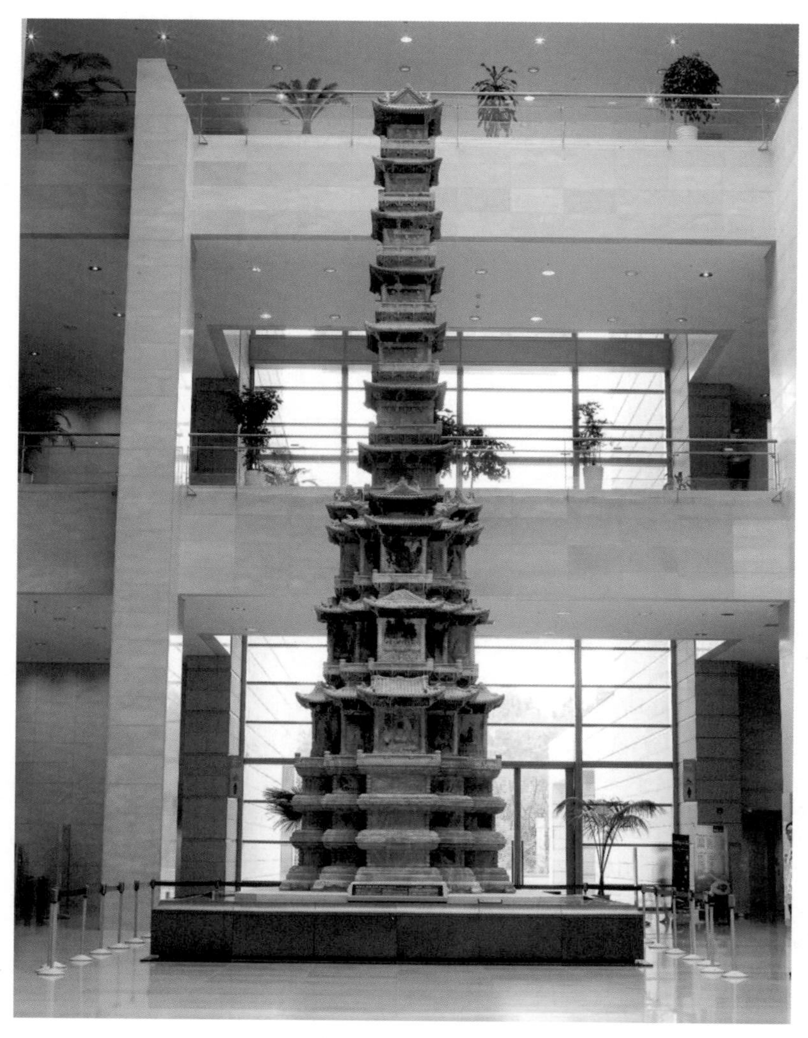

국립중앙박물관 중앙홀에 있는 개성 경천사 10층 석탑

해체하기 시작했다. 해체한 부재들을 달구지 10여 대에 옮겨 실은 뒤 개성역으로 향했다. 약탈이었다. 그 배후는 일본 궁내대신 다나카 미쓰야키(田中光顯)였다. 순종의 결혼식 참석차 한국에 온 그는 고종이 경천사 탑을 하사했다는 거짓말로 사람들을 속였다. 그러곤 인부를 동원해 탑을 해체해 도쿄에 있는 자신의 집으로 밀반출한 것이다.

이 만행을 폭로한 사람은 영국인 어니스트 베델(1872~1909)과 미국인 호머 헐버트(1863~1949)였다. 베델은 대한매일신보를 창간해 당시 조선의 독립운동에 앞장섰던 인물. 그는 한 달 뒤인 1907년 3월 대한매일신보 영문판 「Korea Daily News」에 일제의 경천사탑 약탈 사실을 폭로하고 반환의 당위성을 역설했다.

헐버트는 당시 선교사이자 고종 황제의 외교 조언자로 조선의 독립을 위해 헌신했던 미국인이다. 1905년 을사늑약의 부당성을 전 세계에 알렸으며, 1907년 고종에게 네덜란드 헤이그 만국평화회담 특사 파견을 건의했다가 1909년 일제에 의해 미국으로 강제 추방당했다. 그는 1907년 일본의 영자신문 「Japan Mail」과 「Japan Chronicle」에 약탈 사실을 알려 반환 여론을 이끌어 냈다. 두 이방인의 헌신적인 노력 덕분에 비난 여론이 비등해졌고, 1918년 다나카는 결국 이 탑을 한국에 반환했다.

탑이 한국에 돌아왔지만 탑은 이미 많이 훼손된 상태였다. 반환 이후에도 별다른 보존 조치 없이 포장된 상태로 경복궁 회랑에 방치되었다. 일제 치하, 분단과 6·25전쟁 등을 겪으며 우리는 이 탑을 제대로 기억하지 못했다. 그렇게 40여 년이 흘렀고 이 탑의 존재를 깨달은 것은 1959년. 그제야 보수에 들어갔다. 일 년간의 작업 끝에 1960년 탑을 복원해 경복궁 경내에 전시했다. 하지만 탈락 부위를 시멘트로 메우는 정도에 그친 비과학적이고 부실한 보수, 복원이었다.

경천사 10층 석탑은 복원 이후 경복궁 야외에 전시되면서 풍화작용과 산성비 등으로 인해 훼손이 계속되었다. 그러자 더이상의 훼손은 심각한 문제를 초래할 수 있다는 판단에 따라 1995년 해체 보수하기로 결정했다.

먼저 탑의 142개 대리석 부재를 모두 해체한 뒤 대전의 국립문화재연구소로 옮겨 각 부재의 보수 작업에 들어갔다. 비바람으로 인해 약화된 대리석을 단단하게 경화(硬化) 처리하고, 균열 부위를 천연 접착제로 붙였다. 1960년 복원 때 채워 넣었던 시멘트를 제거하고 레이저를 이용해 표면의 오염물도 닦아냈다. 해체된 탑의 부재 142개 가운데 심하게 손상된 64개를 새로운 대리석으로 교체했다.

이 탑의 원래 대리석과 암질(巖質)이 유사한 강원도 정선 지역의 대리석을 사용했다. 물론 원 부재의 조각이나 형태 등 원래 모습을 그대로 살렸다. 보수 보존 처리를 하는 사이, 문화재 전문가들은 경천사 10층 석탑을 국립중앙박물관 실내에 전시하기로 결정했다. 야외에 세울 경우 훼손이 심해질 것을 우려했기 때문이다.

보수 복원의 마지막 단계는 142개 부재를 다시 서울로 가져와 국립중앙박물관 실내에서 하나하나 13.5미터 높이로 쌓아 올리는 일. 이 또한 고난도 작업으로 3개월 동안 진행되었다. 탑의 안정을 위해 국립중앙박물관 중앙홀 바닥엔 탑을 올려 놓을 수 있는 받침대를 만들었다. 우선 맨 아래쪽에 철제 받침대를 만든 뒤 넓적한 화강석 판을 올려 놓고 그 위에 경천사지 탑을 세웠다. 철제 받침대는 가로 세로 6×6미터, 높이 65센티미터. 이 받침대는 규모 8의 지진에 견딜 수 있도록 설계했다. 받침대 아래쪽은 레일과 바퀴로 중앙홀 바닥과 연결되어 있다. 지진이 발생했을 때 받침대가 레일 위를 움직이며 충격을 흡수하도록 한 것이다.

국립문화재연구소와 국립중앙박물관이 탑 조립에 들어간 것은 2005년 4월. 수평과 균형을 잡아가며 142개 부재를 높이 13미터까지 쌓아 올린다는 건 고난도 작업이다. 1밀리미터만 맞지 않아도 제대로 조립이 되지 않는다. 이 탑의 조립에는 석탑 해체 조립 경력 15년 안팎의 석공 3, 4명이 5개월 동안이나 매달려야 했다.

탑 전체 무게는 무려 100톤. 부재 하나하나의 무게도 수백 킬로그램에 달한다. 난간돌, 몸돌, 지붕돌을 쌓아 한 개 층을 조립하는 데 2~3일, 수평을 확인하기 위해 기다리는 데 열흘 정도. 열흘을 기다려 1밀리미터의 오차도 발견되지 않아야 다음 층을 쌓아 올릴 수 있다. 1밀리미터만 맞지 않아도 142개 부재가 우르르 무너져 내릴 수밖에 없다. 이렇게 민감하고 조심스러운 작업이기 때문에 국립문화재연구소와 석공들은 2001년에 시험 조립까지 해보았다.

10년에 걸친 해체 보수 복원 작업은 이런 과정을 거쳐 2005년 8월 모두 마무리됐다. 탑은 다시 씩씩하고 세련된 모습을 되찾았다. 그건 개성을 떠나 일본, 서울 경복궁, 대전으로 전전했던 '유랑 100년의 수난사'를 마무리짓는 뜻깊은 작업이기도 했다.

그렇다면 경천사 10층 석탑의 유랑은 정녕 끝난 것일까. 문화재는 원칙적으로 원래의 자리에 있어야 한다. 그래야 문화재의 의미가 제대로 살아날 수 있기 때문이다. 경천사 10층 석탑도 마찬가지다. 하지만 지금은 분단이 되어 고향으로 돌아갈 수 없다. 안타까운 일이다. 식민지

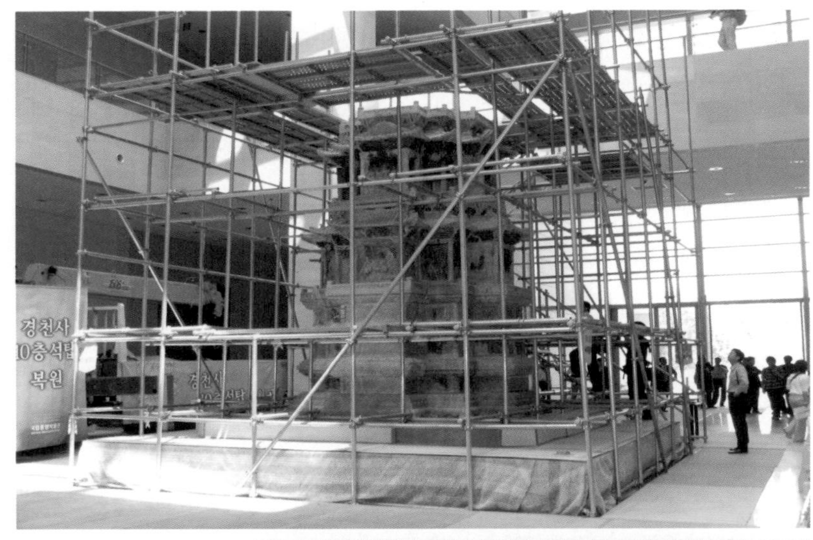
경천사
10층석탑
복원

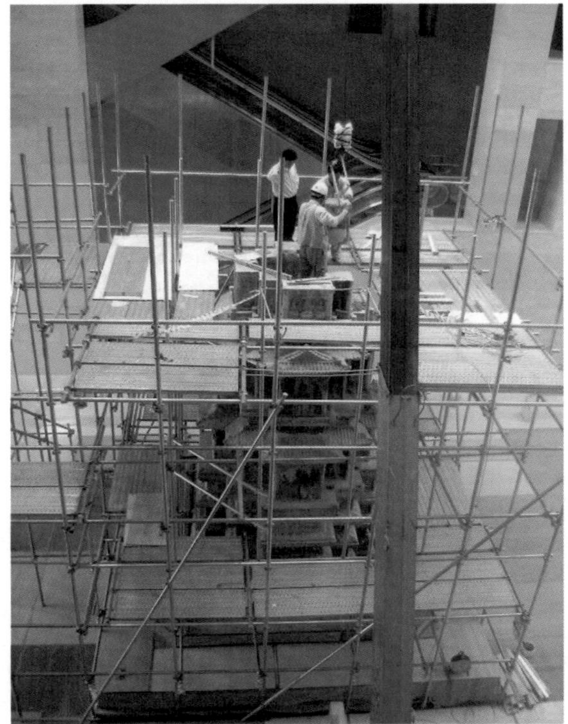

배와 분단이라는 근대기의 수난을 고스란히 담고 있는 경천사 10층 석탑. 너무 세련되고 아름다워 때로는 더 슬프게 다가온다. 통일이 되어 이 탑이 개성의 고향땅으로 돌아갈 날을 기대해 본다.

2) 제 짝을 잃은 지광국사탑

1911년 고향땅인 강원도 원주를 떠나야 했던 국보 101호 원주 법천사 지광국사탑(法泉寺智光國師塔, 1070년경). 이 승탑이 고향으로 돌아가게 됐다. 약 110년 만이다. 하지만 귀향이 그리 순탄하지는 않은 것 같다. 원래 자리인 법천사 터 야외로 돌아가느냐, 좀 떨어진 유적전시관(건립 예정) 실내로 들어가느냐를 놓고 2019년 현재 문화재청과 전문가들이 고민을 하고 있다.

지광국사탑은 애초 국보 59호 지광국사탑비(1085년)와 함께 강원도 원주 법천사에 있었다. 지광국사탑은 고려 승려 지광국사의 사리를 안치한 승탑이고, 지광국사탑비는 그의 공적을 기록한 석비다. 그러니 지광국사탑과 지광국사탑비는 떨어질 수 없는 한 쌍이었다. 그런데 이들이 서로의 짝을 잃게 된 사연은 이러하다.

1911년 가을, 모리 무라타로라는 일본인이 법천사 터에 있던 지광국사탑을 한 주민에게서 사들였다. 모리는 곧바로 서울에 사는 일본인

▲▼ 2005년 국립중앙박물관 중앙홀에서 경천사 10층 석탑의 부재들을 조립하는 모습

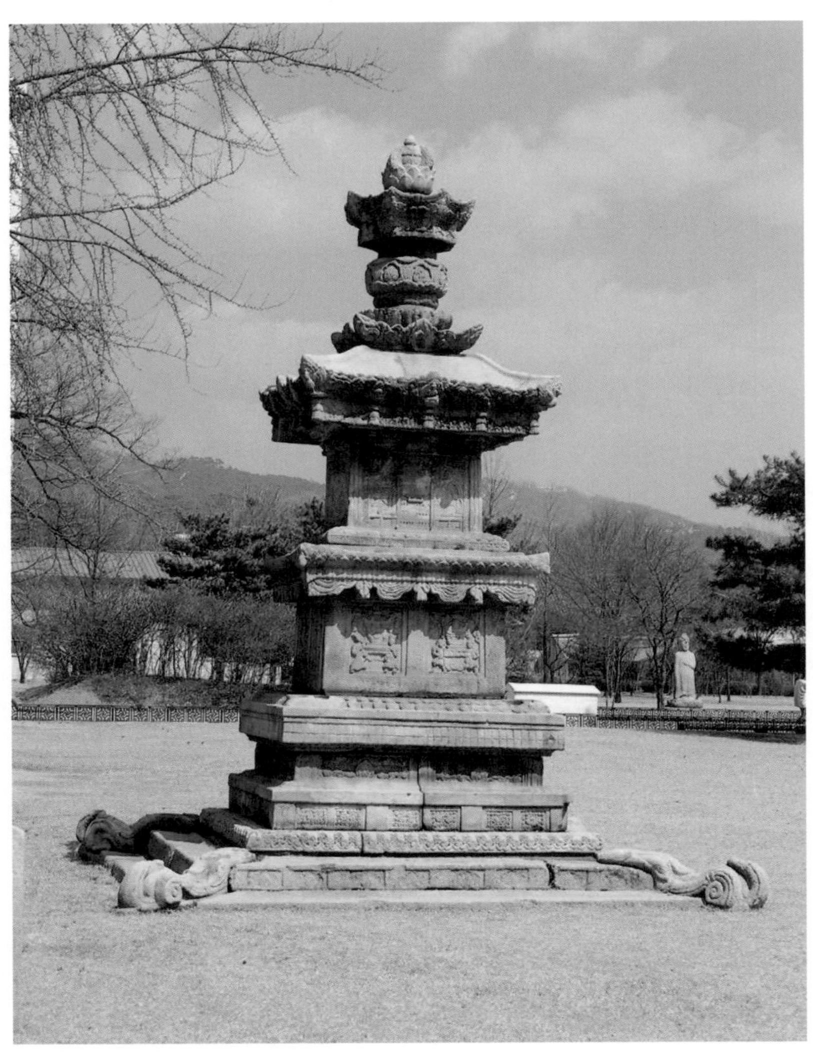

경복궁에 있을 때의 원주 법천사 지광국사탑

부호 와다 스네이치에게 팔았다. 와다는 서울 명동의 한 병원으로 옮긴 뒤 1912년 자신의 집 정원으로 다시 옮겼다. 이어 와다는 일본 오사카의 또 다른 일본인 후지타 헤이타로에게 넘겼고, 후지타는 같은 해 이 탑을 오사카로 반출했다. 소식을 접한 조선총독부는 "지광국사탑은 국유지 안에 있는 것이니 반환하라"고 압력을 넣었다. 1915년경 와다는 오사카로 건너가 후지타로부터 지광국사탑을 다시 사들인 뒤 총독부에 헌납했다. 우리의 소중한 문화재를 저들이 사고 팔고, 돌려받고 한 것이다. 모두 불법 약탈이었다.

천만다행 지광국사탑은 돌아왔으나, 이 탑이 자리잡은 곳은 원래 장소가 아니라 서울의 경복궁이었다. 조선총독부는 1915년 경복궁에서 여러 전각들을 파괴하고 조선물산공진회를 개최하면서 지광국사탑을 경복궁 행사장에 장식용으로 세워 놓았다. 지광국사탑은 그렇게 경복궁에 자리잡게 되었다. 세월이 흘러 상처가 아무는 듯했지만 6·25전쟁 때 이 탑은 폭격을 당했다. 몸체 일부만 남고 상륜부와 옥개석이 무참히 부서졌다. 1957년 시멘트를 이용해 부서진 조각들을 붙이고 사라진 부분을 채워 넣는 보수 작업이 이뤄졌다.

2005년 경복궁에 있던 국립중앙박물관이 용산에 새 건물을 짓고 옮겨 갈 때의 일이다. 경복궁 경내에 있던 석조물들도 모두 새 박물관으로 옮기기로 했다. 그러나 지광국사탑은 이전 대상에서 제외되었다. 이것을 옮기려면 부재(部材)를 해체해야 하는데, 이 탑은 상태가 너무 위험해 해체하다 보면 자칫 와르르 무너져 버릴 수 있다는 판단에 따른 것이었다.

경복궁에 남게 된 지광국사탑은 상태가 더욱 악화되었고, 문화재청은 결국 해체 수리하기로 했다. 2016년 해체해 대전 국립문화재연구소에서 보수보존처리 중이다. 2019년 문화재청은 이 보수 작업이 끝나면 탑을 고향인 원주로 돌려보내기로 결정했다. 하지만 원래 자리인 절터로 보낼지, 인근 전시관 내부로 보낼지는 아직 결정하지 못했다. 원래 위치를 중시한다면 야외의 절 터로 보내야 하고, 보존을 중시한다면 전시관의 실내로 들여보내야 한다. 모두 장단점이 있다. 그렇기에 어려운 선택이다.

하지만 중요한 것이 있다. 지광국사탑 100년의 유랑과 수난을 진정으로 돌아보는 방식이 무엇인지, 이에 대한 깊은 고민이 전제되어야 한다는 점이다. 어쨌든 지광국사탑이 원주로 돌아가는 시기는 2021년쯤일 가능성이 높다.

근대기 문화재 수난사

19세기 후반~20세기 초 지구촌 곳곳에선 서구 열강과 일본 등 제국주의 국가들에 의해 문화재 약탈이 심각하게 자행되었다. 수난의 근대기, 우리도 예외가 아니었다. 외세 침략에 시달리고 식민지로 이어지는 상황에서 우리 문화재는 훼손과 약탈의 과정을 겪어야 했다. 그 여파는 지금까지 이어지고 있다. 문화재를 바라보는 시각에 있어 식민사학의 영향을 받지 않을 수 없었고, 일제의 문화재 왜곡으로 인해 문화재의 실체를 제대로 파악하지 못하는 일까지 생겼다. 해외로 불법 유출된 문화재들은 상당수가 아직도 귀향의 손길을 기다리고 있는 실정이다.

문화재 약탈은 20세기 후반 이후 국제사회의 중요한 이슈로 부각되면서 유네스코 등을 중심으로 약탈국과 피탈국 사이의 문화재 반환 협상이 시작되었다. 하지만 약탈 문화재 반환 논의는 아직까지 두드러진 성과를 내지 못하고 있다. 문화재 약탈을 바라보는 시각에 있어 약탈국과 피탈국 사이에 근본적인 견해 차이가 있는데다 개별 약탈 문화재에 얽힌 역사적 상황이 모두 다르다 보니 협상의 진척이 어렵다. 게다가 프랑스, 독일 등 유럽 국가들의 경우, 약탈국이면서 동시에 피탈국(被奪國)이라는 이중적 상황도 협상을 어렵게 하는 요인의 하나다.

근대기에 약탈당했던 문화재를 돌려받기 위한 반환 협상은 지난한 작업이다. 약탈해 간 나라가 돌려줄 마음이 없으면 반환 협상은 출발부터 쉽지 않다. 1965년 한일협정 이후 이어져 온 반환 협상의 지지부진함이 이를 단적으로 보여 준다. 그렇기에 약탈해 간 국가의 정부와 국민들로 하여금 이를 돌려주어야 한다는 생각을 갖도록 하는 것이 중요하다.

하지만 이 또한 매우 어려운 일이다. 우선 우리가 약탈 사실을 입증해야 한다. 동시에 치밀한 전략이 필요하다. 그 전략은 정치적일 수도 있고 문화적 인도적일 수도 있다. 약탈해 간 국가의 현재 정치 상황에 따라, 문화재의 종류와 약탈 상황에 따라, 약탈 문화재를 갖고 있는 현재 소장처(개인이나 기관 등)의 인식에 따라 반환 협상의 접근법과 전략이 달라져야 한다는 말이다.

수집이나 구입 등 정상적인 과정을 통해 해외로 반출된 문화재도 적지 않다. 1880년대 이후 서울에 들어온 각국의 외교관이나 무역상들은 상당량의 우리 문화재를 해외로 가져갔다. 1887년 초대 주한 프랑스 대리공사로 부임한 콜랭 드 플랑시는 한국의 도자기와 그림 등을 수집해 본국의 기메 국립동양박물관에 보냈다. 그는 세계 최고(最古) 금속활자본 『직지심체요철』(직지심경)을 수집해 간 인물이기도 하다.

1882~1885년 고종의 외교 고문으로 일하면서 기산 김준근(箕山 金俊根, 생몰년 미상)의 풍속화를 수집해 독일로 가져간 묄렌도르프, 1883년 제물포(인천)에 세창양행이라는 무역회사를 설립하고 도자기, 그림, 민속

품 등 1천여 점을 수집해 간 독일인 하인리히 콘스탄틴 에두아르 마이어 등도 그런 경우라고 할 수 있다. 마이어는 자신의 수집품 일부를 함부르크민족학박물관(현재 로텐바움 세계문화예술박물관)에 기증하기도 했다.

미국 국립박물관(스미스소니언박물관의 전신)의 한국문화 조사관 존 버나도는 1884년 조선을 찾아 민화를 수집해 갔고, 프랑스 민속학자 찰스 바라는 1888~1889년 조선 여행 도중 민화와 민속품을 수집해 간 뒤 1891년 파리의 기메 국립동양박물관에 기증했다. 이밖에도 적지 않은 외국인들이 우리 문화재를 수집해갔다.

1) 병인양요 · 신미양요와 문화재 약탈

1866년 병인년 흥선대원군 이하응은 서양 종교인 천주교가 나라를 어지럽힌다는 이유를 들어 천주교 금지령을 내렸다. 그래도 천주교의 종교 활동이 줄어들지 않자 프랑스 선교사를 비롯해 수많은 한국인 천주교도를 처형했다. 이를 병인년의 천주교 박해라고 해서 병인박해(丙寅迫害)라고 한다.

그러자 프랑스는 함대를 앞세워 강화도를 침략했다. 바로 병인양요(丙寅洋擾)다. 당시 프랑스군은 강화도를 점령하고 이곳의 행궁(行宮, 임금의 임시 거처)과 도서관인 외규장각(外奎章閣) 등 각종 건물에 불을 지르는 만행을 서슴지 않았다. 이로 인해 건물은 물론이고 각종 도서 4,700여 권과 기타 왕실 귀중품이 잿더미로 사라졌다. 그것도 모자라 프랑스군은 거기에 있던 귀중 도서와 무기, 각종 물품을 약탈했다.

1871년에는 미국이 군함을 앞세우고 조선을 침략해 왔다. 5년 전인

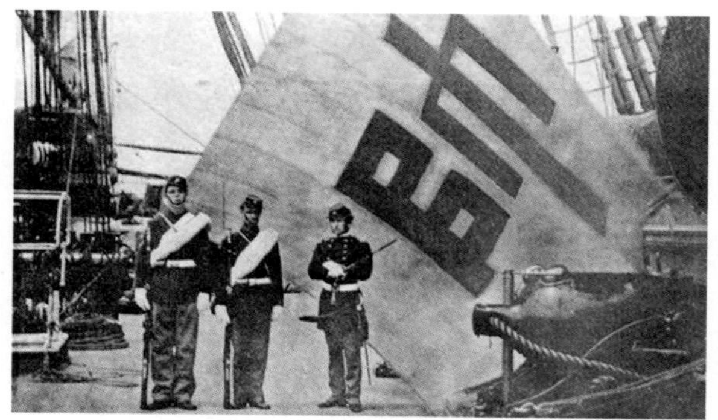

어재연 장군 수자기

1866년 발생한 미국의 상선(商船) 제너럴 셔먼호(號) 사건을 빌미삼아 조선에 개항을 요구하면서 무력으로 침략한 사건이다. 1866년 제너럴 셔먼호는 평양 대동강을 거슬러 올라와 조선과의 통상을 요구했다. 그러나 이를 거절당하자 조선인을 감금, 살육하고 재물을 약탈하는 만행을 저질렀다. 이에 분노한 우리 관군과 백성들은 이 배를 불살라 격침시키고 선원들을 모두 살해해 버렸다. 그로부터 5년 뒤인 1871년 미군 함대는 이 제너럴 셔먼호 사건을 핑계삼아 강화도를 공격했다. 하지만 조선 군대의 결사 항전으로 미군은 20여 일 만에 물러났다. 신미년(1871년)에 서양이 일으킨 소요 사태라는 의미에서 신미양요(辛未洋擾)라고 부른다.

이 신미양요 때 미국은 강화도에서 많은 약탈을 자행했다. 당시 미군은 광성보 전투에서 수자기(帥字旗)를 빼앗아 갔다. 수자기는 수(帥)자 글씨가 쓰여진 깃발이며, 여기서 수(帥)는 장군을 의미한다. 이 깃발의 크기는 가로 세로 4,5미터. 군부대 훈련장이나 숙소에 세워 놓던 대장의 군기(軍旗)다. 대개 누런 바탕에 검은색으로 '帥'자가 쓰여져 있다. 그래서 수기(帥旗)라고 부르기도 한다.

2) 일제의 궁궐 파괴

1910년 국권을 침탈한 일제는 경복궁을 조직적으로 파괴하기 시작했다. 조선총독부 건물을 짓기 위해 1912년 흥례문(興禮門)과 영제교(永濟橋) 등을 철거했고, 박람회인 조선물산공진회(朝鮮物産共進會)를 앞둔 1914년에는 경복궁 안에 있는 많은 전각을 헐어 버렸다.

이런 와중에 서울에 있던 일본인들은 총독부와 짜고 자선당(資善堂)과 같은 경복궁 건물을 통째로 뜯어 일본으로 무단 반출하는 만행을 저질렀다. 1917년 창덕궁에 불이 나자 창덕궁을 보수한다는 명분으로 1918년 경복궁 내전 건물을 헐어 창덕궁에 옮겨 짓는 만행을 저질렀다. 건축물 문화재는 제자리에 있을 때 그 의미를 지니는 법이다. 그런데도 경복궁 건물을 헐어 창덕궁에 옮겨 짓는다는 건 경복궁도 망가뜨리고 창덕궁도 망가뜨리는 이중의 만행이었다.

1926년에는 새로 짓는 조선총독부의 시야를 가린다고 해서 광화문을 통째로 뜯어 경복궁 북동쪽 지금의 국립민속박물관 자리로 옮겼다. 이렇게 파괴되고 훼손된 경복궁을 원래 모습으로 되살리기 위한 복원 프로젝트가 1990년에 시작되어 지금까지 계속되고 있다.

창경궁도 수난을 비껴갈 수 없었다. 일제는 1909년 창덕궁의 순종을 즐겁게 해준다는 명목으로 바로 옆 창경궁에 동물원과 식물원을 만들었다. 창경궁에 벚꽃(사쿠라)을 심어 조선의 자존심을 짓밟았고, 창경궁 이름을 창경원(昌慶苑)으로 바꾸었다. 조선 왕조의 궁궐(창경궁)을 일개 놀이동산(창경원) 수준으로 비하한 것이다.

광복 후 창경원은 동물원, 식 물원, 벚꽃놀이동산의 대명사가 되어 버렸다. 이렇게 훼손된 창경궁은 1984년부터 원래 모습을 되찾아 갔다. 창경원의 동물원을 경기도 과천 서울대공원 동물원으로 옮겼고, 창경원에 있는 벚꽃도 모두 뽑아 버렸다. 그리고 공식적인 이름도 창경원에서 창경궁으로 되돌렸다.

일제는 고종 승하 이후 대한제국의 거점이었던 덕수궁을 반토막 내는 만행을 저질렀다. 왕의 어진을 봉안하던 선원전과 서양식 연회장인 돈덕전을 허물고 1922년 그 옆으로 덕수궁을 관통하는 도로를 건설했다. 그때 도로 옆에 새로 덕수궁 담을 쌓은 것이 바로 지금의 돌담길이다. 일제는 이어 덕수궁 유원지화 계획(1933년)을 세웠고, 1938년 덕수궁에 이왕가미술관을 만들면서 광명문(光明門)도 덕수궁 경내 남서쪽으로 옮겨 버렸다. 함녕전(咸寧殿)의 정문으로 건립된 광명문은 고종 국장행렬의 시작점이었다. 광명문을 철거함으로써 우리 민족의 자존심을 짓밟으려는 의도였다.

경희궁 역시 1910년 국권 상실과 함께 파괴되기 시작했다. 일제는 경희궁 건물들을 헐어내고 총독부 중학교를 세웠다. 1926년 총독부는 경희궁의 숭정전(崇政殿)을 불교계에 팔았고, 이것은 지금 동국대학교로 옮겨져 정각원(正覺院) 건물로 쓰이고 있다. 일제는 또 경희궁의 정문인 흥화문(興化門)을 뜯어내 남산에 있는 일본 사찰로 옮겨 놓았다. 흥화문은 1980년대 서울 신라호텔의 정문으로 쓰이다 1994년 경희궁 터로 돌아왔다.

그러나 흥화문의 원래 위치로 돌아온 것이 아니다. 원래 위치는 서울역사박물관 아래쪽 구세군회관 바로 위다. 하지만 그곳은 이미 다른 건물이 들어서고 도로가 생겨 흥화문을 복원할 수 없었고, 결국 원위치에

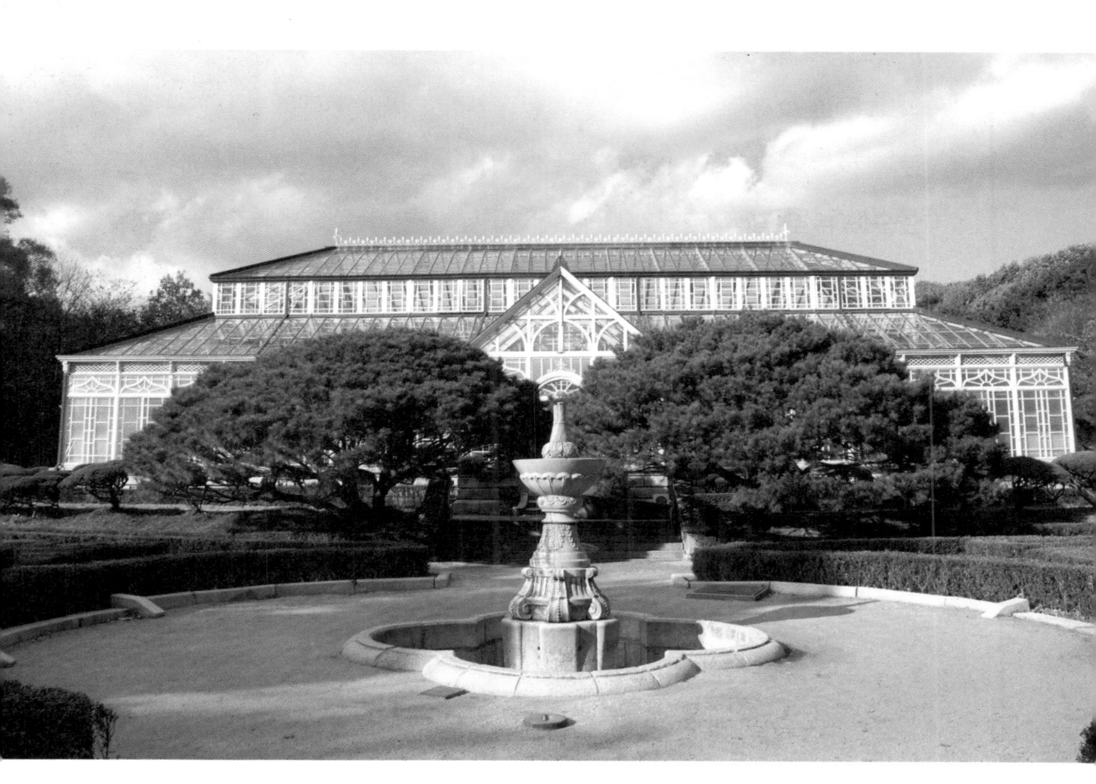

일제가 창경궁을 훼손하고 조성한 식물원

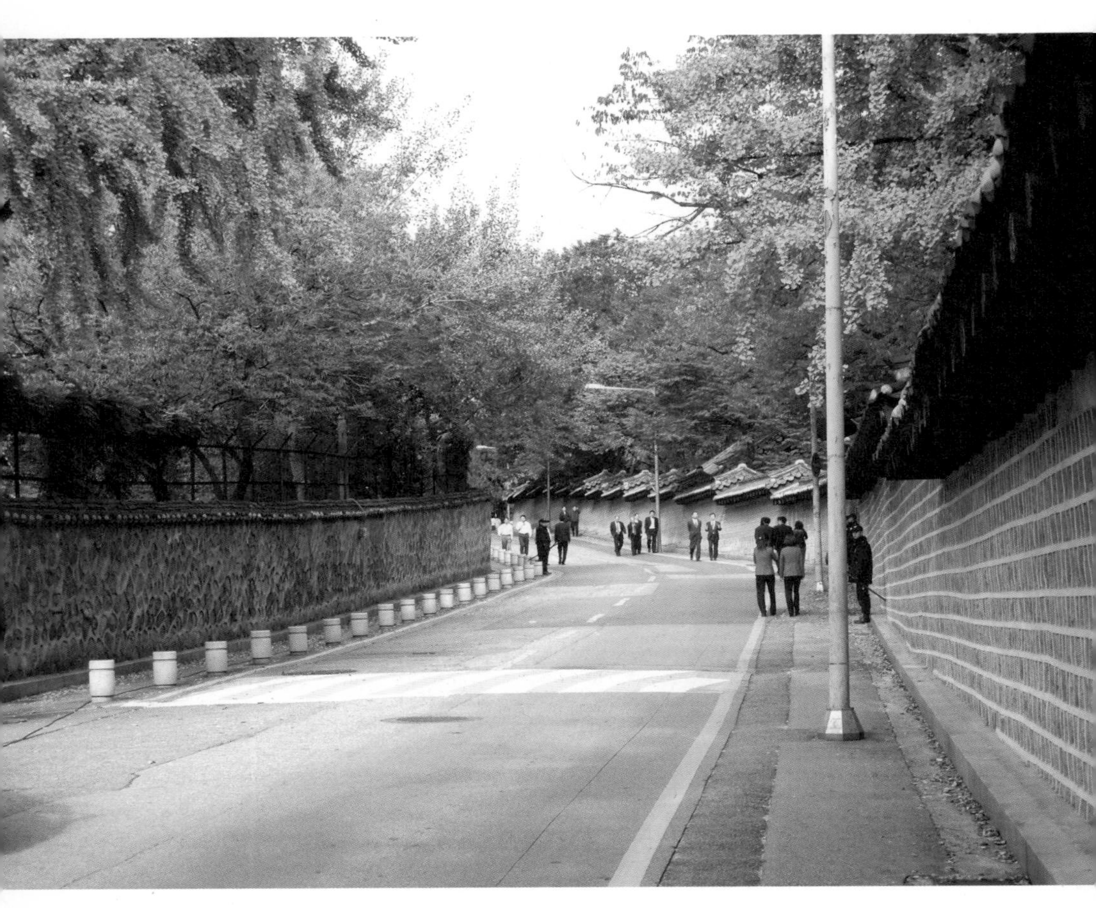

일제가 덕수궁을 반토막내면서 만든 돌담길

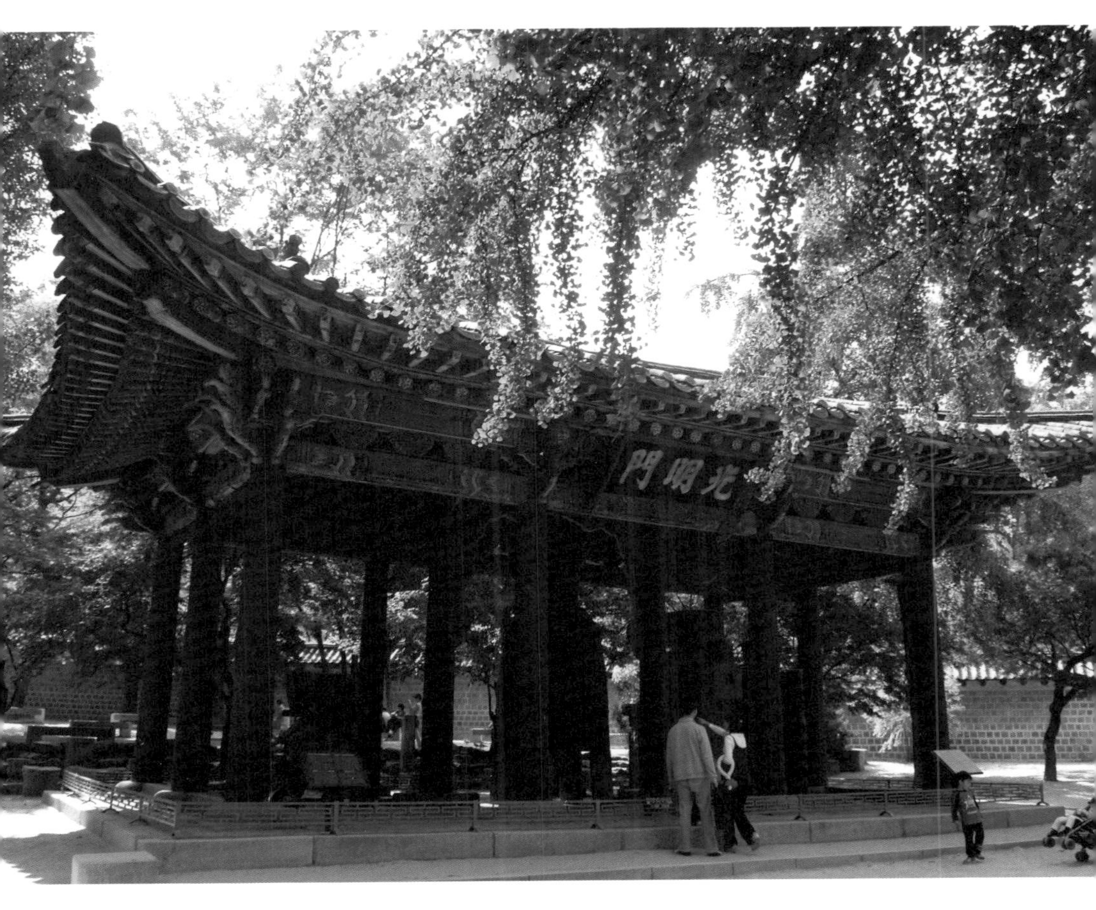

일제의 덕수궁 유원지화 계획에 따라 1938년 덕수궁 경내 남서쪽으로 옮겨졌던 광명문 2019년 3월 원위치로 이전 복원되었다.

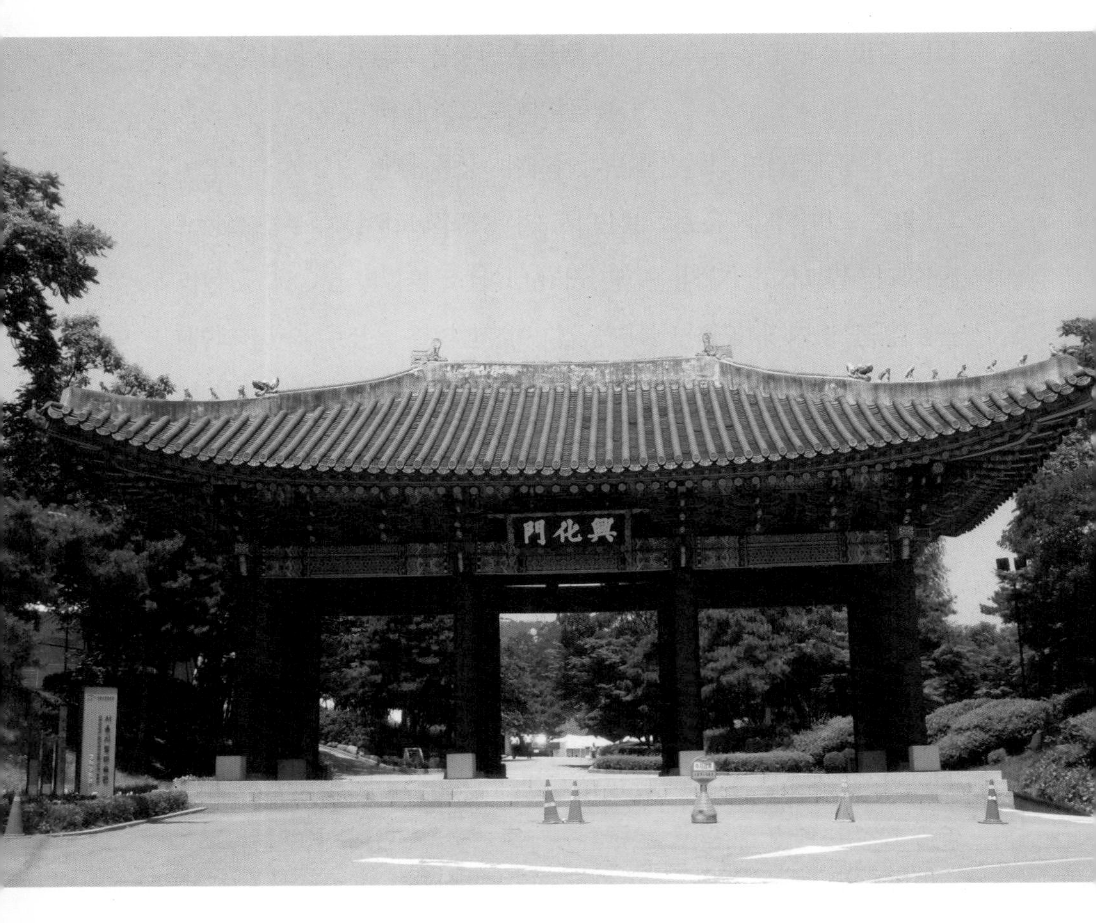

일제의 훼손으로 아직도 제자리를 찾지 못한 경희궁 흥화문

서 100여 미터 떨어진 강북삼성병원 가는 길목에 세울 수밖에 없었다.

창경궁과 종묘 사이에 있는 율곡로 역시 일제 문화재 파괴의 결과물이었다. 창경궁과 종묘는 원래 언덕으로 연결되어 있었다. 그러나 1931년 일제는 우리 민족의 정신을 말살하기 위해 창경궁과 종묘를 끊어 길을 만들었다. 그것이 지금의 율곡로다. 2019년 현재 이 율곡로를 터널 형식으로 덮어 종묘와 창덕궁을 연결하는 공사가 진행 중이다.

3) 일제의 약탈과 도굴

1905년 러일전쟁 때 일본군은 함북 길주에 있던 북관대첩비(北關大捷碑)를 강탈해 갔다. 북관대첩비는 숙종 때 함북 길주에 세운 임진왜란 승전비다. 여기엔 1592년 임진왜란 당시 조선의 의병장 정문부(鄭文孚)가 왜군을 물리친 내용이 기록되어 있다.

일제는 경기 개풍군(현재 북한의 개성시) 부소산의 경천사 10층 석탑(현재 국보 86호)도 약탈해 갔다. 베델과 헐버트의 노력에 힘입어 1918년 탑이 돌아왔지만, 탑은 적잖이 훼손된 뒤였다.

강원도 원주 법천사에 있던 지광국사탑(현재 국보 101호)도 1912년 일본인에 의해 오사카로 밀반출되었다. 그후 조선총독부가 "국유지 내 폐사지에 있던 것이니 반환하라"고 압력을 가하자 소유자 일본인이 1915년 총독부에 기증하면서 서울로 돌아왔다. 하지만 총독부는 1915년 조선물산공진회를 열면서 이를 경복궁에 전시했고, 이런 과정 속에서 지광국사탑은 제자리를 잃어버리고 오늘에 이르게 되었다.

일제는 1906~1910년경에는 평양시 대동구역의 조선시대 누정 애련

당(愛蓮堂)을 통째로 뜯어 일본으로 무단 반출하는 만행을 저질렀다. 왕세자의 처소인 경복궁 자선당(資善堂)이 수난을 당한 것은 1911년이었다. 일제는 경복궁에서 조선물산공진회라는 이름의 박람회를 개최하기 위해 많은 전각을 헐어냈고, 그때 자선당도 헐렸다. 일본인 사업가 오쿠라 기하치로(大倉喜八郎)는 헐어낸 자선당 건물을 1915년 일본 도쿄로 빼돌렸다.

1913년엔 조선총독부가 조선시대 4대 사고의 하나인 강원도 오대산 사고에 보관 중이던 조선왕조실록 등 조선시대의 귀중한 고문서를 빼돌렸다. 이때 일본 도쿄제국대학으로 약탈해 간 고문서는 1923년 관동대지진으로 대부분 불에 타 없어지고 일부만 살아남았다.

일본인들은 우리 고분을 몰래 도굴해 그 속에 있는 귀한 유물을 빼돌렸다. 도굴은 1894년 청일전쟁 이후 개성, 평양, 부여 등 역사 고도를 중심으로 횡행했고, 1910~1920년대엔 전국적으로 확산되었다. 초대 통감이었던 이토 히로부미(伊藤博文)는 사람을 시켜 개성 일대의 고려 고분을 몰래 도굴해 수많은 고려청자를 일본으로 빼돌렸다.

경주, 부여, 공주, 평양 등 중요한 유적 도시에서도 불법적인 도굴이 빈번하게 자행되었는데, 가루베 지온(輕部慈恩)이라는 인물이 가장 악명 높았다. 당시 충남 공주에서 교사로 일했던 가루베 지온은 공주 송산리 고분군을 마구 파헤쳐 수많은 백제 유물을 가로챘다. 가루베 지온을 생각할 때마다 가슴을 쓸어내리지 않을 수 없는 일이 있다. 그가 불법으로 파헤친 송산리 6호분 바로 옆엔 무령왕릉이 있었다는 사실이다. 가루베 지온이 그 무령왕릉의 존재를 알았다면 당연히 도굴했을 것이다.

일제는 임나일본부설(任那日本府說)의 증거를 찾기 위해 가야 고분 발굴에 열을 올렸다. 그 가운데에는 도굴에 가까운 발굴도 적지 않았다. 조선총독부는 1918~1919년 경남 창녕 지역의 대형 봉토분 9기를 발굴했다. 당시 마차 20대, 화차 2대 분량의 유물이 나온 것으로 전해진다. 그러나 총독부는 2기를 제외하곤 발굴보고서를 작성하지 않아 상당수의 유물이 어디로 갔는지 알 수 없게 되었다. 대부분 일본으로 빼돌리거나 악덕 골동상에게 넘겼다.

오구라 다케노스케(小倉武之介)도 우리 문화재를 약탈해 간 일본인 사업가였다. 한국으로 건너와 1910년대 대구에서 대구전기회사를 설립해 돈을 번 그는 1921년경부터 전국 곳곳에서 조선의 유물을 수집하기 시작했다. 그는 특히 도굴품을 많이 모았다. 당시는 경주, 대구, 고령 등 경상도 지역의 신라와 가야 고분이 무수히 도굴되는 상황이었다. 그 도굴품 가운데 상당수가 오구라의 손에 들어간 것이다. 1940년대 초반, 경북 고령군 고령읍 고령경찰서에서는 오구라가 도굴한 트럭 두어 대 분량의 유물을 공공연히 보관하고 있었다는 이야기도 전한다. 그는 한반도뿐만 아니라 중국의 만주, 허베이성(河北省), 산시성(山西省) 지역까지 다니면서 유물을 모은 것으로 알려져 있다.

오구라는 수집한 유물을 대구와 일본 도쿄에 있는 그의 집에 나누어 보관했다. 1945년 일본 패망과 함께 일본으로 돌아가게 됐을 때 그는 한국에 있던 유물은 그대로 두고 몸만 건너갔다. 그는 일본으로 돌아간 뒤에도 한국의 유물을 수집했다.

오구라는 일제강점기 때부터 수집해 도쿄에 보관하던 유물을 흔히 오구라 컬렉션이라 부른다. 그는 1958년 오구라 컬렉션 보존회를 설립했다. 그리고 1964년 세상을 떠났으며, 이후 재단은 그의 아들이 맡아

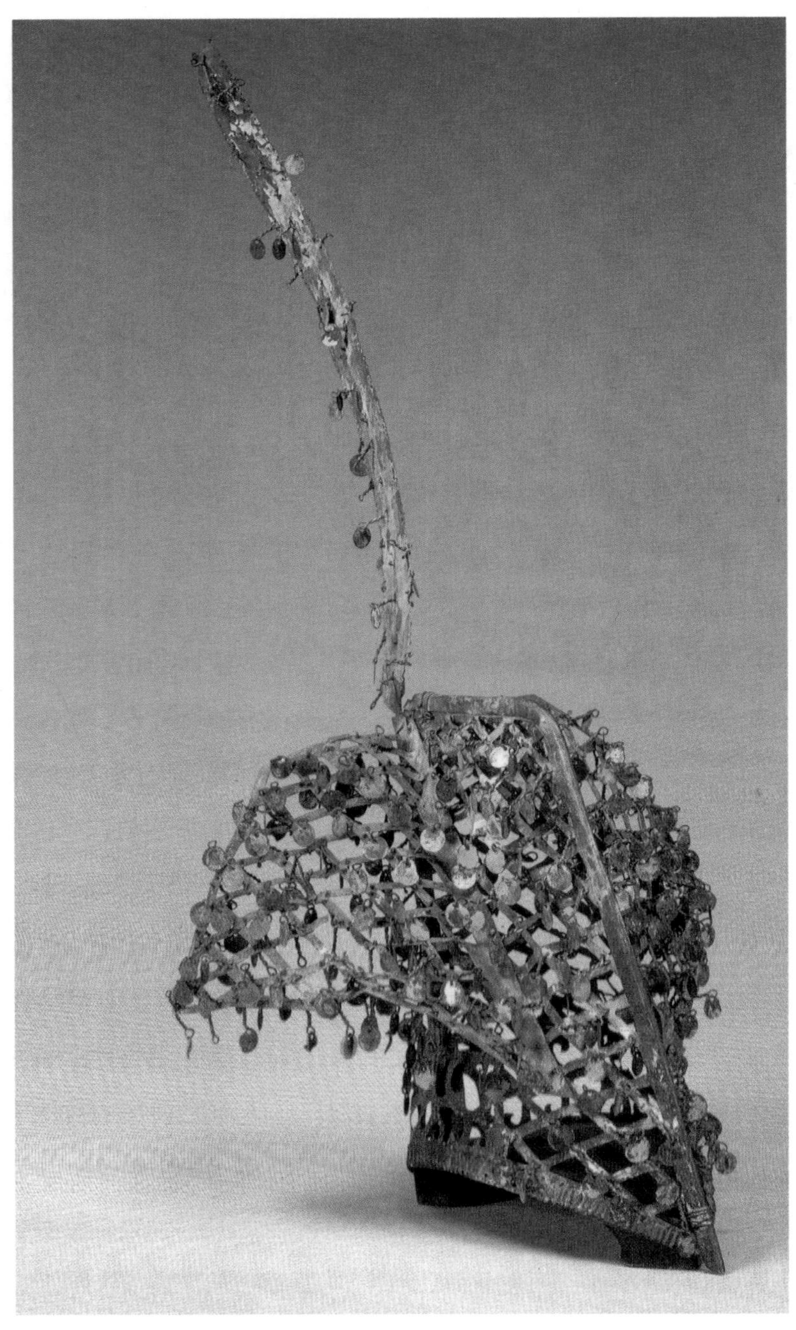

운영하다 1980년대 모두 도쿄국립박물관에 기증했다.

현재 도쿄국립박물관에 있는 오구라 컬렉션의 규모는 모두 1,110건이다. 그 가운데 대부분이 우리나라에서 약탈해 간 문화재들이다. 오구라 컬렉션은 신석기시대, 청동기시대 유물부터 삼국시대, 통일신라시대, 고려시대, 조선시대의 문화재들을 망라한다. 대가야 유물로 보이는 금관, 경남 창녕에서 출토된 고깔 모양의 금동관모(金銅冠帽), 각종 금제 장식 등 삼국시대의 고고 유물과 탑에 봉안됐던 사리장엄구와 의식용 불교 법구 등이 두드러진다.

도쿄국립박물관에서 발행한 『東京國立博物館 名品 100選』이라는 책을 보면 멋진 금동관모가 등장한다. 그 사진 밑에 적혀 있는 간단한 설명을 보면 이렇다. '5세기 후반~6세기 전반, 삼국시대, 경남 창녕 출토, 오구라(小倉) 컬렉션 기증.' 그 명품이 바로 우리가 약탈당한 문화재라는 사실이 안타깝게 다가온다.

오구라 다케노스케가 일본으로 불법 반출해 간 삼국시대 금동관모
도쿄국립박물관에 있다.

유출 문화재의 반환

1) 한일협정의 치욕

불법으로 약탈해 간 문화재는 원래 소유국으로 되돌려 주어야 한다. 하지만 국제사회는 이같은 기본적인 원칙을 잘 지키지 않고 있다. 그래서 우리도 약탈당한 문화재를 찾아오는 데 큰 어려움을 겪고 있다.

광복 이후 우리가 반환받은 문화재는 1만2,000여 점. 이 가운데 해외기관이 우리에게 기증한 것은 약 3,000점이고 정부 간 협약에 의해 반환받은 것은 3,500여 점 정도다. 나머지는 민간 차원에서 반환받은 것, 국공립 박물관이 돈을 주고 구입한 것, 민간이 구입해 기증한 것 등이 포함되어 있다. 어찌됐든 돌려받은 문화재는 약탈당한 문화재의 양에 비하면 지극히 미미한 수준이다.

광복 이후 문화재 반환은 한일협정을 계기로 시작되었다. 약탈 문화재 반환은 1965년 6월 한일협정을 체결하면서 함께 맺은 '한일 문화재 및 문화협력에 관한 협정'에 따라 1966년 5월 일제 약탈 문화재 일부가 돌아왔다. 한일협정 당시 한국 정부는 일제 조선총독부가 반출해 간 고분 출토품과 일본인이 개인적으로 약탈해 간 문화재 등 모두 4,479점의 문화재를 반환해 줄 것을 요구했다. 조선총독부가 반출해 간 고분 출토품 689점(도쿄국립박물관, 도쿄대 소장), 통감 및 총독이 반출해 간 도자기 103점, 데라우치(寺內) 총독이 소장한 서화 245점, 불상 8점, 통감부 전적 1,015점, 일본 국유에 해당하는 분묘 출토품과 체신 관련 문화재 758점, 오쿠라(小倉) 컬렉션 80점, 기타 개인 소장품 1,581점 등이었다.

그러나 일본은 개인 소유 문화재를 제외한 채 국유·공유 문화재 1,432점만 반환하고 더 이상은 돌려주지 않았다. 1,432점은 고고미술품 438점, 전적 852점, 체신 관련 자료 36점, 1958년 이미 반환받은 창녕 교동 고분군 출토품 106점이다. 당시 한국 정부가 강력히 반환을 요청했던 경남 양산 부부총 출토품 489점은 돌아오지 않았다. 소장처인 도쿄국립박물관의 반대 때문이었다. 조선왕조실록도 반환에 포함되지 않았다.

당시 우리 정부는 경제개발자금을 지원받는 데만 급급해 문화재 반환에 소극적인 태도로 일관하다 겨우 1,432점으로 문화재 반환 협상을 마무리지었다. 1,432점은 우리가 반환 요청한 문화재의 32%에 불과하다. 심지어 반환품에는 짚신 3켤레, 막도장 20개가 포함되어 있었다. 그야말로 굴욕적인 반환이 아닐 수 없다. 이같은 결과는 당시 한국 정부의 안일한 대응 탓이었다.

어쨌든 한일협정 체결로 인해 한일 정부 간 협상이 서류상 일단락된 셈이 되었고, 이후 일본 정부와의 협상을 통해 약탈 문화재를 반환받는다는 것은 매우 어려운 일이 되었다. 한일협정 이후 문화재 반환이 거의 이뤄지지 않다가 1990년대 들어서면서 반환이 조금씩 활성화되었다.

정부 간 협상에 의한 반환이 어렵다 보니 대체로 민간 차원의 반환이 주종을 이루었다. 이어 2000년대 들어 외규장각 약탈도서 반환, 일본 궁내청 소장 왕실도서 반환 등 정부 간 협상에 의한 반환이 하나둘 성사되고 있다. 그러나 정부나 민간 협상만으로는 한계가 있을 수밖에 없다. 따라서 최근엔 기증, 구입, 구입을 통한 기증 등의 형식으로 유출 문화재를 환수해 오는 경우가 많이 늘었다. 다양한 계층이 다양한 방식으로 환수 운동에 참여한 결과라고 할 수 있다.

2) 유출 문화재 반환

이같은 상황이라서 일본 정부와의 협상을 통해 약탈 문화재를 반환받는다는 것은 매우 어려운 일이 되어 버렸다. 한일협정 이후 문화재 반환이 거의 이뤄지지 않다가 1990년대 들어 조금씩 반환이 이뤄졌다.

그런데 약탈 문화재 반환은 대부분 정부와 민간의 공동 협상 또는 민간 차원에서 이뤄진 것들이다. 위에서 말한 것처럼 정부 대 정부의 협상만으로는 어려움 때문이다. 그래서 순수하게 정부 간 협상에 의해 문화재가 반환된 경우는 그리 많지 않다. 1991년 도쿄국립박물관 소장 영친왕 영친왕비 복식과 장신구 반환(한국-일본), 2007년 미국 해군사관학교박물관 소장 수자기(帥字旗) 반환(한국-미국), 2011년 국립프랑스도서관 소장 외규장각 도서 반환(한국-프랑스), 2011년 일본 궁내청 소장 조선왕실도서 반환 등이다.

약탈 문화재, 유출 문화재가 우리 품으로 돌아오는 과정을 살펴보면 정부 간 협상에 의한 반환, 민간과 정부의 공동 노력에 의한 반환, 순수 민간 협상에 의한 반환, 공공의 구입을 통한 환수, 해외 소장자의 기증을 통한 환수, 해외 소장자(기관 포함)의 대여(또는 영구 대여)를 통한 환수, 민간의 구입과 기증을 통한 환수 등으로 나누어 볼 수 있다.

얼굴무늬수막새

– 비약탈 문화재, 개인 기증(1972년)

신라 얼굴무늬수막새(7세기)는 일본인 소장자가 기증함에 따라 다시 우리 품으로 돌아온 문화재다. 신라 얼굴무늬수막새는 1932년 경북 경주 사정동 영묘사 터에서 발견됐다. 얼마 뒤 경주 시내의 일본인 골동상에게 넘어갔고, 경주의 야마구치(山口) 의원에서 공중의로 일하던 일본인 다나카 도시노부(田中敏信)가 100원을 주고 이 와당을 구입했다. 1940년 다나카는 일본으로 돌아가면서 얼굴무늬수막새도 함께 가져갔다. 얼굴을 새긴 유일한 수막새가 고향땅을 떠난 것이다. 1960년대 박일훈 국립박물관 경주분관장이 수소문 끝에 얼굴무늬수막새의 소재를 확인했고, 다나카에게 편지를 보내 얼굴무늬수막새를 기증해 달라고 부탁했다. 박 관장의 정성에 감복한 다나카는 1972년 10월 직접 국립경주박물관을 찾아와 와당을 기증했다.

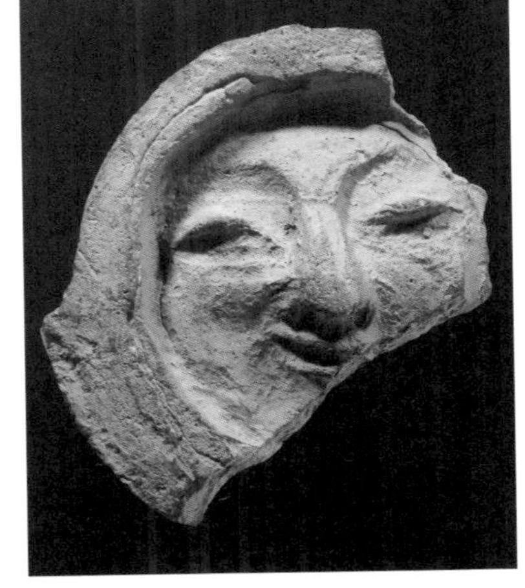

신라 얼굴무늬수막새
국립경주박물관 소장

조선왕실 국새와 어보

– 약탈 문화재, 민간의 구입과 기증(1987년)

6·25전쟁 때 미군 병사들이 종묘(宗廟)에서 불법 반출해 간 것으로 추정되는 조선왕실 국새(國璽)와 어보(御寶)도 지속적으로 반환되고 있다. 불법으로 넘어간 어보가 처음 국내로 돌아온 것은 1987년. 미국 스미스소니언 자연사박물관에서 일하던 민속학자 조창수는 당시 고종 어보 등이 경매에 나왔다는 소식을 듣곤 교포들과 힘을 합쳐 어보 4과와 다른 문화재를 구입한 뒤 국립중앙박물관에 기증했다.

영친왕 영친왕비 복식

– 비약탈 문화재, 정부 간 협상에 의한 반환(1991년)

1991년 한일 정부 간 협상에 의해 도쿄국립박물관에 보관되어 있는 영친왕 영친왕비 복식과 장신구 295점이 한국에 돌아왔다. 이 유물들은 영친왕비 이방자(李方子) 여사가 일본에 거주할 때 소장하고 있었으나 관리의 어려움 때문에 도쿄국립박물관에 보관했었다. 현재는 국립고궁박물관이 소장 전시하고 있다.

자선당 석축 유구

– 약탈 문화재, 민간 협상에 의한 반환(1996년)

1996년 경복궁 자선당 건물의 석축이 돌아왔다. 1915년 일본 도쿄로 자선당 건물을 불법 반출한 오쿠라 기하치로는 이곳에 '조선관(朝鮮館)'이라는 간판을 달고 미술관으로 사용했다. 그러나 1923년 관동대지진 때 목조 건물이 불타 버리고 기단부인 석축만 남게 되었다. 그후 자선당의

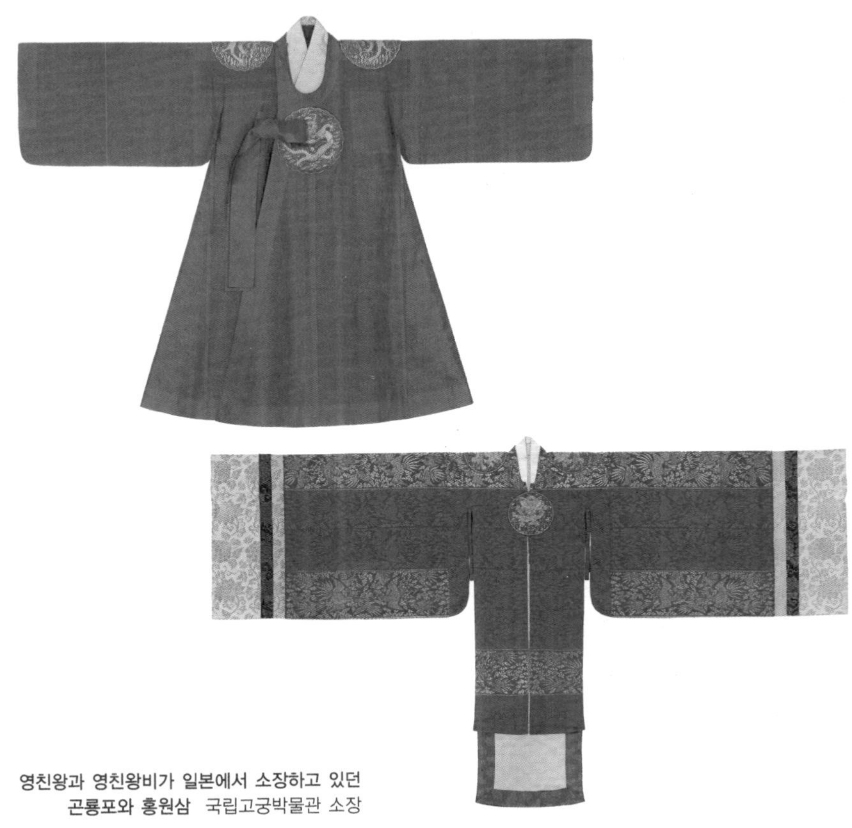

영친왕과 영친왕비가 일본에서 소장하고 있던 곤룡포와 홍원삼 국립고궁박물관 소장

존재는 사람들의 기억 속에서 잊혀져 갔다. 그러던 중 1993년 건축사학자인 김정동 당시 목원대 교수가 일본 도쿄의 오쿠라(大倉)호텔 경내에 이 석축이 방치되어 있다는 사실을 확인했다. 김 교수의 노력에 힘입어 자선당 기단부 석축은 1996년 국내로 돌아왔다. 하지만 이 석축은 오랫동안 방치된 탓에 훼손 상태가 매우 심각했다. 자선당 복원에 활용할 수 있는 상황이 아니었다. 따라서 자선당 복원에는 사용하지 못하고 경복궁 건천궁 뒤편에 별도로 보존해 놓고 있다.

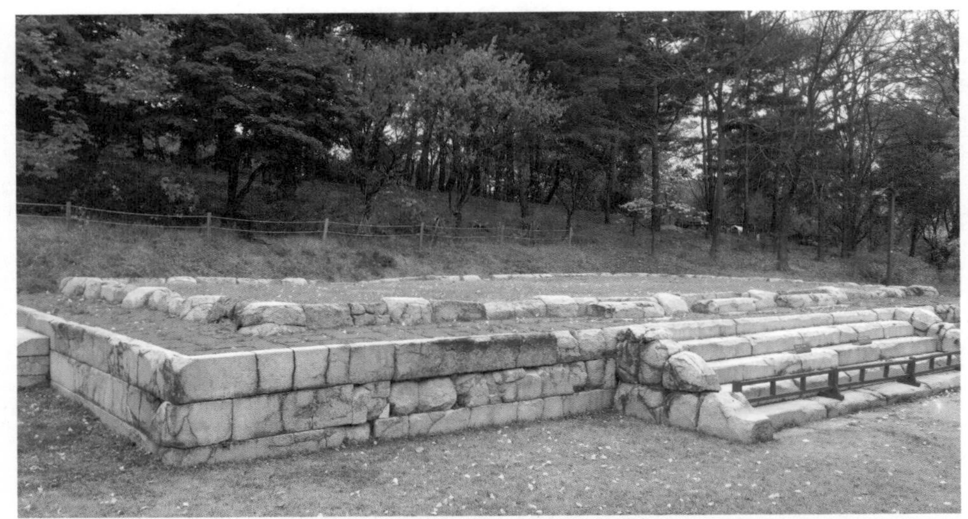

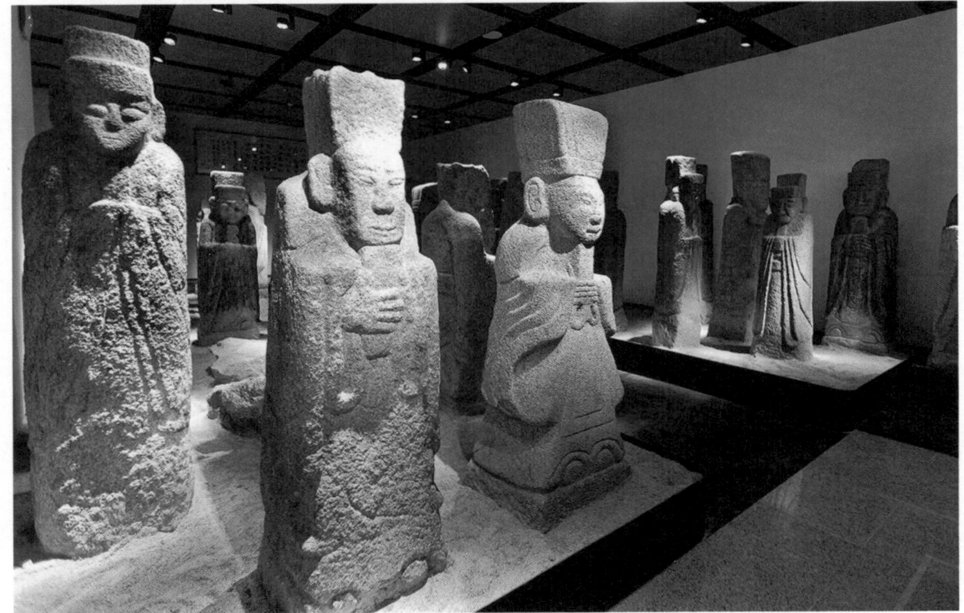

▲ **일제강점기 때 불법 반출되었다 1996년에 돌아온 경복궁 자선당의 석축** 지금은 경복궁 건청궁 뒤편 야외에 전시 중이다. ▼ **2001년 기증 형식으로 일본에서 되찾아온 조선시대 능묘 석물들** 우리옛돌박물관 소장

야마구치 문고

– 약탈 문화재, 대학기관의 기증(1996년)

1996년 일제감정기 때 데라우치 총독이 약탈해 간 데라우치 문고를 일본의 야마구치(山口)여자대학이 경남대학에 기증했다. 이때 돌아온 것은 의궤, 문서, 편지, 그림, 시, 탁본 등 1,995점이다.

조선시대 능묘 석물

– 약탈 문화재, 개인 기증(2001년)

석조문화재 컬렉터인 우리옛돌문화재단 천신일 이사장은 2000년 일본인 컬렉터 구사카 마모루(日下守)가 조선 석조물을 소장하고 있다는 사실을 알게 되었다. 천 이사장은 여러 차례 일본으로 찾아가 소장자를 만나 끈질기게 설득하고 주변 사람들과 함께 외교 협상을 펼친 끝에 결국 소장자의 마음을 움직였다. 그 과정을 거쳐 2001년 소장품 가운데 상태가 양호하고 조각 기술이 뛰어난 문인석 63점과 무인석 1점, 동자석 6점 등 70점을 환수해 왔다.

북관대첩비

– 약탈 문화재, 민간 정부 간 공동협상에 의한 반환(2005년)

2005년엔 북관대첩비가 돌아왔다. 북관대첩비는 임진왜란 때 정문부(鄭文孚)를 대장으로 한 함경도 의병이 왜군을 물리친 것을 기리기 위해 1707년 숙종의 명에 따라 함북 길주(현재의 김책시)에 세운 전공비다. 이 비석을 1905년 러일전쟁 당시 일제가 일본으로 약탈해 가 도쿄 야스쿠니(靖國) 신사 구석진 곳에 방치해 놓았다. 이후 오랫동안 사람들의 기억

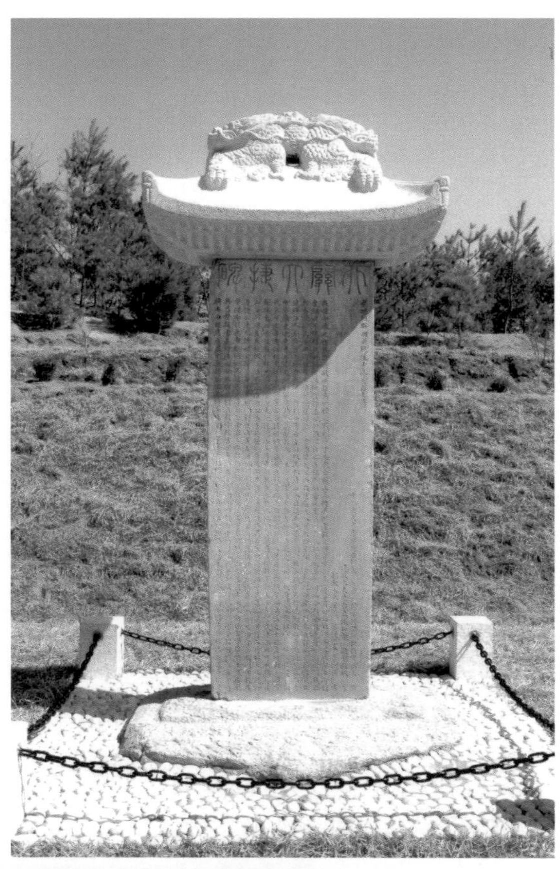

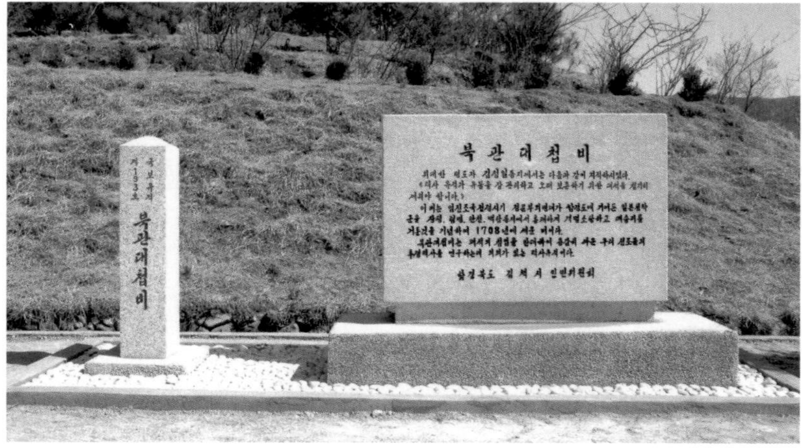
국보유적
제193호
북관대첩비
북관대첩비
함경북도 김책시 인민위원회

속에서 잊혀졌다가 1970년대 재일 사학자 최서면 씨가 이를 확인함으로써 세상에 널리 알려지게 되었다. 그리고 1980년대부터 이를 되찾아 오려는 노력이 진행되었다.

정문부의 후손, 전통문화계 사람들의 노력이 이어졌고, 한일 불교계의 적극적인 노력에 의해 2005년 고국땅으로 돌아오게 되었다. 이 비는 국내로 돌아온 뒤 문화재연구소에서 세척 및 보존처리를 거쳐 2006년 3월 1일 북한의 원위치인 함북 길주(현재 김책시)로 옮겨졌다. 약탈 문화재를 되찾아온 뒤 원래 위치인 북한 땅으로 다시 옮겨진 것은 이 북관대첩비가 유일한 경우다. 그래서 더욱 뜻깊은 반환 사례라고 할 수 있다.

겸재 정선 화첩

– 비약탈 문화재, 민간 협상에 의한 반환(2005년)

2005년 10월 독일 오틸리엔 수도원에 있던 『겸재 정선 화첩』이 우리나라에 돌아왔다. 이 화첩은 920년대 오틸리엔 수도원장이었던 노르베르트 베버 신부(1870~1956)가 수집한 것이다. 베버 신부는 1925년 두 번째로 한국을 찾아 금강산을 기행했으며, 이 무렵 정선의 그림들을 수집해 화첩으로 꾸민 것으로 추정된다. 베버 신부 귀국 후 오틸리엔 수도원 박물관이 소장했다.

이 화첩은 1975년 한국에 그 존재가 알려졌으며 1990년대 독일 유학 중이던 왜관수도원 소속 선지훈 신부가 오틸리엔 수도원 측에 화첩의

북관대첩비 현재 모습과 안내표석 북관대첩비는 일본에서 반환된 뒤 원래 위치인 북한 함경북도 길주(현재 김책시)로 돌아갔고 북한은 북관대첩비를 북한 국보로 지정했다.

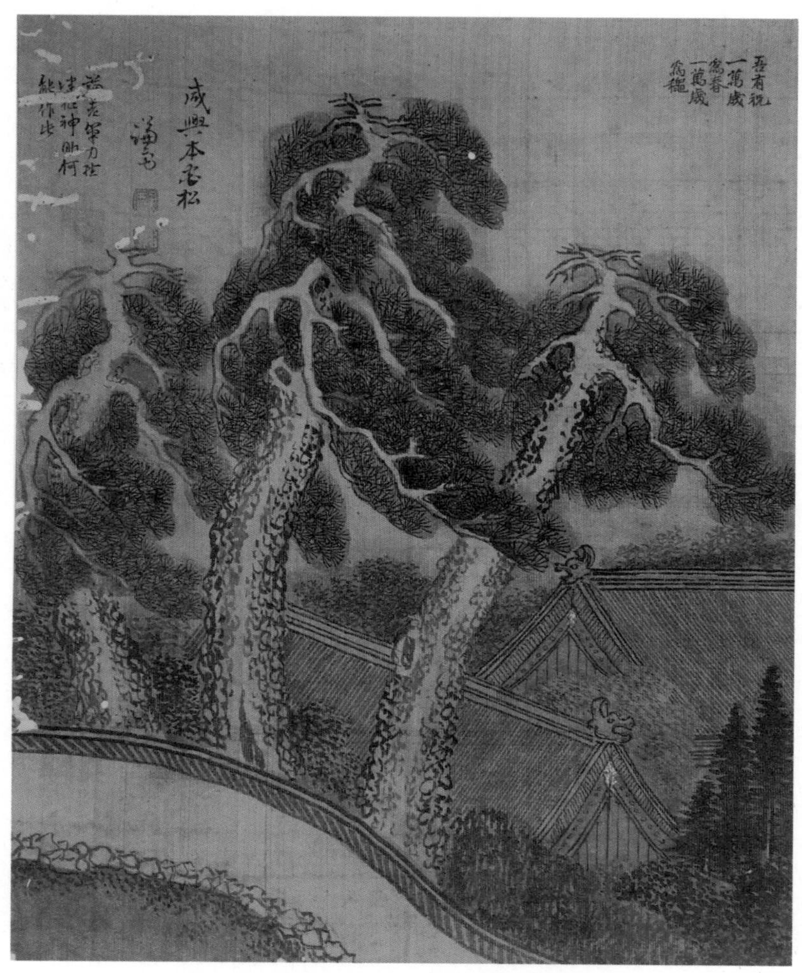

『겸재 정선 화첩』에 들어 있는 〈함흥본궁송도(咸興本宮松圖)〉

한국 반환을 타진했다. 오랜 준비작업 끝에 수도원의 결단을 이끌어 냈고 오틸리엔 수도원이 경북 칠곡의 왜관수도원에 영구 대여했다. 현재는 국립중앙박물관에서 보관하고 있다.

오대산사고본 조선왕조실록

– 약탈 문화재, 민간 협상에 의한 반환(2006년)

1913년 일제가 약탈해 가 도쿄대가 소장하고 있던 조선왕조실록 오대산 사고본이 불교계와 시민단체의 노력에 힘입어 2006년 6월 우리 품으로 돌아왔다. 1913년 조선총독 데라우치는 오대산사고본 조선왕조실록을 기증이라는 명목으로 도쿄대에 불법 반출했고 이후 1923년 관동대지진으로 이 가운데 상당수가 불에 타 없어졌다. 관동대지진에서 살아남은 47책을 도쿄대로부터 돌려받은 것이다. 도쿄대는 약탈 문화재라는 사실을 애써 감추기 위해 서울대에 '기증'이라는 형식으로 조선왕조실록을 돌려주었다. 오대산 사고본은 우리에게 반환된 이후 국보 151호로 추가 지정되었고, 서울대 규장각이 소장 관리해 오다 현재는 국립고궁박물관이 소장하고 있다.

선무공신 김시민 교서

– 유출 과정 불명, 시민들의 구입과 기증(2006년)

2006년 선무공신(宣武功臣) 김시민 교서(金時敏 敎書)가 국내에 돌아왔다. 이 교서는 선조 임금이 진주대첩을 지휘한 진주 목사 김시민에게 하사한 것이다. 이것은 김시민 종가에서 보관하다 일제강점기 때 일본으로 유출되었다. 이후 그 존재가 잊혀졌으나 2005년 11월경 일본의 고미술품 경매시장에 출품되면서 다시 알려지게 되었다. 이후 국민들이 모금운동을 전개했고 그 결과 교서를 구입해 국내로 들여왔으며 현재 국립진주박물관이 소장하고 있다. 국민 모금을 통해 환수한 최초의 문화유산이다.

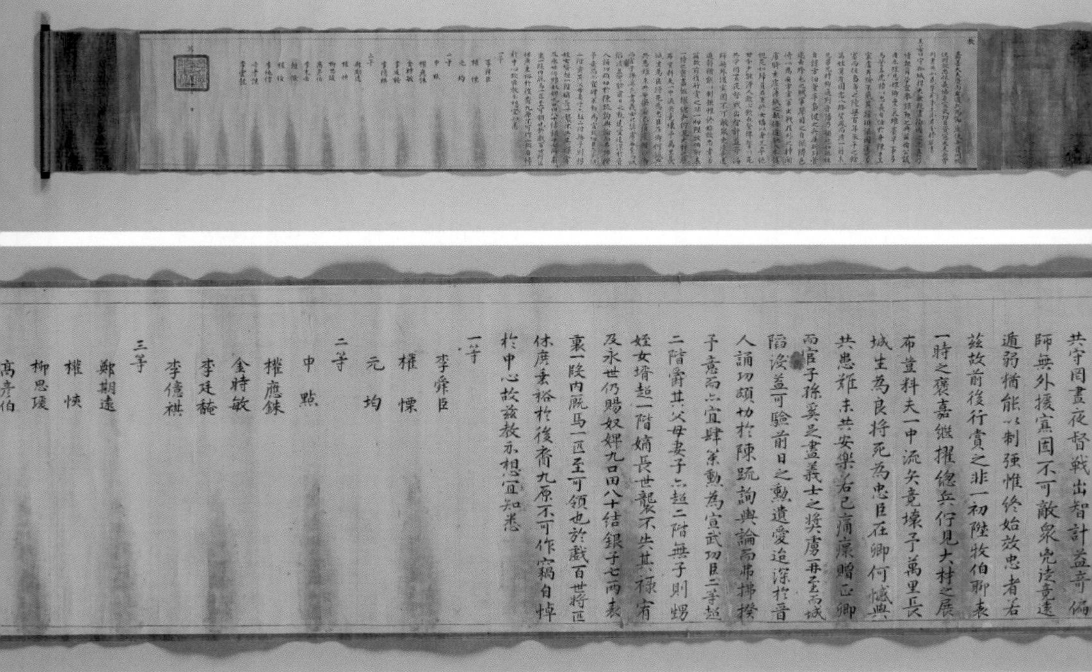

김시민 선무공신 교서 국립진주박물관 소장

어재연 장군 수자기

– 약탈 문화재, 정부 간 협상에 의한 반환(2007년)

1871년 신미양요 때 미국이 전리품으로 약탈해 간 수자기(帥字旗)가 2007년 고국땅에 돌아왔다. 이 수자기는 조선군 지휘관인 어재연(1823~1871) 장군의 군기였다. 주로 군부대 훈련장이나 숙소에 걸어두던 것이다. 누런 바탕에 장군이란 의미의 帥자가 쓰여 있어 '수자기'로 부른다. 이 수자기는 미국 매릴랜드주 애나폴리스의 미해군사관학교 박물관에 보관되어 있다가 미국과 우리 정부(문화재청)의 반환 협상 끝에 10년간

장기대여 형식으로 우리나라에 돌아왔다.

공혜왕후 어보

– 약탈 문화재, 공공기관의 구입과 기증(2011년)

2011년 6월 문화유산국민신탁은 국내 경매에 나온 성종비 공혜왕후 어보를 구입해 국립고궁박물관에 무상 양도했다. 6 · 25전쟁 무렵 미군에 의해 미국으로 불법 유출되었다 경매 당시 한국에 들어온 것이다. 국내의 한 소장가가 1987년 뉴욕 크리스티 경매에서 약 18만 달러에 구입한 뒤 국내에 들여와 경매에 내놓은 것이었다. 당시 낙찰가는 4억 6,000만 원.

외규장각 약탈도서

– 약탈 문화재, 20년에 걸친 정부 간 협상에 의한 반환(2011년)

1866년 프랑스가 병인양요 때 약탈해 간 외규장각 도서 191종 297권이 2011년 반환되어 돌아왔다. 1991년 반환 협상을 시작한 지 20년 만의 일이다. 약탈 문화재임이 명백함에도 프랑스는 맞교환(등가교환) 방식을 요구했고, 이로 인해 협상이 오랜 난항을 겪어야 했다. 그 과정에서 한국 시민단체가 프랑스 정부를 대상으로 행정소송을 제기하고 르몽드 신문에 불법 약탈 광고를 냈었다. 5년 단위 임대(계약 연장) 방식으로 한국에 돌아왔으며 임대 형식으로 반환받는 것에 대해 찬반 논란이 일기도 했다.

일본 궁내청 조선왕실 도서

– 약탈 문화재, 민간과 정부 공동협상에 의한 반환(2011년)

2011년 12월 일제강점기에 반출돼 일본 궁내청이 소장하고 있던 도서 150종 1,205책이 100여 년 만에 고국으로 돌아왔다. 이들 도서의 귀환은 1998년 문화재청이 궁내청 도서 현지조사를 시작한 지 13년, 조선왕실의궤환수위원회가 2006년 의궤 반환운동을 시작한 지 5년 만의 결실이었다.

대한제국 국새와 고종 어보

– 약탈 문화재, 정부 간 협상에 의한 반환(2014년)

2014년 버락 오바마 미국 대통령이 한국을 방문하면서 미국 국토안보부가 소장하고 있던 어보와 국새를 우리에게 반환했다. 이때 돌려준 것은 순종 황제가 고종에게 태황제라는 존칭을 올리며 제작한 〈수강태황제보(壽康太皇帝寶)〉 어보, 고종이 대한제국을 선포하고 제작한 국새 〈황제지보(皇帝之寶)〉 등 9과였다. 이것들은 한국전쟁 참전 미군이 덕수궁에서 불법 반출했다가 2013년 11월 미국 수사국에 압수됐다. 이후 한미 양국의 공동 조사 결과, 조선왕실과 대한제국 인장으로 드러났고 이에 따라 미국이 우리에게 돌려준 것이다.

덕종 어보

– 약탈 문화재, 민간과 정부의 공동 협상에 의한 반환(2015년)

2015년 4월 덕종어보가 미국에서 돌아왔다. 덕종어보는 1471년 조선 제9대 임금 성종이 일찍 돌아가신 아버지를 기리며 '온문 의경왕

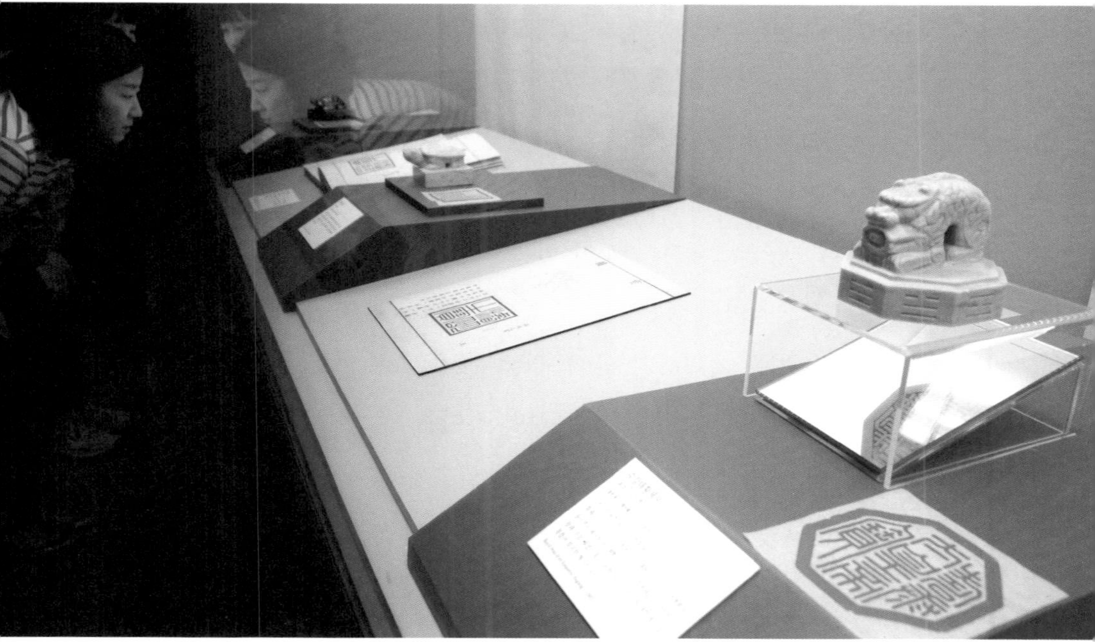

2014년 미국이 반환한 어보를 국립고궁박물관에서 전시하는 모습

(溫文 懿敬王)'이라는 존호를 올리기 위해 제작한 것이다. 미국 시애틀미술관의 이사이자 후원자인 스팀슨이 1962년 뉴욕에서 구입해 1963년 시애틀미술관에 기증한 것이다. 한국 문화재청은 어보가 정상적인 방법으로 국외에 반출될 수 없는 유물이란 점을 들어 2014년 7월부터 시애틀미술관 측에 반환을 요청했다. 시애틀미술관도 긍정적 적극적인 태도로 협상에 참여했고, 이사회와 기증자 유족의 승인을 얻어 2014년 11월 한국에 반환하기로 결정했다.

그러나 2017년 8월 국립고궁박물관 주최 〈다시 찾은 조선왕실의 어보〉 전시를 계기로 덕종어보는 1471년 제작된 진품이 아닌 1924년 일제강점기에 다시 제작한 것이라는 사실이 확인되기도 했다.

문정왕후 어보와 현종 어보

– 약탈 문화재, 민간과 정부의 공동 협상에 의한 반환(2017년)

2017년 7월 문정왕후 어보와 현종 어보가 돌아왔다. 문정왕후 어보는 1547년 중종비 문정왕후에게 '성렬대왕대비(聖烈大王大妃)'의 존호(尊號)를 올리는 것을 기념하기 위해, 현종어보는 1651년 현종이 왕세자에 책봉되는 것을 기념하기 위해 제작한 것이다. 두 어보는 모두 미국 로스앤젤레스에 거주하는 개인 소장자가 일본에서 구입해 미국으로 가져간 것이라고 한다. 이 가운데 문정왕후 어보는 2000년 로스앤젤레스카운티미술관(LACMA)이 구입해 소장해 왔다.

시민단체 '문화재제자리찾기'는 2010년부터 문정왕후 어보 반환운동을 펼쳤고 3년간의 노력 끝에 2013년 9월 LACMA로부터 반환 약속을 받아냈다. 또한 현종 어보는 문화재청의 요청에 따라 2013년 미국 국토안보수사국(HSI)가 압수해 보관해 왔다. 두 어보에 대한 미 당국의 수사절차는 2017년 6월 마무리되었다. 한 달 후인 7월 문재인 대통령이 미국을 방문하고 귀국하는 길에 대통령 전용기 편으로 고국땅에 돌아왔다.

고려 금동불감

– 불법 반출, 민간의 구입과 기증(2018년)

2018년 1월 '국립중앙박물관회 젊은 친구들(YFM)'이 고려 금동불감(佛龕)과 불상을 구입해 국립중앙박물관에 기증했다. 이 금동불감은 일제강점기 대구에 거주했던 고미술품 수집가 이치다 지로(市田次郎)가 일본으로 가져갔으며, 1980년대 후반 도쿄의 고미술상에게 넘어갔다고 한다. 그동안 국립중앙박물관 소장 유리건판 사진으로만 존재가 알려져 왔다.

유물을 기증한 국립중앙박물관회 젊은 친구들은 50세 이하 경영인들이 2008년 결성한 국립중앙박물관 후원 단체다. 지금까지 고려불감과 고려 나전경함 등 10건의 문화재를 기증했다.

을미의병장 김도화 책판

– 유출 과정 불명, 공공기관의 구입(2019년)

2019년 3월 '국외소재문화재재단'은 독일 경매에 출품된 김도화 책판을 문화재 환수기금으로 매입해 국내로 들여왔다. 이 책판은 을미의병 시 안동 지역 의병장으로 활약한 척암 김도화(1825~1912)의 〈척암선생문집책판(拓菴先生文集册板)〉 1,000여 장 가운데 한 장이다. 척암의 책판은 그동안 20장만 존재가 확인되었으며 한국국학진흥원이 관리하고 있다. 매입 과정에서 온라인 게임회사 라이엇 게임즈가 후원했다.

조선시대 능묘 문인석

– 불법 유출 문화재, 해외 소장기관의 기증(2019년)

독일 로텐바움 세계문화예술박물관(옛 함부르크민족학박물관)이 소장하고 있던 16세기 말~17세기 초 능묘의 문인석 한 쌍을 2019년 3월 한국에 반환했다. 로텐바움 세계문화예술박물관이 이 문인석들을 독일인 소장가로부터 구입한 것은 1987년이었다. 당시 박물관에 문인석을 판매

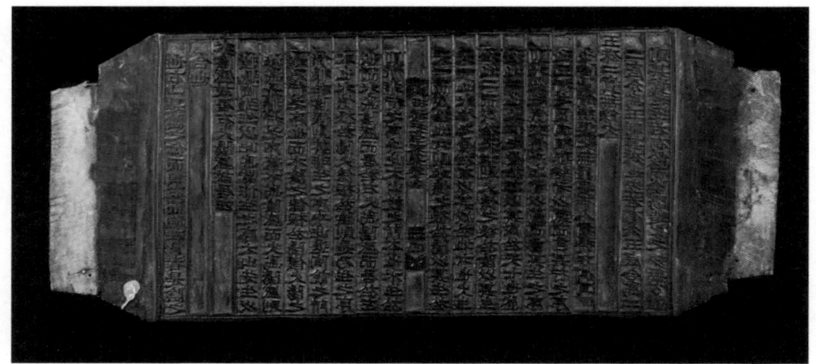

김도화 책판

한 독일인은 1983년 서울 인사동에서 구입해 독일로 들여왔다고 밝혔었다.

그러나 로텐바움 박물관 측은 문인석의 출처에 대해 다소 의심을 갖고 있었고, 2014~2016년 국립문화재연구소가 로텐바움 박물관 소장 한국문화재 실태조사를 계기로 문인석의 독일 반입 과정을 구체적으로 조사했다. 그 결과, 박물관에 문인석을 판매한 독일인이 1983년 이사용 컨테이너에 숨겨 문인석을 불법 반입한 사실을 확인했다.

이후 2017년부터 국외소재문화재재단은 로텐바움 박물관과의 논의를 진행했고, 2018년 3월 박물관 측에 반환을 공식적으로 요청했다. 로텐바움 박물관은 함부르크 주정부와 독일 연방정부를 통해 반환 절차를 밟아 2018년 11월 한국 반환을 최종 결정했다. 독일 박물관의 양심적 결정에 따른 자진 반환이라는 점에서 그 의미가 크다.

덕온공주 편지

– 유출 과정 불명, 공공기관의 구입(2019년)

조선의 마지막 공주 덕온공주가 쓴 〈덕온공주 집안의 한글자료〉가 2018년 11월 한국에 돌아왔다. 덕온공주는 조선 23대 임금 순조와 순원왕후의 셋째 딸. 덕온공주와 양아들, 손녀 등이 작성한 한글 책과 편지, 서예 작품 등 모두 68점이다. 『자경전기(慈慶殿記)』와 『규훈(閨訓)』 등은 덕온공주의 친필 서책으로, 덕온공주의 아름다운 한글 궁체가 돋보인다.

이 한글자료의 국내 환수는 국립한글박물관과 국외소재문화재재단의 공조 덕분이었다. 국립한글박물관은 해외에 있던 서책의 정보를 입수해 국외소재문화재재단에 알렸고 국외소재문화재재단은 해외 소장자와 협상을 진행해 매입했다.

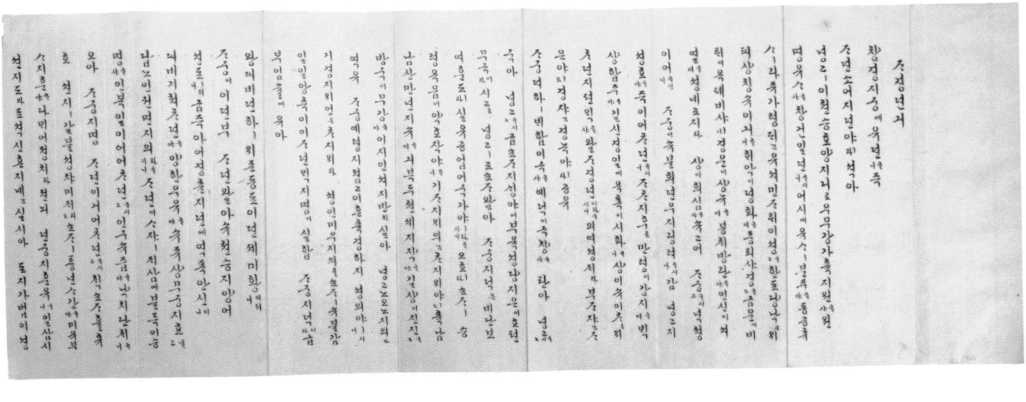

덕온공주 편지

3) 외규장각 약탈 도서 반환

약탈 문화재 반환 협상에 있어 가장 큰 어려움을 겪은 것 가운데 하나가 1866년 프랑스가 병인양요 때 약탈해 간 외규장각 도서였다.

외규장각은 1781년 정조가 강화도에 창덕궁 규장각의 부속시설로 설치했던 왕실 자료실이다. 1866년 강화도를 침략한 프랑스군은 불을 질러 외규장각을 파괴하고 귀중 도서 340여 권과 지도, 갑옷 등을 약탈해 갔다. 조선의 국운이 기울어가던 시절, 우리는 무기력하게 귀중한 사료를 빼앗겼고 세월이 흐르면서 그 존재는 잊혀져 갔다.

1950년대 프랑스 유학을 간 박병선(1923~2011)이라는 사학도가 있었다. 프랑스국립도서관 사서로 일하던 그는 1975년 프랑스국립도서관 베르사이유 분관 폐지 창고에서 이 외규장각 도서 가운데 297권이 있다는 것을 확인했다. 놀라운 발견이었다.

그 외규장각 도서 191종 297권이 2011년 반환되어 돌아왔다. 1993년 『휘경원원소도감의궤(徽慶園園所都監儀軌)』 상권이 돌아왔고 나머지 296권이 2011년 4월부터 5월 사이 네 차례로 나뉘어 조국땅에 돌아온 것이다. 프랑스군이 외규장각에서 약탈해 간 지 145년, 1991년 반환 협상을 시작한 지 2년 만의 일이다.

외규장각 도서 297권 가운데 294권은 조선왕실 의궤다. 의궤는 조선왕실에 중요한 행사가 있을 때 그 과정과 주요 의례절차 내용 등을 그림 중심으로 기록한 보고서 형식의 책이다. 조선시대의 정치사회상과 엄정한 기록 문화를 보여 주는 귀중한 사료다. 프랑스가 약탈해 간 의궤는 『가례도감의궤(嘉禮都監儀軌)』, 『존숭도감의궤(尊崇都監儀軌)』, 『장례도감의궤(葬禮都監儀軌)』, 『천릉천원도감의궤(遷陵遷園都監儀軌)』, 『친경의궤(親耕儀軌)』, 『영정도감의궤(影幀都監儀軌)』 등 조선 후기 정치와 문화의 흐름을 들여다보는 데 귀중한 자료들이다.

여기엔 어람용(御覽用, 임금이 볼 수 있도록 고급스럽게 제작한 것) 30권과 유일본 8권이 포함되어 있어 그 가치는 더욱 크다. 어람용은 종이도 고급지고 표지도 고운 녹색 비단으로 입혀 놋쇠 물림으로 장정을 한 것이어서 일반 의궤와는 질적으로 다르다.

외규장각 도서 반환 협상은 1991년으로 거슬러 올라간다. 1991년 10월 서울대 규장각이 외규장각 도서 반환 추진을 정부에 요청했다. 이에 따라 다음 달인 1991년 11월 외무부가 프랑스 외무부에 정식으로 반환을 요청하고 1992년 2월 접촉을 시작하면서 한국과 프랑스 사이의 반환 협상이 시작되었다.

그 무렵 중요한 변수의 하나로 등장한 것이 김영삼 정부의 고속철도(KTX) 건설 계획이었다. 당시 한국은 고속철도 개발 기술과 운영 시스템을 고속철도 선진국에서 도입해 와야 했다. 그 대상은 프랑스 테제베(TGV), 독일의 이체(ICE), 일본의 신칸센(新幹線)이었다.

프랑스 역시 한국의 고속철도 건설이라는 초대형 프로젝트에 지대한 관심을 갖지 않을 수 없었다. 그런 상황에서 한국 정부의 외규장각 도서 반환 요청에 맞닥뜨리게 된 것이다. 프랑스로서는 난감한 일이었다. 한국의 요청을 노골적으로 거부할 경우, 한국 국민의 감정을 자극해 프랑스 테제베가 한국의 고속철도 사업에 참여하는 데 커다란 장애물이 될 것이다. 그렇다고 해서 한국의 요청을 받아들일 경우, 프랑스에 문화재를 약탈당한 다른 국가들의 반환 요청에 직면하게 될 것이다. 프랑

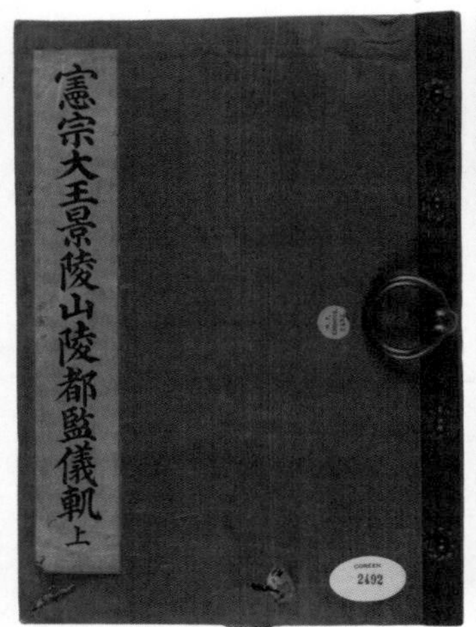

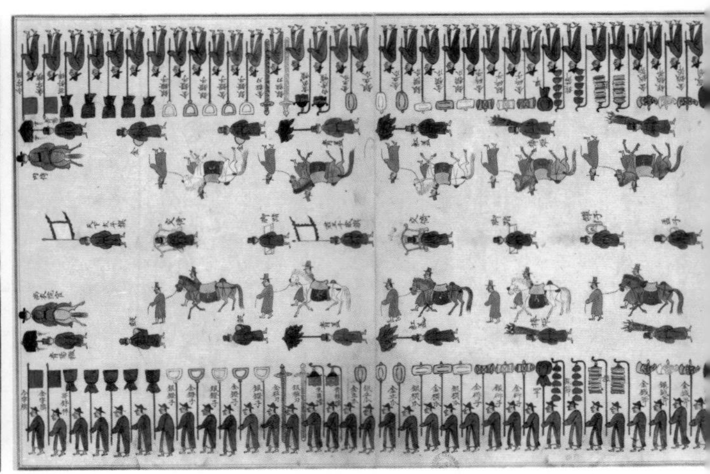

20년에 걸친 협상 끝에 프랑스로부터 반환받은 외규장각 의궤

스는 경우의 수를 계산하면서 이런저런 전술을 마련했다.

1993년 프랑스 미테랑 대통령이 한국을 방문했다. 9월 14일 미테랑 대통령은 한국-프랑스 정상회담에서 "외규장각 도서를 교류 방식으로 한국에 영구 임대하겠다"고 약속했다. 그리고 다음날인 9월 15일 『휘경원원소도감의궤』 상권을 김영삼 대통령에게 전달하고 외규장각 도서의 반환 의지를 상징적으로 표명했다. 『휘경원원소도감의궤』는 영구 대여(3년마다 기간 연장) 형식으로 반환된 것이다. 미테랑 대통령의 반환 의지 표명은 사실상 TGV가 한국 고속철도 사업자로 선정되도록 하기 위한 정치적 의도가 깔려 있는 행위였다. 그 동기야 어떠했든 외규장각 도서 반환 협상 시작 2년 만에 가시적인 성과를 내는 듯 보였다.

그러나 미테랑 대통령의 반환 의사 표명은 프랑스 내부의 강한 반대에 부닥쳤다. 프랑스국립도서관의 한 사서가 눈물을 흘리며 돌려줄 수 없다고 했다는 일화가 전해지면서 화제가 되기도 했다. 일부에서는 "프랑스에는 저토록 책을 아끼는 사서가 있는데 우리에게도 저런 사람이 있을까?"라고 말하기도 했다. 물론 이렇게 생각할 수도 있다. 하지만 프랑스 사서의 행위는 몰상식하고 파렴치한 행위였다. 프랑스군이 외규장각 도서를 불법적으로 약탈했다는 것은 만천하에 다 알려진 역사적 사실이다. 그것을 뻔히 알고 있는 도서관 사서라는 사람이 그런 행동을 했다는 것은 도저히 납득할 수 없는 일이다. 문화인의 순수한 행위가 아니라 정치적 쇼 같은 것이었다. 그런 행위를 놓고 도서관 사서의 열정 운운한다는 것은 참으로 한심한 일이 아닐 수 없었다. 하여튼 이런 일까지 일어날 정도로 프랑스 내부의 반대가 만만치 않았다.

사실 어찌 보면 이는 충분히 예측 가능한 일이었다. 프랑스가 애초부터 외규장각 도서를 진심으로 돌려줄 생각을 갖고 있지 않았기 때문이다. 게다가 프랑스는 TGV 수출 계약을 따냈고 더이상 한국에 외규장각 도서를 돌려줄 필요성이 사라진 것이다.

어쨌든 양국 정상회담 이후 실무협상이 본격적으로 진행되었다. 그 과정에서 프랑스는 외규장각 도서를 돌려주거나 대여하는 대신 그와 동일한 값어치의 문화재를 요구했다. 즉 '등가(等價) 교환, 맞교환'을 주장한 것이다. 프랑스 내부의 반대 여론과 프랑스 국내법 때문에 외규장각 도서만 한국에 돌려줄 수 없다는 말이었다.

우리 입장에서 보면 맞교환은 프랑스에 있는 외규장각 도서를 돌려받는 대신 우리가 갖고 있는 다른 외규장각 도서를 그들에게 빌려주는 식이다. 즉 우리 것을 주고 외규장각 도서를 돌려받겠다는 것이다. 이 같은 협상안은 굴욕적이라는 비판을 받았다. 전문가 대부분은 "유괴된 아이를 데려오기 위해 내 아이를 내주는 꼴이다. 프랑스의 문화재 약탈을 합법적으로 인정해 주는 것일 뿐 아니라 다른 해외 유출 문화재 환수에도 좋지 않은 선례를 남기는 것"이라고 비판했다. 차라리 돌려받지 않는 것만 못하다는 의견도 적지 않았다. 한국에서의 반대 여론이 비등해지자 맞교환 방식의 논의는 더이상 진행되기 어려워졌다. 그로 인해 1994년부터 외규장각 도서 반환 협상은 사실상 중단되었다. 간헐적인 논의가 있긴 했지만 상황의 변화에 아무런 영향을 미치지 못했다.

이후 김대중 정부 시절인 1999년 양국 정부는 한상진 한국정신문화연구원장과 자크 살루아를 교섭 대표로 위촉해 협상을 재개했다. 양국 대표단은 한-프 공동역사연구팀을 만들어 논의를 진행했고 2001년 합의에 도달했다. 프랑스에 있는 의궤 가운데 유일본 어람용 의궤 67권을 우선 한국에 대여하고 한국에 있는 고문서(여러 권의 복본이 있는 비어람용 의궤 등)를 장기 임대 형식으로 맞교환하자는 것이다. 세부 사항에 있어 차이는 있겠지만 큰 틀로 보면 여전히 맞교환 방식이었다. 이들의 합의는 엄밀히 말하면 협상을 위임받은 민간 차원의 합의였다. 따라서 이들의 합의문을 놓고 양국 정부가 공식적인 최종 판단을 내려야 하는 것이다. 협상 대표단은 이같은 내용으로 권고안을 작성해 양국 정부에 제출했다.

합의 내용이 알려지자 국내 여론은 비판적이었다. 우리 것을 주고 외규장각 도서를 받아온다는 것 자체가 받아들이기 어려웠다. 우리 것을 일정 기간 전시용으로 빌려줄 수는 있겠지만 맞교환은 프랑스의 약탈 행위를 합법화하는 것에 다름 아니다. 이것은 한국 정부가 애초에 반환 협상을 시작한 기본 취지에 위배되는 것이다. 게다가 다른 나라와의

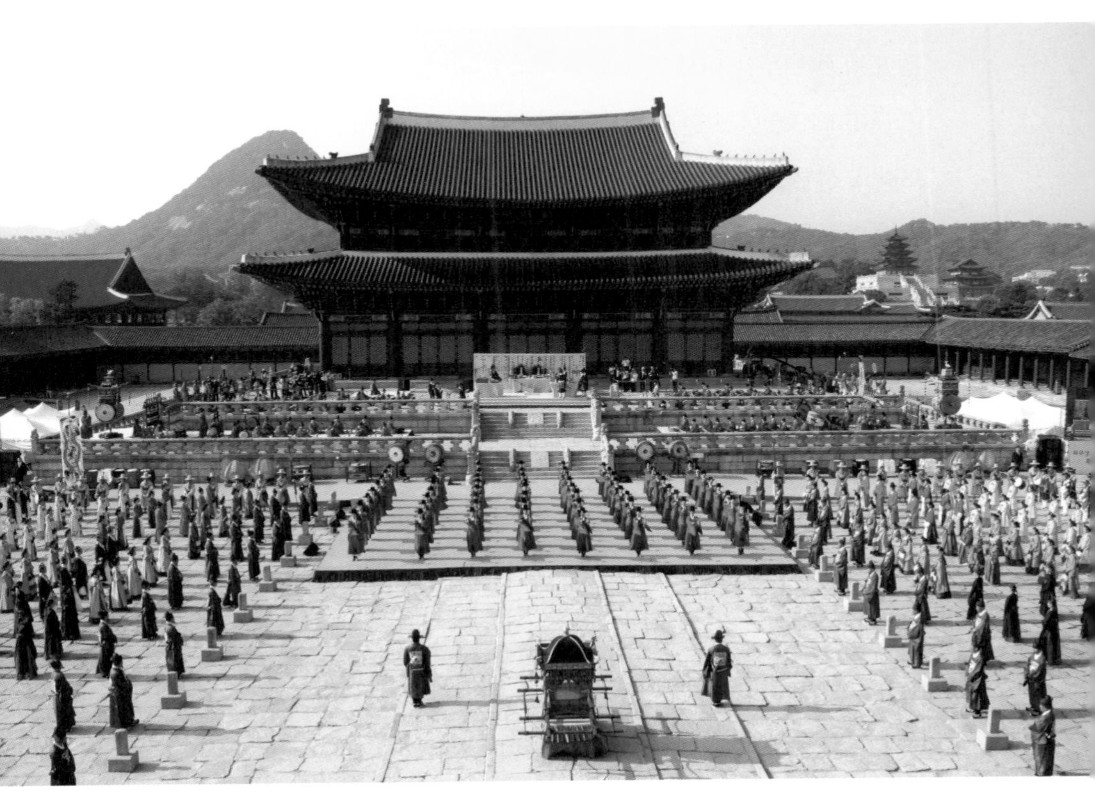

의궤 반환 환영 고유제 2011년 외규장각 의궤를 환영하는 고유제가 경복궁에서 열렸다.

문화재 반환 협상에 나쁜 선례를 남긴다는 비판이 그치지 않았다.

받아들일 수 있는 안이 아니었다. 2004년 결국 한국 정부는 이 권고안을 수용하지 않았고 협상은 무산된 것이다. 외규장각 도서 반환 협상은 또다시 어두운 터널 속으로 빠져들었다.

그러다 2007년 반환 협상 재개되었다. 같은 해 시민단체 문화연대는 프랑스 정부를 상대로 외규장각 도서 반환 소송을 제기하기도 했다. 그러던 중 2009년 변화의 조짐이 나타났다. 프랑스가 등가교환 맞교환에 대한 기존의 주장을 철회한 것이다. 중대한 변화였다. 가장 큰 걸림돌이 사라진 것이었다. 이에 맞춰 우리 정부는 외규장각 도서의 영구 대여를 프랑스에 공식 요청했다. 협상은 잘 진행되었다.

2010년 11월 주요 20개국(G20) 서울 정상회의에서 한국과 프랑스 정상이 '의궤 대여'에 합의하면서 반환 협상에 새로운 돌파구가 마련되었다. 이명박 대통령과 니콜라 사르코지 프랑스 대통령은 외규장각 도서 297권(『휘경원원소도감의궤』 상권 포함)을 5년마다 대여를 갱신하는 방식으로 사실상 한국에 반환하기로 합의했다. 대여에 대한 대가로 우리가 프랑스에 대여해 주는 것은 없다.

그런데 5년 단위로 대여를 하고 5년마다 갱신하는 방식을 놓고 논란이 일기도 했다. 우선 이같은 대여 방식에 대한 비판론을 보자.

"대여이기 때문에 소유권은 프랑스국립도서관에 있고 그렇기에 차후 예상치 못한 일이 발생할 수 있다. 사르코지 대통령이 돌려받을 의사가 없다고 했지만 5년마다 다시 계약을 맺을 때 어떤 일이 생길지 아무도 모른다."

하지만 이러한 방식이 가장 현실적이며 실질적이라는 견해가 많은 편이었다.

"5년마다 자동으로 갱신되고 이와 관련한 어떠한 예외 규정도 없기 때문에 이러한 대여는 실질적인 환수이다." "소유권 회복이나 반환은 우리가 외친다고 해서 되는 것이 아니다. 이런 대여 방식의 환수는 가장 현실적이고 합리적인 것이다. 그리고 물건이 돌아오는 것이기 때문에 사실상의 반환이다"라는 견해였다. 그리고 "이제 우리에게 실물이 넘어온 이상, 우리가 사실상의 소유권자이고 보수 보존 등의 작업에 있어 아무런 문제점이나 어려움이 없다. 프랑스가 소유권자라는 것은 그저 형식적인 사실에 불과할 따름이다"라고 바라보는 사람도 많았다. 또한 맞교환이 아니라는 점에서 이전의 협상 논의에 비해 진일보한 것이라는 평가도 적지 않았다.

어쨌든 외규장각 도서 반환은 약탈당한 문화재가 정부 간 협상을 거쳐 고국땅에 돌아왔다는 점에서 그 의미는 각별하다. 1965년 한일협정 이후 정부 차원의 협상으로 다량의 문화재를 돌려받은 것은 처음이었다. 그렇기에 비록 대여 형식의 반환이지만 약탈 문화재 반환 역사에 중요한 전기를 마련한 것이다. .

그럼에도 우리에겐 남은 과제가 있다. 1866년 프랑스군은 외규장각에 있던 지도, 족자, 옥책 등도 함께 약탈해 갔다. 외규장각 도서 297권 외에 프랑스군이 약탈해 갔던 다른 문화재에 대한 반환 협상도 지속적으로 진행되어야 한다.

4) 궁내청 조선왕실도서 반환

한일 관계에 있어 2010년은 매우 특별한 해였다. 우리가 국권을 상실한 지 100년 되던 해였기 때문이다. 그 해가 시작되면서 "일본은 한국 침략의 역사적 사실에 대해 진심으로 사과해야 한다. 그래야만 21세기 진정한 동반자가 될 수 있다"는 여론이 일었다. 국내는 물론 일본의 양심적인 지식인들 사이에서도 이같은 의견이 나오기 시작했다. 분위기는 사뭇 심각하고 진지했다.

2010년 5월 10일. 한일 강제병합 100년을 맞아 한국과 일본의 지식인 213명이 서울과 도쿄에서 '한일병합조약의 불법성과 원천 무효'를 선언하는 공동성명을 발표했다. 한국과 일본 지식인들의 이같은 움직임은 일본 정부에 압박으로 작용했다. 침략을 인정하고 사과하면서 동시에 그에 걸맞는 실질적인 행동을 취해야 한다는 여론이 펴져 나갔다. 일본 정부도 이를 외면만 할 수는 없었다. 그 실질적 행동 가운데 하나가 약탈 문화재 반환이어야 한다는 얘기들이 나왔다.

2010년 8월 10일 간 나오토(菅直人) 일본 총리가 담화에서 조선왕실 의궤 등 일본 궁내청 소장 도서를 반환하겠다고 밝혔다. 일본이 성의를 보인 것이라는 긍정적인 평가가 나왔지만 일본의 저의에 대한 우려의 목소리도 만만치 않았다. 이번 반환으로 불법 반출된 문화재 반환 문제를 일단락 지으려는 것은 아닌지 하는 우려였다. 즉 담화의 진정성이 부족하다는 것이었다. 문화재 반환도 중요하지만 이보다 더 중요한 것은 한국 침략에 대한 일본의 진심어린 사과였다. 그러니 진심의 사과는 하지 않고 문화재 반환으로 어물쩍 넘어가려고 해선 안 된다는 비판이었다.

이런 과정을 거쳐 2010년 10월 일본 정부는 조선왕실의궤 등 한반도에서 반출된 도서 1,205책을 한국에 돌려주기로 한국 정부와 합의하고 '한일도서협정'을 체결했다. "한반도에서 유래하는 도서 1,205책을 협정 발효 후 6개월 이내에 인도하며, 양국 간 문화교류 협력을 발전시키기 위해 서로 협력한다"는 내용이었다.

이렇게 해서 2011년 12월 일제강점기에 반출돼 일본 궁내청이 소장하고 있던 도서 150종 1,205책이 100여 년 만에 고국으로 돌아왔다. 1,205권 가운데 5권은 2010년 10월 19일 노다 요시히코(野田佳彦) 일본 총리가 한일정상회담 때 반환했고, 나머지 1,200권이 고국땅을 밟은 것이다. 이들 도서의 귀환은 1998년 문화재청이 궁내청 도서 현지 조사를 시작한 지 13년, 조선왕실의궤환수위원회가 2006년 의궤 반환운동을 시작한 지 5년 만의 결실이다.

1,205책은 모두 일본 궁내청의 왕실도서관인 쇼료부(書陵部)에 있던 것들이다. 당시 쇼료부에는 조선왕실의궤, 제실(帝室)도서 등 639종 4,678책이 있었다. 반환된 150종 1,205권은 조선왕실 의궤 81종 167책, 초대 조선통감 이토 히로부미(伊藤博文)가 규장각에서 반출해 간 도서 66종 938책, 『증보문헌비고(增補文獻備考)』 2종 99책, 『대전회통(大典會通)』 1종 1책 등.

이토는 1906~1909년 한일 관계 조사자료로 쓰겠다는 명분으로 규장각 소장본 33종 563권과 통감부 수집본 44종 465권 등 77종 1,028권을 일본으로 반출해 갔다. 이 중 11종 90권은 1965년 한일문화재협정에 따라 반환됐으며 『이충무공전서』, 『퇴계언행록』 등 나머지 66종 938권

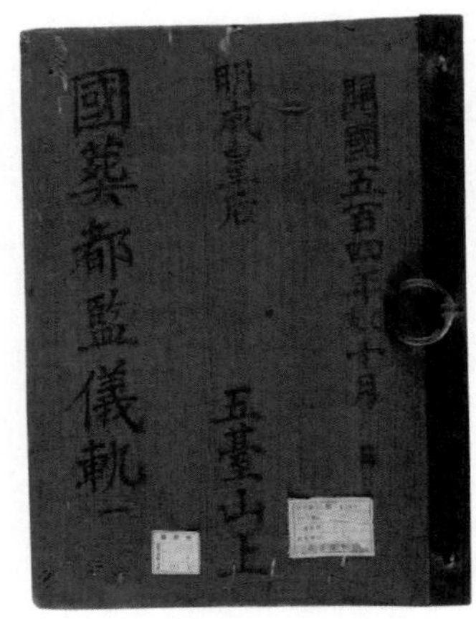

일본으로부터 반환받은 『명성황후국장도감의궤』

이 2011년 12월 반환됐다. 이토가 반출해 간 도서 가운데 『국조통기(國朝通紀)』, 『무신사적(戊申事績)』, 『갑오군정실기(甲午軍政實記)』, 『강연설화(講筵說話)』, 『청구만집(靑邱漫輯)』, 『을사정난기(乙巳定難記)』, 『갑오군정실기(甲午軍政實記)』 등은 국내에 없는 유일본으로 추정된다. 그만큼 학술적 연구 가치가 높다는 말이다.

조선왕실의궤는 조선총독부가 1922년 5월 일본 궁내청에 기증한 80종 163권과 궁내청이 구입한 1종 4책이다. 의궤에는 명성황후의 장례식 과정을 꼼꼼히 기록한 『명성황후 국장도감의궤』, 1903년 고종의 순비 엄씨를 황귀비로 봉하는 의식을 기록한 『진봉황귀비의궤』, 1901년 9월 순비 엄씨를 고종의 계비로 책봉하는 과정을 기록한 『책봉의궤』 등이 포함돼 있다. 궁내청이 구입한 1종 4책은 『진찬의궤(純元王后 六旬賀宴)』다.

『대전회통』은 고종 때인 1865년 왕명에 따라 만들어진 조선시대

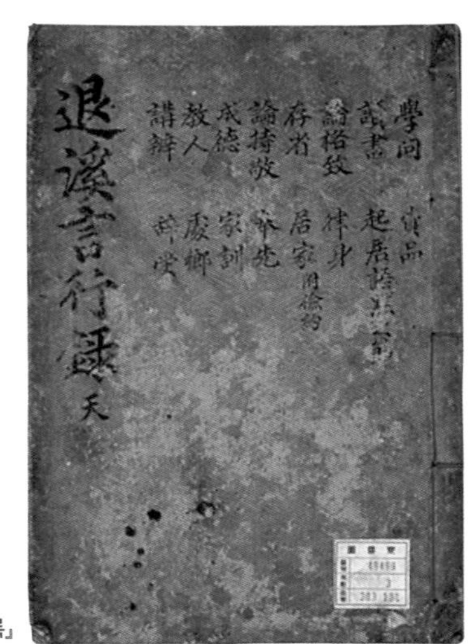

일본으로부터 반환받은 『퇴계언행록』

마지막 법전이다. 『경국대전』의 내용을 기본법으로 삼고 『속대전』과 『대전통편』 등의 입법 규정 내용을 비교하며 현실에 맞게 내용을 보완한 책이다. 『증보문헌비고』는 18세기 백과사전 『동국문헌비고』를 고쳐 1908년 간행한 전통문화 백과사전으로, 제도 문물 연구에 귀중한 자료로 평가받는다.

그러나 일본의 문화재 반환 과정이 그리 유쾌한 것만은 아니다. 진심 어린 사과의 마음이 담겨 있지 않았기 때문이다. 문화재의 반환이 아니라 인도라는 애매한 표현을 택한 것이 그 단적인 반증이다. 엄밀히 말하면 약탈을 인정하지 않는다는 것이다. '한반도에서 유래한 도서'라는 표현도 기분 나쁜 표현이다. 또한 일본 정부의 문화재 반환은 지식인들의 여론에 떠밀려 이뤄진 협의가 짙다. 1965년 한일협정에 따른 반환이 있었기에 법률적으로 한국에 문화재를 돌려줄 의무가 있는 것은 아니어서 '인도' 라는 용어를 쓰겠다는 식이었다.

그럼에도 이 반환은 약탈 문화재 반환의 역사에서 진전된 것임에 틀림없다. 그동안 어렵게만 느껴졌던 정부 차원의 반환이었기에 그 의미가 크다고 할 수 있다. 그러나 냉정하게 보면 이 반환은 민간과 정부의 공동 노력에 의한 성과라고 말해야 옳을 것이다. 1998년부터 국립문화재연구소 등을 중심으로 일본 소재 한국 전적류 문화재 실태를 꾸준히 조사해 데이터베이스를 구축해 놓은 것이 매우 중요한 역할을 했기 때문이다. 여기에 2006년 불교계를 중심으로 조선왕실의궤환수위원회를 설립해 환수운동을 전개한 것이 큰 힘이 되었다. 따라서 민관 공동 노력에 의한 약탈 문화재 환수의 모범 사례로 기록될 것이다.

약탈 문화재 반환을 보는 눈

2012년 10월, 일군의 한국인들이 일본 나가사키(長崎)현 쓰시마(對馬)시 간논지(觀音寺)의 불상 창고에 침입했다. 이들은 대담하게도 창고 지붕을 뜯고 들어가 안에 있던 금동관음보살좌상을 훔쳤다. 또한 쓰시마 가이진(海神) 신사에서도 금동여래입상을 훔쳤다. 절도범들은 배편을 통해 훔친 불상 두 점을 부산으로 반입했다.

2012년 12월 초, 일본 정부는 우리 정부에 수사를 요청해 왔다. 문화재청과 대전지방경찰청이 범인들을 붙잡았다. 불상을 압수해 조사한 결과 금동여래입상은 8세기 통일신라시대 작품, 금동관음보살좌상은 14세기 고려시대 작품으로 드러났다.

이 가운데 금동관음보살좌상은 충남 서산 부석사에 있던 불상으로 확인되었다. 서산 부석사에 있던 불상이라는 사실이 밝혀지자 순식간에 논란이 뜨거워졌다. 절도범이 일본에서 훔쳐 한국에 들여온 이 불상을 일본에 돌려줄 것인지 말 것인지의 논란이었다.

서산 부석사는 "금동관음보살좌상은 일본이 약탈해 간 것이다. 그러니 일본에 돌려주지 말아야 한다. 이번 기회에 한국에 남겨 다시 부석사로 돌아와야 한다"고 강력하게 주장했다. 일본 측은 "약탈이 아니다. 정상적으로 일본으로 넘어온 것이기 때문에 부석사에 돌려줄 필요가 없다"고 반박했다.

이 불상을 일본에 돌려줄 것인지를 놓고 국내에서도 의견이 엇갈렸다. 바로 앞에서 말한 것처럼 "일본이 약탈해 간 것이니 돌려주지 말아야 한다"는 의견과 "부석사에서 일본으로 건너간 불상이지만 일본이 약탈해 갔다는 증거가 없기에 현재의 소유주인 일본 사찰에 돌려주어야 한다"는 의견이 팽팽히 맞섰다.

이런 논란의 와중에 부석사는 2013년 대전지방법원에 이전 금지 가처분 신청을 제기했다. '정확한 유출 경위를 확인하기 전까지 금동관음보살좌상을 일본에 반환하지 말아 달라'는 가처분 신청이었다. 법원은 부석사의 가처분 신청을 받아들였다. 법원은 "일본이 정상적인 방법으로 소장했다는 증거가 나오지 않는 한 반환해서는 안 된다"고 판결했다.

2015년 7월, 검찰은 두 불상 가운데 하나인 금동여래입상을 일본에 인도했다. 검찰은 "이 불상을 일본이 불법으로 취득했다는 사정이 밝혀진 바가 없고 일본으로 반출된 경로가 확인되지 않았기 때문에 일본에 교부하는 것이 합당하다"고 설명했다. 이후 서산 부석사는 이 관음보살좌상을 돌려달라는 소송을 제기했고 2017년 1월 대전지방법은 부석사의 손을 들어주었다. 그러나 그 직후 검찰이 불상 인도 집행정지 신청을 냈고 법원은 이를 받아들였다. 재판 1심에서는 부석사의 소유권을 인정했으나 2심, 3심의 최종 판결이 나올 때까지는 정부가 보관

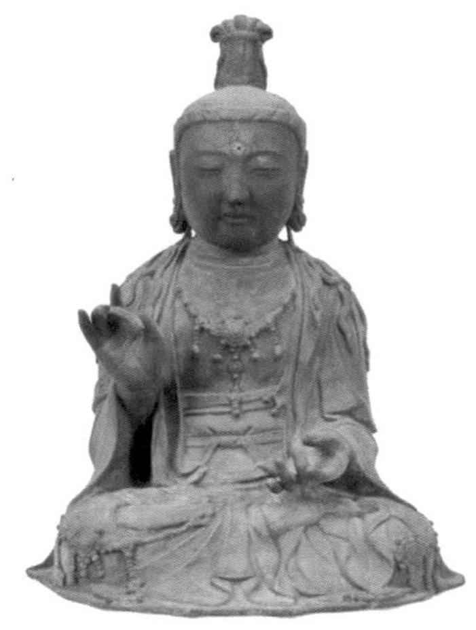

논란에 휩싸인 고려 금동관음보살좌상 2012년 한국의 절도범들이 일본의 한 사찰에서 훔쳐 국내에 반입한 불상으로, 원래 충남 서산 부석사에 있었던 것으로 확인되었다. 이후 이 불상의 일본 반환을 둘러싸고 논란이 이어지고 있다. 현재 재판이 진행 중이며 불상은 국립문화재연구소가 보관 중이다.

하라는 것이다. 따라서 국립문화재연구소가 불상을 관리하고 있으며, 2019년 현재 2심은 진행되지 않은 상태다.

이 사안은 문화재 약탈을 보는 시각, 약탈 문화재 반환을 바라보는 시각에 있어 많은 것을 생각하게 한다. 금동관음보살좌상은 1330년 조성되어 서산 부석사에 봉안했던 불상이다. 이것은 사실이다. 그런데 언제 어떻게 일본으로 넘어갔는지 알 수 없다. 약탈해 갔다는 것은 정황상의 추정일 뿐이다. 물증은 없다. 물증이 없는데도 "일본이 약탈해 간 것이니 돌려주지 말아야 한다"고 주장하는 것은 또 하나의 억지가 아닐 수 없다.

더욱 걱정스러운 점은 이 불상을 훔쳐 온 행위가 마치 약탈당한 우리 문화재를 되찾아온 것인 양 착각할 수 있게 한다는 사실이다. 이렇게 훔쳐 온 금동관음보살좌상은 일본 쓰시마의 간논지에 돌려주어야 한다. 그 이후에 약탈과 반환에 관한 논의를 시작하는 것이 순서다. 우리

검찰과 법원의 판단은 앞으로의 문화 교류는 물론이고 일본에 있는 약탈 문화재를 우리가 반환해 오는 데 있어서도 나쁜 선례가 될 것이다.

문화재 반환을 위한 과정은 다양하고 변수도 많다. 따라서 정답이 있을 수는 없다. 하지만 이제는 단순히 반환 그 자체에 집착할 것이 아니라 그 이상을 생각해야 할 때다. 그 한 예가 환수 노력 못지않게 현지에서의 활용에도 각별히 신경 써야 한다는 점이다. 앞서 살펴본 것처럼, 오랜 노력 끝에 2011년 외규장각 약탈 도서가 프랑스로부터 돌아왔다. 이는 우리나라 약탈 문화재 반환 역사에 있어 가장 두드러진 성과가 아닐 수 없다.

그럼에도 곰곰 돌이켜볼 일도 적지 않다. 외규장각 도서의 환수는 '반환'이 아니라 '대여'다. 사실상 우리가 되찾아 온 것이지만 법적으로나 서류상으로는 우리 것이 아니다. 소유자는 여전히 프랑스국립도서관이고 우리는 빌려온 것이다. 대여 형식의 반환을 찬성하는 사람들은 "반환의 명분이 중요한 것이 아니다. 일단 이 땅에 들어오는 것 자체가 중요하다. 한 번 들어오면 다시 나갈 수 없다. 사실상의 반환이다"라고 말한다. 명분보다 실리를 중시하는 것이다. 대체적으로 옳은 말이다. 그러나 이렇게 돌아온 것이 100% 참일 수는 없다. 우리에게 돌아왔다고 해고 외규장각 도서는 우리 것이 아니라 여전히 프랑스 것이기 때문이다.

이 모순된 상황을 어찌 봐야 할 것인가. 물론 이같은 문제제기 역시 참이라고 할 수는 없다. 그렇지만 이 문제를 좀 더 진지하고 적극적으로 고민해야 한다. 약탈 문화재 반환 논의에 있어 이런 상황은 계속 나타날 수밖에 없기 때문이다.

환수 방식의 다변화

앞에서 유출 문화재 환수 사례들을 살펴보았다. 이를 통해 해외 유출 문화재를 환수하기 위한 협상 방식이 시대에 따라 변해 왔음을 알 수 있다. 1965년 한일협정 이후 정부 간 협상이나 민간 협상 중심으로 반환이 이뤄져 오다 2000년대 들어 민간이나 공공기관이 유출 문화재를 구입해 국가나 공공기관에 기증하는 방식이 부쩍 늘었다.

해외로 유출된 문화재는 약탈과 같이 불법적으로 유출된 것이든 정상적으로 반출된 것이든 국내로 다시 들여온다는 것은 쉬운 일이 아니다. 특히 해외의 현 소장자(소장기관)가 마음을 열어야 하는데, 협상이라는 절차만으로 해외 소장자의 마음을 움직여 반환을 이끌어 낸다는 것은 지난한 작업이 아닐 수 없다.

따라서 최근에는 여건이 허락하는 한도 내에서 유출 문화재를 구입해 들여오는 방식에 관심이 커졌다. 중국의 경우도, 19세기 말~20세기 초 서구 열강들이 약탈해 간 명·청대 문화재들을 중국 부호들이 해외 경매에서 구입한 뒤 중국에 기증하는 경우가 빈번해졌다. 우리도 국외소재문화재단과 같은 공공기관이나 시민단체, 민간 모임들이 경매에 참여해 유출 문화재를 구입한 뒤 이를 국가나 공공에 기증하는 사례가 많아졌다.

조선왕실 어보의 반환도 주목을 요하는 흥미로운 경우다. 종묘에서 보관해 왔던 어보들은 상당수가 6 · 25전쟁 때 미군들에 의해 불법으로 반출된 것으로 알려져 있다. 그런데 미국은 자국 내에 있는 외국 문화재가 불법으로 들어온 것으로 확인되면 국토안보부가 압수한 뒤 법적 절차를 거쳐 원 소유국으로 되돌려 보내도록 되어 있다. 미국에 유출된 어보들은 모두 불법으로 반출해 간 것들이다.

최근 들어 우리 정부와 민간이 어보의 불법 유출 사실을 적극적으로 미국에 알렸고, 미국 국토안보부는 공식적인 사법 절차를 거쳐 어보들을 우리에게 돌려주고 있다. 미국으로 유출된 어보와 국새를 우리가 잇달아 환수할 수 있었던 것은 바로 이러한 배경에서다.

제7장

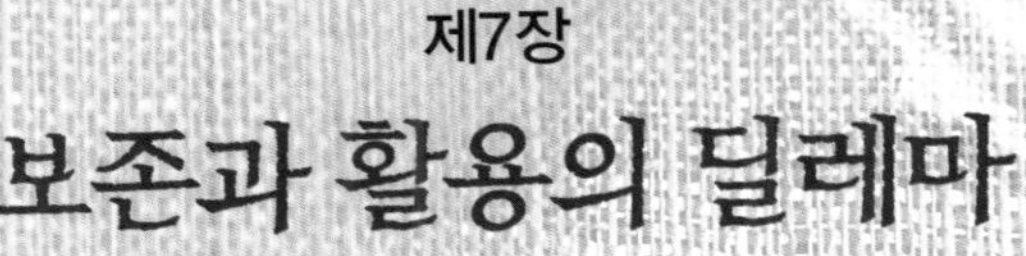

보존과 활용의 딜레마

야외 보호각의 명암

석굴암 유리문과 제2석굴암 논란

성덕대왕신종 타종 논란

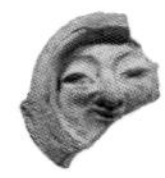

최근 들어 문화재를 실생활에 활용하자는 움직임이 많아지고 있다. 이는 문화재를 박물관 속에 가두어 놓는 것이 아니라 우리가 실제로 호흡할 수 있어야 문화재의 가치를 이해하고 문화재에 대해 감동을 느낄 수 있다는 말이다.

활용 대상이 되는 문화재는 대체로 야외에 있는 건축물들이다. 불상이나 도자기, 그림 같은 경우는 감상은 할 수 있지만 손으로 만지게 할 수는 없기 때문이다. 건축물들은 가까이 다가가기도 하고 들락날락하면서 체험을 할 수 있다. 이뿐만 아니라 이들 공간에서 다양한 문화 행사 등을 마련할 수도 있다. 나아가 문화관광자원으로 활용해 그 부가가치를 높여야 한다는 의견과도 밀접하게 연결되어 있다.

물론 문화재는 그 특성상 보존을 대원칙으로 한다. 문화재는 보존의 대상이면서 감상의 대상이다. 그러나 이 두 측면을 동시에 만족시킬 수 없는 상황이 많다. 보존에 비중을 두면 활용도가 떨어지고 활용에 치우치다 보면 문화재가 훼손될 우려가 높기 때문이다. 이런 까닭에 문화재의 활용을 놓고 논란이 인다.

어찌 보면 활용과 보존은 양립하기 힘든 대목도 있다. 문화재 관리의 제1원칙은 당연히 보존 전승이다. 보존을 해치는 어떠한 정책이나 프로그램도 그것에 우선할 수 없다. 훼손이 되고 나면 끝이다. 활용도 불가능한 일이 되어 버린다. 그렇기에 보존이냐 활용이냐의 딜레마는 문화재 현장에서 늘 부딪히는 이슈 가운데 하나다.

누군가는 "개방을 하는 순간, 문화관광자원으로 활용을 하는 순간, 문화재는 훼손되는 것"이라고 말하기도 한다. 틀린 말은 아니다. 그렇다고 꼭 따라야 할 철칙도 아니다. 보존의 한도 내에서, 훼손을 막아 낼 수 있는 한도 내에서 개방과 활용은 필요한 일이다.

야외 보호각의 명암

1) 원각사지 10층 석탑 유리 보호각

국보 2호 서울 원각사지 10층 석탑(조선 1467년, 높이 12미터). 이 탑엔 유리막이 씌워져 있다. 탑의 훼손을 막기 위한 유리 보호각이다. 야외에 있는 탑을 이렇게 유리 보호각으로 완전히 둘러씌워 보호하고 있는 경우는 그 유례를 찾아보기 힘든 일이다. 어떻게 이런 일이 생겼을까.

야외 석조 문화재는 무방비로 비바람에 노출될 수밖에 없다. 특히나 최근 들어 산성비의 피해가 심각해지고 도심의 경우엔 비둘기가 배설물을 쏟아내 석조물의 표면 훼손을 부채질하고 있는 실정이다. 그래서 이러한 위험 요소를 막아 보자는 생각에서 문화재를 보호하는 구조물을 만들기도 한다. 바로 보호각이다.

원각사지 10층 석탑은 대리석 재질이기 때문에 보통의 화강암 탑에 비해 약하고 부드럽다. 그래서 훼손도 빠르다. 게다가 비바람과 비둘기 배설물 등으로 인해 훼손이 심각해졌다. 1999년부터 이 문제를 해결하기 위해 전문가들이 머리를 맞대고 아이디어를 찾았다. 그 아이디어가 유리 보호각이었다. 2000년 서울시는 문화재위원회의 승인 아래 유리 보호각을 만들어 탑을 완전히 덮어씌웠다.

유리막을 씌우는 것을 놓고 찬반 논란이 있었다. 그러나 그 이상의 대책이 없다는 것도 엄연한 현실이었고 그래서 전문가들은 유리막을 선택한 것이다.

탑을 야외에 노출시키지 않고 유리막으로 감쌌으니 어쩌면 완벽한 보존처리라고 할 수도 있다. 하지만 실제 이 탑을 보면 답답하고 안쓰럽다. 유리의 반사로 인해 탑의 전체적인 모양이나 몸체에 새겨진 무늬를 제대로 감상할 수 없다. 탑의 모습은 제대로 보이지 않고 자신의 얼굴만이 보인다. 주변을 오가는 사람들의 모습과 건물의 모습이 비쳐 관람을 방해한다.

게다가 가까이 가보면 유리 보호각은 먼지와 얼룩으로 지저분하기 짝이 없다. 소나기라도 지나가면 유리막에 얼룩이 가득찬다. 원각사지 석탑의 그 아름답고 매력적인 자태를 전혀 느낄 수 없는 형국이다. 석탑은 야외에 노출된 상태로 있을 때 진정한 가치가 있는 것인데 유리 보호각 속에 가두어 탑을 숨막히게 만들어 버린 것은 아닐까.

유리 보호각의 후유증도 발생하고 있다. 2003년 9월엔 보호각 유리에 금이 가는 사고가 발생했다. 유리 보호각 동쪽면의 판유리(각 1.5×1.5미터) 18개 가운데 하나에 균열이 생겼다. 조각이 떨어져 나가지는 않았지만 무수한 균열로 인해 유리 자체가 뿌옇게 보일 정도였다. 자동차 유리처럼 유리에 코팅이 되어 있다고 하지만, 그래도 만약에 유리 조각이 보호각 내부로 튕겨나갈 경우 탑을 훼손할 수 있는 상황이었다.

원각사지 10층 석탑을 보존해야 한다는 데 이의를 다는 사람은 없다.

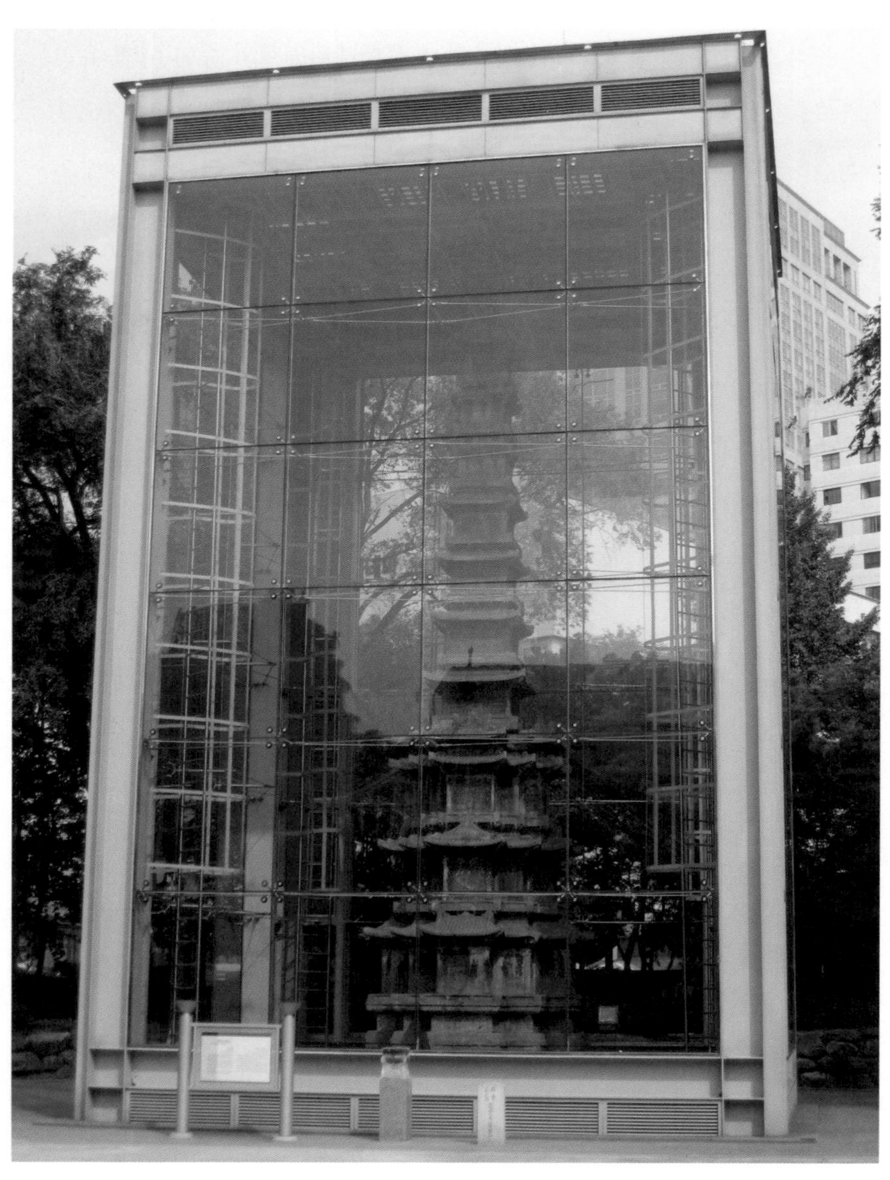

유리 보호각이 설치되어 있는 서울 탑골공원의 원각사지 10층 석탑

문제는 그 방식이다. 석탑의 훼손을 막는 것이 우선 명제였던 당시 상황에서 유리 보호각은 어쩔 수 없는 선택이었을 것이다. 하지만 결과적으로 보면 좀 더 신중할 필요가 있었다. 유리 보호각으로 덮어씌운 탑에서 어느 누가 문화재의 참맛을 느낄 수 있겠는가. 어려운 작업이겠지만 유리 보호각 없이 자연에 노출된 상태에서의 보존 방법을 찾았어야 했다. 감동과 아름다움을 제대로 살리면서 보존 대책을 강구해야 한다는 지적이다.

이런 비판이 제기되자 한때 문화재청 고위 관계자가 "원각사지 10층 석탑의 유리 보호각을 없애고 탑을 국립중앙박물관 실내로 옮긴 뒤 그 자리엔 복제품을 만들어 설치하는 방안을 추진하기로 했다"고 발표한 바 있다. 당시 이에 대해 유리 보호각 철거엔 대체로 찬성하지만 실내 이전엔 반대하는 여론이 많았다.

실내 이전 반대 논리는 "문화재는 원래 위치에 있어야 한다"는 것이었다. 한 문화재 전문가는 "파리에 노틀담 사원이 있고 런던에 민스터 교회가 있고 경주에 분황사, 황룡사가 있는 것처럼 서울 도심엔 원각사라는 절터가 있어야 역사와 문화의 의미가 있는 것이다. 그런데 거기서 탑을 빼 가면 원각사탑은 존재 의미를 잃어버린다. 단순히 탑 하나 옮기는 차원이 아니라 서울의 역사를 왜곡하는 것이다"라고 지적하기도 했다.

탑은 야외에서 주변 경관과 조화를 이루며 존재해야 한다. 하지만 훼손도 막아야 한다. 과연 어떤 관점과 철학으로 원각사지 10층 석탑의 딜레마에 접근해야 할까.

2) 보호각에서 벗어난 마애삼존불 미소

'백제의 미소'라 불리는 충남 서산 마애삼존불. 공식적인 이름은 서산 용현리 마애여래삼존상(磨崖如來三尊像)이다. 백제시대 6세기 말~7세기 초에 조성되었고 국보 84호로 지정되어 있다.

불교 신자가 아닌 보통 사람들에게 불상은 대체로 부담스럽다. 편안함이나 아름다움보다는 종교적 상징성이 묵직하게 다가오기 때문이다. 그런데 서산 용현리 마애여래삼존상은 전혀 그렇지 않다. 얼굴 표정도 그렇고 불상 세 구의 배치나 포즈가 모두 편안하다.

가운데에 석가여래(釋迦如來)가 자리잡았고 왼쪽에 제화갈라보살입상(提華褐羅菩薩立像), 오른쪽에 미륵보살반가상(彌勒菩薩半跏像)이 있다. 가장 먼저 눈길을 사로잡는 것은 마애불의 얼굴 표정이다. 본존불 석가여래는 사각형 얼굴이 제법 통통하다. 눈은 크고 뚜렷하며 살짝 벌린 입으로 복스러운 미소를 보여 준다. 코는 큼직하고 볼도 살짝 튀어나왔다. 아주 잘생긴 얼굴은 아닌데도 참으로 기분이 좋다. 왼쪽의 제화갈라보살은 수줍은 듯 부끄럽게 웃고 있고, 오른쪽의 미륵보살은 별 생각 없는 소년처럼 천진난만하게 웃고 있다. 미륵보살에선 약간 장난기 같은 것도 보인다.

모두 순진하지만 그래도 석가여래가 가장 의젓한 것 같다. 커다란 바위 앞에 서서, 저 불상들의 미소에 화답하다 보면 저렇게 동네 이웃 얼굴처럼 불상을 조성해도 되는 것인지 의문이 들 정도다. 엄청난 파격이 아닌가, 생각하지 않을 수 없다.

제화갈라보살과 미륵보살은 좌우 협시불이다. 왼쪽의 제화갈라보살

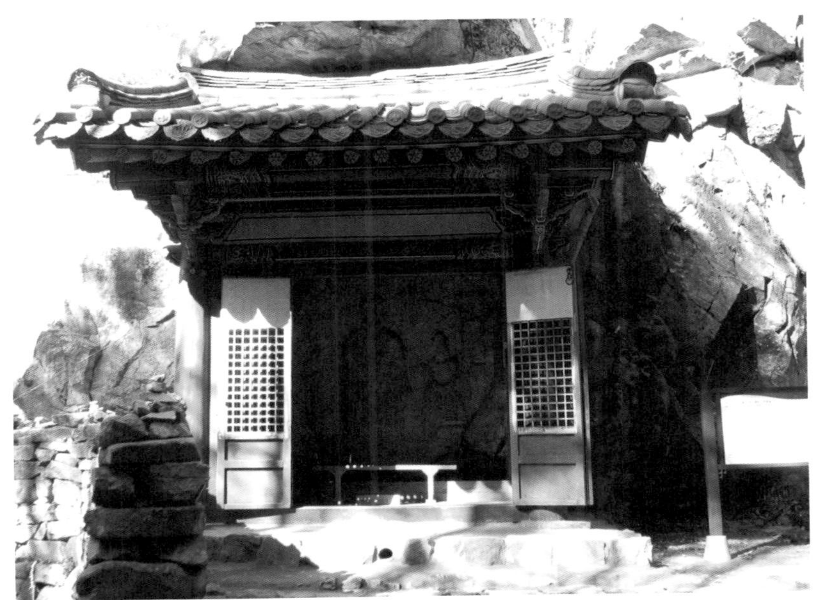

1965년 서산 용현리 마애여래삼존상에 설치한 보호각

은 서 있고 오른쪽의 미륵보살은 앉아 있다. 이런 자세는 매우 이색적이다. 두 보살의 위치도 다소 자유분방하다. 석가를 중앙에 두고 좌우 보살의 간격이 조금 다르다. 격식에 구애받지 않고 편안하게 표현하려고 한 것 아닐까.

용현리 마애여래삼존상의 조각술은 단정하면서도 세련되었다. 바위를 도드라지게 새긴 부조(浮彫)의 정도나 전체적인 표현이 매우 단정하다. 더하지도 덜하지도 않은 중용(中庸)의 아름다움이다.

마애불(磨崖佛)은 바위에 새긴 불상이다. 한반도에서 마애불은 6세기 말~7세기 초 백제시대 때 서산과 태안반도 지역에서 처음 조성되었다. 실제로 가까운 곳 태안에도 백제시대의 마애불(국보 307호 태안 동문리 마애삼존불입상)이 있다. 어쨌든 마애불은 6~7세기 백제에서 시작해 통일신라, 고려를 거쳐 19세기 조선시대 말까지 1300여 년 동안 꾸준히 이어졌다.

그렇다면 1300년 전 백제 사람들이 이곳 서산과 태안 지역에 마애불을 조성한 까닭은 무엇일까. 6세기 말 백제는 고구려 장수왕의 남진(南進) 정책과 신라의 한강 진출로 인해 한강 유역을 고구려와 신라에 빼앗겼다. 당시 한강은 중국으로 향하는 중요한 통로였다. 한강을 빼앗겼다는 것은 중국과의 교역로를 잃어버렸음을 의미한다.

백제는 그 대안을 찾아야 했다. 그래서 충남 서해안 지역을 통해 중국과 교역하기 시작했다. 태안은 중국의 산둥(山東)반도와 가장 가까운 곳이다. 당시 백제인들은 이곳을 거쳐 중국으로 들어갔다. 그리고 이곳을 거쳐 다시 백제 땅으로 돌아왔다. 백제인들은 바로 이 길목에 마애불을 조성한 것이다. 산둥반도와 한반도를 오가는 백제인들의 안녕과 평안을 위해서였다.

마애불은 사찰에 있는 불상과는 다르다. 마애불은 절 밖으로 나온 불상이다. 바위에 불상을 조각해야 하니 바위가 위치한 절 밖에 조성할 수밖에 없었던 것이다. 절 밖으로 나왔다는 것은 불교적 교리의 틀에 갇혀 있지 않다는 것을 뜻한다. 그래서 굳이 엄숙할 필요도 없고 지나치게 성스러울 필요도 없다. 마애불이 사찰의 불상처럼 엄숙하지 않고, 때로는 서툴고 때로는 거칠게 만들어진 것도 이 때문이다.

불교적이되 불교에 국한되지 않는 마애불, 결국 마애불은 한반도 사람들의 지극히 일상적인 토속 신앙과 깊은 관련을 맺고 있는 것이다. 서산 마애여래삼존상의 편안하고 온화한 미소도 이러한 맥락에서 이해할 수 있다.

이 백제의 미소를 한동안 제대로 감상하지 못했던 적이 있다. 목제 보호각 때문이었다. 목제 보호각은 비바람으로부터 마애불을 보호하기 위해 1965년에 세운 것이다. 그런데 예상치 못한 문제가 발생했다. 보호각과 암벽 접합 부위의 시멘트 콘크리트가 빗물에 녹아 내리면서 바위를 뿌옇게 변색시키기 시작했다. 또한 목제 보호각 속에 마애불을 가두어 놓다 보니 통풍이 제대로 이뤄지지 않아 내부에 습기가 차는 등 마애불의 보존 관리에 역효과를 초래하고 말았다. 보호각 내부와 외부의 온도와 습도의 차가 크고 통풍이 제대로 되지 않아 불상에 이슬이 자주 맺히기도 했다. 더욱 심각한 문제점은 보호각이 관람을 방해한다는 사실이다. 보호각 내부가 어두침침해 마애불의 아름다운 미소를 제대로 감상할 수 없게 된 것이다.

그런 상태로 세월이 흘렀고, 한국 마애불의 최고 명작인 이 불상의 진면목을 느낄 수 없는 상황에 이르렀다. 제대로 볼 수 없으니 그 매력을 느낄 수 없고, 제대로 느낄 수 없으니 사랑하는 마음도 생기지 않는 악순환이 반복되었다.

이 같은 지적이 끊이지 않자 문화재청과 서산시는 2006년 보호각 가운데 기둥과 지붕만 남겨 놓고 벽체와 문을 모두 철거했다. 그후 자연 채광과 통풍이 가능해졌다. 서산 마애여래삼존상이 41년 만에 다시 햇살을 다시 맞이하게 된 것은 정말 다행스런 일이다.

하지만 기둥과 지붕만 남은 보호각은 그 모습이 어색해 마애여래삼존상의 경관을 해치는 또 다른 문제점을 낳았다. 이에 따라 문화재청은 2007년 기둥과 지붕까지 모두 철거했다. 마애여래삼존상을 보호하기

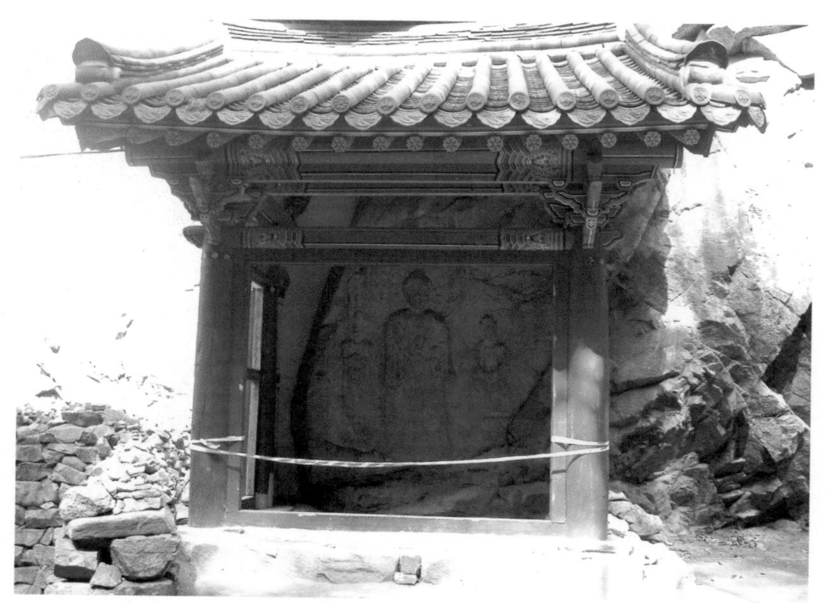

2006년 보호각 일부(벽체와 문)를 철거한 모습

위해 설치했던 보호각, 그것이 오히려 불상을 훼손했다는 판단이 나왔고 그에 따라 40여 년 만에 보호각을 철거한 것이다. 목제 보호각 철거는 참 잘한 일이다. 그제서야 그 멋진 백제의 미소, 사진과 영상으로 보던 그 미소를 현장에서 제대로 감상할 수 있게 되었다.

보호각을 걷어내니 마애여래삼존상 바로 옆이 무시무시한 낭떠러지라는 것이 확연히 드러난다. 마애여래삼존상 왼쪽 위에는 보호각을 설치했던 구멍의 흔적도 남아 있다. 그것은 어찌 보면 하나의 상처다. 하지만 이제는 그 상처마저 마애여래삼존불의 역사와 스토리가 되었다.

하지만 보호각을 걷어냄으로써 마애여래삼존상은 다시 비바람 눈보라와 직면하지 않을 수 없다. 조금씩 표면이 훼손될 수도 있다. 그건 안타

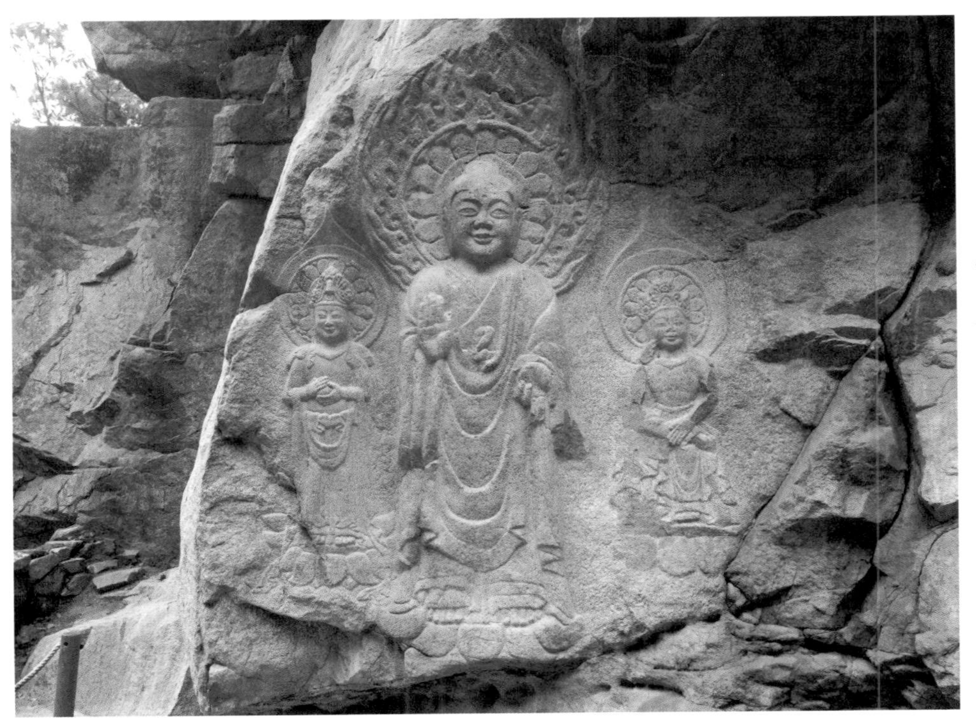

2007년 보호각을 완전히 철거한 모습 마애불의 미소를 제대로 감상할 수 있게 되었다.

까운 일이지만 그럼에도 마애불은 야외에 있어야 한다. 그것이 마애불의 본질이다. 어쩌면 그것이 저 석가여래와 보살들의 뜻일지도 모른다. 그렇기에 부처와 보살은 비바람과 눈보라는 기꺼이 감내할 것이다.

40여 년 만의 보호각 철거. 이는 문화재를 바라보는 시각이 시대에 따라 변했음을 의미한다.

석굴암 유리문과 제2석굴암 논란

1) 석굴암 유리문, 감동의 단절

국보 24호이자 유네스코 세계문화유산인 석굴암을 찾을 때마다 마음이 무겁다. 유리벽 때문이다. 석굴암을 보존하기 위해 주실(主室, 본존불이 있는 방)로 통하는 전실(前室) 앞면을 유리문으로 막아 놓았다. 훼손을 막기 위한 것이다. 그래서 일반 관람객은 본존불의 공간 안으로 들어갈 수가 없다. 관람객들은 유리문 앞에서 전실과 주실 쪽을 기웃거리다 이내 밖으로 빠져나간다. 여기저기 유리의 반사로 석굴암의 불상들은 흔들리고 그 모습이 눈에 선명하게 들어오지 않는다. 전실의 팔부중상(八部衆像, 불법을 수호하는 불교 신들의 조각상)에 조명까지 뒤섞여 어지럽기만 하다.

게다가 유리문의 알루미늄 새시는 또 어떠한가. 석굴암의 품격과 전혀 어울리지 않는 알루미늄 새시. 거기에 자물쇠까지 덜렁 채워 놓았으니 대체 이것이 국보이고 세계문화유산이란 말인가. 이런 상황이라면 이곳에서 석굴암의 고품격 감동을 받는다는 것은 어려워 보인다.

석굴암 및 문화재 관계자 몇몇은 문을 열고 전실과 주실로 들어가 그

성스러운 공간을 체험할 수 있지만 보통 관람객들은 그럴 수 없다. 석굴암 유리문을 이대로 둘 경우 석굴암 관람객들은 석굴암에 가도 석굴암을 제대로 느낄 수 없다.

보존이라는 명분 아래 석굴암 앞을 유리문으로 떡하니 막아 놓은 이 현실. 1970년대 당시로서는 어쩔 수 없는 선택이었다고 해도 이제는 바뀌어야 한다. 세월이 흘러 유리문의 문제점이 노출되었는데도 그대로 둔다는 것은 있을 수 없는 일이다. 전문가들이나 관계자들은 석굴암의 아름다움을 소리 높여 말한다. 그들은 유리문 속으로 들어가 제대로 감상할 수 있기에 진면목을 감상할 수 있다. 그러나 보통 사람들은 그렇지 못하다. 어딘지 앞뒤가 맞지 않는다.

보존하기 위해 만든 유리문이 이제 오히려 관람을 방해한다. 보존을 하고자 했으나 관람이라는 활용 목적을 충족시키지 못하는 것이다.

2) 제2석굴암 논란

보존이라는 명분 아래 설치해 놓은 유리문 때문에 사람들은 안으로 들어가 관람할 수가 없다. 그렇다보니 이와 똑같은 복제품을 만들어 그곳에서 관람할 수 있도록 하면 좋겠다는 의견들이 나오고 있다. 지금의 석굴암과 똑같은 석굴암을 만들어 이곳을 관람하도록 하고 원래 석굴암은 공개하지 않는다는 것이다. 그래서 이를 제2석굴암이라고 부르기도 한다.

1997년 불국사가 석굴암을 영구 보존키 위해 제2석굴암을 경내에 조성하겠다고 발표했다. 당시 불국사의 발표 요지는 이러했다.

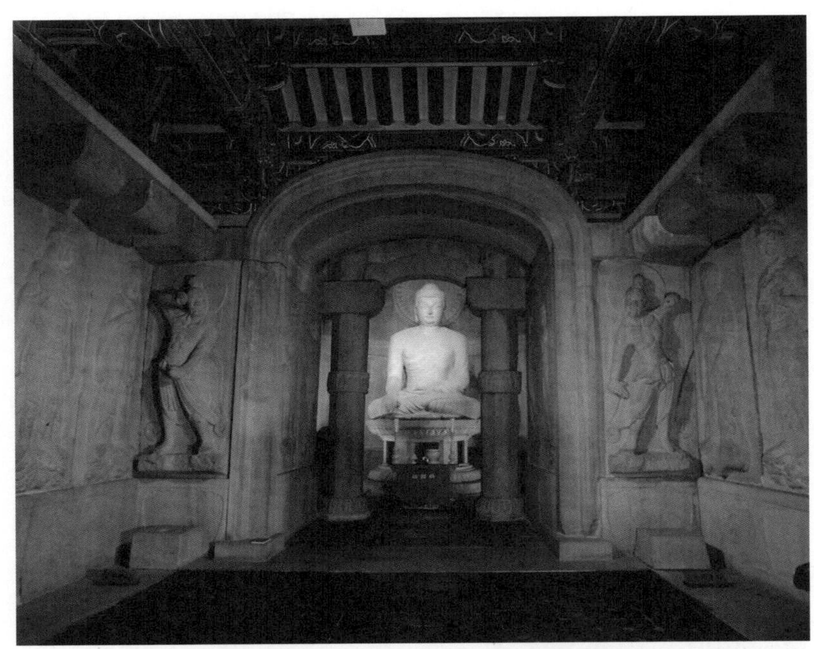

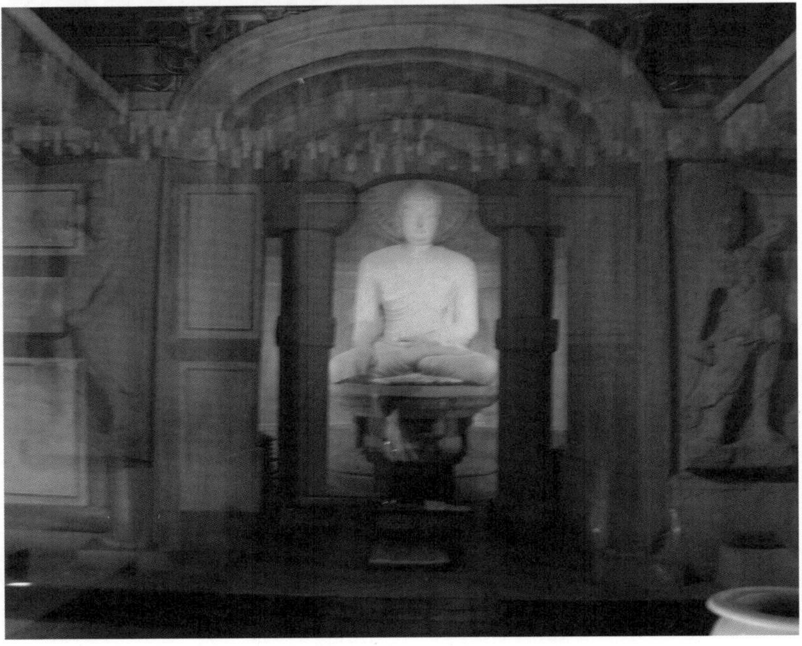

"석굴암 참배객과 관람객이 너무 많아 예배 대상과 문화재로서의 신성한 가치가 날로 훼손돼 가고 있다. 민족의 유산인 석굴암을 길이 보존키 위해 제2석굴암을 경내에 만들기로 했다. 참배, 관람과 문화재 보호를 동시에 충족키 위해서는 제2석굴암의 조성이 불가피하다."

2001년 문화재청은 이를 추진했다. 석굴암에서 동남쪽으로 100미터 떨어진 계곡에 지상 1층, 지하 1층의 석굴암 역사박물관을 짓기로 했다. 실물 크기의 석굴암 모형과 영상실 등을 설치해 관람객이 본존불 뒤쪽까지 둘러보고 직접 만져볼 수 있도록 한다는 계획이었다.

이러한 소식이 알려지면서 논란이 뜨거웠다. 특히 학계의 비판이 심했다. 논란의 핵심은 위치가 적절하지 못하다는 점이었다. 석굴암 본체에서 불과 100미터밖에 떨어지지 않은 곳에 역사유물관을 짓는 것은 문화유산을 훼손하는 행위라는 지적이 많았다. 석굴암 전시관 자체를 반대하는 것은 아니지만 그 위치는 명백한 문화재 훼손이라는 지적이었다. 화강암이 아닌 합성수지로 석굴암 모형을 만든다면, 문화재로서의 감동을 줄 수 없기 때문에 위치에 관계 없이 모형을 제작할 필요가 없다는 의견도 나왔다.

당시 많은 문화재 관련 학회와 시민단체들은 석굴암 역사유물전시관 건립 철회를 촉구하는 성명을 발표했다. 그러나 "제2석굴암 건립 예정 부지는 석굴암 본존불의 시야를 가리지 않으며 주변 환경와 어울리게 건축할 수 있다"고 반박하는 전문가들도 있었다.

▲ 경주 석굴암 석굴 ⓒ문화재청 ▼ 석굴암 내부 유리문 밖에서 바라본 본존불

결국 2003년 문화재위원회는 이 계획안을 승인하지 않았다. "석굴암 역사유물전시관 건립의 필요성과 취지는 인정하지만 건립 예정 위치(석굴암 경내)는 부적절하므로 향후 충분한 시간을 갖고 전시관 위치, 건립 규모, 모형 재질 등 제반 사항에 대하여 다시 논의하여야 한다"고 의견을 모았다.

이 문제가 완전히 마무리된 것은 아니다. 재연할 가능성은 언제나 농후하다. 아니나 다를까, 2012년 불국사가 다시 제2석굴암 건립을 추진하고 있다는 사실이 알려지면서 세간의 주목을 받기도 했다. 하지만 수면 위에서 공개적이고 구체적으로는 더 이상 논의가 진행되지 않았다.

3) 유리문, 어떻게 할 것인가

석굴암의 보존만 생각한다면 제2석굴암 추진은 일견 일리가 있어 보인다. 그러나 활용이나 감상의 측면에서 본다면 일차원적인 접근이라고 지적하지 않을 수 없다. 제2석굴암은 진품이 아니라 복제품이나 모형에 해당한다. 복제품이나 모형은 진품만큼의 감동을 주지 못한다.

앞서 살펴본 것처럼, 진품으로서의 가치와 의미는 〈모나리자〉가 잘 말해 준다. 우리 주변엔 모나리자의 이미지가 넘쳐난다. 고해상도의 사진을 쉽게 구해 그것으로 감상을 할 수도 있다. 진품보다 더 정교하게, 그러니까 우리 육안으로 포착하지 못하는 부분까지 디지털의 힘을 빌려 더 정교하게 치밀하게 분석하고 연구할 수 있는 세상이다. 그런데도 사람들은 귀한 시간을 들이고 비싼 비용을 들여 비행기를 타고 프랑스의 루브르박물관으로 향한다. 왜 그럴까. 바로 진품의 아우라를 느끼고 싶기 때문이다.

감동이라는 측면에서, 복제품은 진품을 따라올 수 없다. 해상도가 아무리 높은 디지털 이미지도 진품을 따라올 수 없다. 그것이 진품의 힘이다.

제2석굴암을 석굴암 진품과 똑같이 만들어 놓는다고 해도 그것은 진품이 아니다. 제2석굴암을 찾는 사람들은 수십 번을 관람한다고 해도 감동을 받지 못할 것이다. 그들의 머릿속에는 복제품을 봤다는 인식이 자리잡고 있기 때문이다. 그렇기에 석굴암의 아름다움을 제대로 느끼기 못할 것이다. 그렇기에 제2석굴암은 별 의미가 없다. 제2석굴암은 석굴암이 아니다. 사람들은 석굴암을 보고 싶은 것이지 제2석굴암을 보고 싶은 것이 아니다. 제2석굴암 계획은 석굴암을 보존도 하고 감상도 한다는, 그래서 두 마리 토끼를 잡겠다는 취지지만 오히려 두 마리 토끼를 다 놓치는 우를 범할 수 있다.

이제 발상의 전환이 있어야 한다. 감동을 주지 못하는 석굴암 유리문에 대해서도 그 득실을 냉정히 되돌아볼 필요가 있다. 유리문을 통해 석굴암의 진정한 매력을 제대로 감상하기 어려운 것은 엄연한 사실이다. 지금의 유리문은 분명 석굴암의 감동을 뚝 떨어뜨린다. 유리문을 걷어내고 제한 관람으로 바꾸는 방식을 진지하게 검토해 볼 필요가 있다. 일정 시간에만 공개하거나 정해진 인원으로 제한하는 방식 말이다. 석굴암 내부를 보존하되 감상하는 사람들은 정말로 제대로 된 분위기에서 그 진면목을 감상할 수 있어야 한다. 그래야 감동을 느끼게 되고 감동을 느껴야 보존의 필요성도 더 깨닫게 될 것이다. 이 또한 문화재를 바라보는 관점의 문제이기도 하다.

성덕대왕신종 타종 논란

종을 칠 것인가 말 것인가.

경북 경주시 국립경주박물관 경내에 걸려 있는 국보 29호 성덕대왕신종(에밀레종, 통일신라 771년). 성덕대왕신종 하면 단연 종소리다. 긴 여운의 신비하고 그윽한 종소리.

그런데 그 종소리를 지금은 직접 들을 수 없다. 2004년부터 타종을 중단했기 때문이다. 타종을 할 경우, 종에 충격을 주어 자칫 심각한 훼손을 초래할 수 있다는 판단에서였다.

성덕대왕신종이 제작된 지 1300년 가까운 세월이 흘렀으니 종이 점점 약해지고 훼손되어 가는 것도 불가피한 일. 오대산의 국보 36호 상원사 종 역시 오랜 타종으로 인해 균열이 생겨 타종을 중단한 상태다.

종을 치지 않는 일은 보존에 중점을 둔 것이고, 종을 치는 일은 활용에 역점을 둔 것이라고 할 수 있다. 이처럼 야외에 걸려 있는 종을 칠 것인가 말 것인가는 종의 보존과 직결된 문제다.

성덕대왕신종의 타종 중단 문제를 놓고 전문가들 사이에서 오랫동안

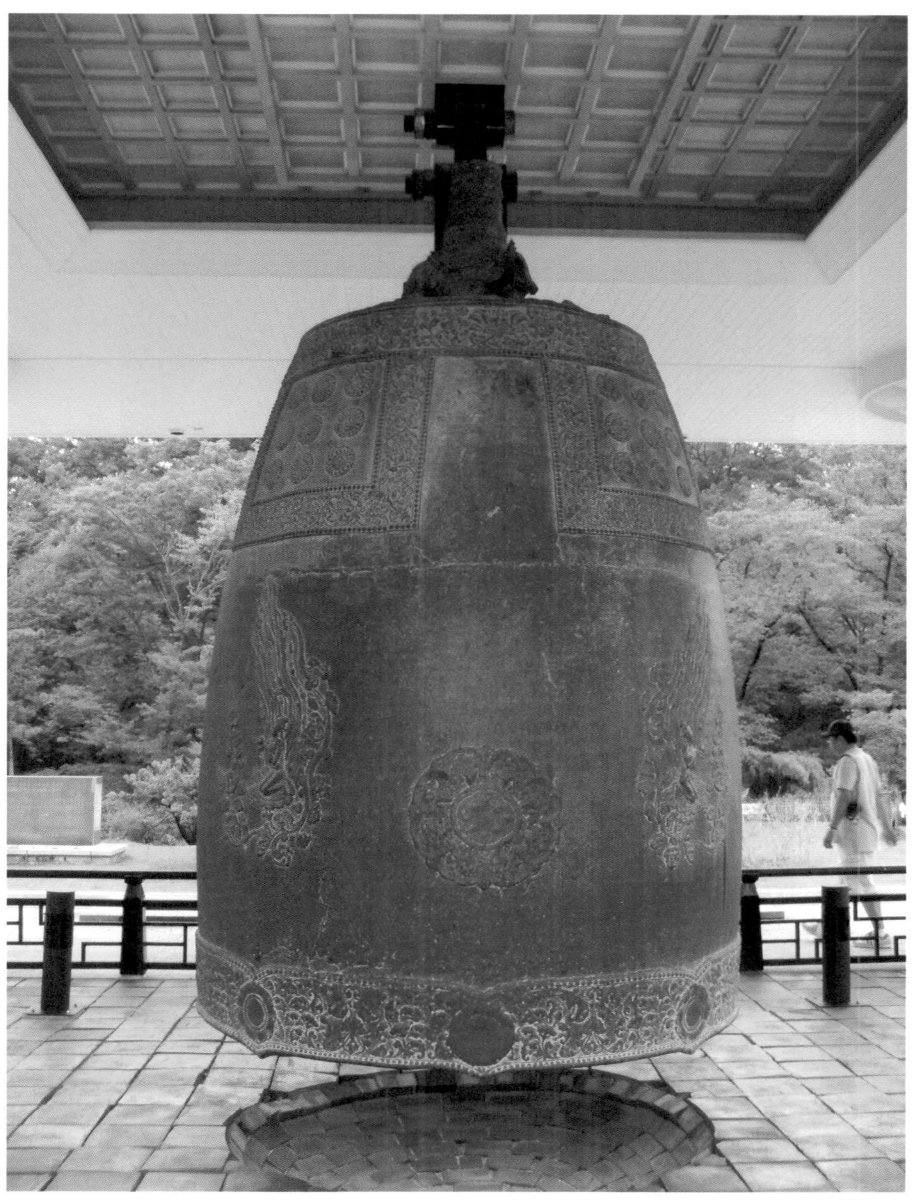

국립경주박물관 경내 종각에 걸려 있는 성덕대왕신종

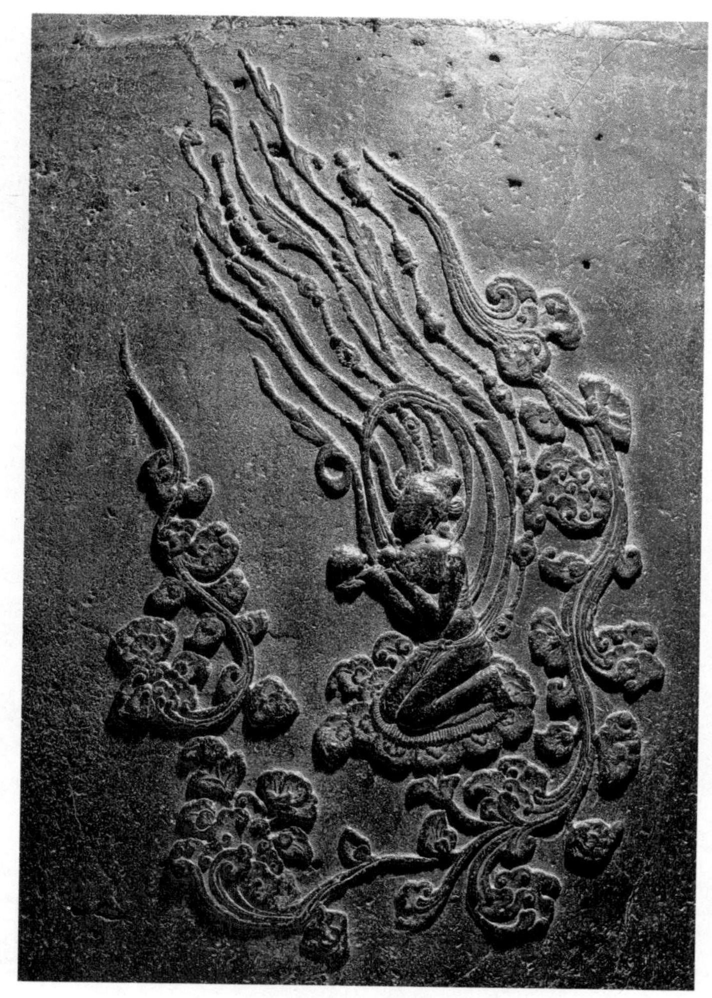

성덕대왕신종 몸체의 비천상

뜨거운 논란이 있었다. 타종 중단은 1993년으로 거슬러 올라간다. 국립경주박물관은 종의 안전에 위험이 있을 수 있다는 우려에 따라 종의 안전을 지키기 위해 1992년 12월 31일 제야의 타종을 끝으로 1993년부터 타종을 중단했다.

하지만 그후 다시 종을 쳐야 한다는 의견이 제기되면서 찬반 논란이 그치지 않았다. "종은 치기 위해 만든 것이다. 종은 소리가 날 때 존재 의미가 있다. 정기적으로 타종하면 오히려 생명이 오래갈 수 있다"는 타종 찬성론. "종은 종소리만 중요한 것이 아니다. 외관상의 미학적인 가치도 중요하다. 타종은 분명 종의 균열을 가져온다. 지금 괜찮다고 해서 종을 친다는 건 있을 수 없는 일이다"라고 반박하는 타종 반대론. 찬성론과 반대론이 팽팽히 맞섰다.

이런 논란 속에서 경주박물관은 1996년부터 1999년까지 성덕대왕신종 안전 문제 등을 과학적으로 점검하기 위해 종합학술조사를 벌였다. 그 결과, 주조 당시 형성된 기포 문제와 약간의 부식 현상을 제외하곤 별다른 결함이 없는 것으로 밝혀졌다. 즉 타종이 불가능할 정도는 아니라는 조사 결과였다.

이같은 결과에 따라 국립경주박물관은 문화재위원회의 승인을 얻어 2001년부터 타종을 재개했다. 종에 가해지는 부담을 최소화하기 위해 외부 기온이 높지도 낮지도 않은 10월 초에 타종하기로 한 것이다. 단, 성덕대왕신종에 조금이라도 이상이 생기면 즉각 타종을 중단한다는 단서 조항이 붙었다. 어쨌든 2001년 10월 9일, 2002년 10월 3일, 2003년 10월 3일 타종이 이뤄졌다. 그렇게 3년 동안 타종이 진행되었으나 또 다시 종의 안전에 대한 우려가 제기되었다. 경주박물관은 타종 예정일인 2004년 10월을 한 달 앞 둔 9월, 성덕대왕신종 타종을 완전히 중단했다. 그 논란의 과정을 일지로 간단히 정리해 보자

★ 1993년 : 국립경주박물관, 타종 중단.

★ 1996년 9월 : 국립경주박물관, 종합학술조사 일환으로 시험 타종 (비공개).

★ 1999년 6월 : 국립경주박물관, 문화재위원회에 타종 재개 요청.

★ 1999년 11월 : 문화재위원회, 2000년부터 타종 재개하기로 결정. 매년 10월 3일에 타종하되 문제가 생길 경우엔 즉각 타종을 중단하기로.

★ 2000년 9월 : 10월 3일로 예정된 타종을 취소.

★ 2001년 9월 : 타종을 재개하기로 결정. 2001년 타종 일자는 10월 9일로 결정.

★ 2001년 10월 : 타종 중단 9년 만에 다시 타종.

★ 2002년 10월 : 타종.

★ 2003년 10월 : 타종.

★ 2004년 9월 : 타종을 다시 중단하기로 결정.

타종을 둘러싸고 논란이 계속되었고 이에 관한 결정이 자주 바뀌어 왔음을 알 수 있다. 그만큼 고민이 많았음을 의미한다. 성덕대왕신종 타종이 워낙 민감하고 중요한 사안이다 보니 종의 보존을 위해 결정을 번복하는 것은 어쩔 수 없는 일이기도 하다. 어찌 됐든 보존을 위해 성덕대왕신종의 신비로운 종소리를 직접 들을 수는 없게 되었다. 녹음해 놓은 종소리야 들을 수 있겠지만 실제 종소리를 듣는 것만큼 감동적일 수는 없다. 보존과 활용의 조화, 참 어려운 문제다.

참고문헌

강석경, 『이 고도를 사랑한다』, 난다, 2014
강석경, 『능으로 가는 길』, 창작과비평사, 2000
국립경주박물관, 『天馬, 다시 날다』, 2014
국립공주박물관, 『무령왕릉을 격물하다』, 2011
국립중앙박물관 미술부, 『한국미술 전시와 연구』, 국립중앙박물관, 2007
국립문화재연구소, 『경천사 십층석탑-해체에서 복원까지』, 2005
국외소재문화재재단 편, 『오구라 컬렉션』, 국외소재문화재재단, 2014
국외소재문화재재단, 『우리 품에 돌아온 문화재』, 눌와, 2013
권이선, 『모두의 미술』, 아트북스, 2017
김동일, 『예술을 유혹하는 사회학』, 갈무리, 2010
김명식, 『건축은 아픔을 어떻게 기억하는가』, 뜨인돌, 2017
김병모, 『금관의 비밀』, 고려문화재연구원, 2012
김형숙, 『미술관과 소통』, 예경, 2001
박경식, 『석조미술의 꽃 석가탑 다보탑』, 한길아트, 2003
백상현, 『라깡의 루브르』, 위고, 2016
백종옥, 『베를린, 기억의 예술관』, 반비, 2018
성균관대박물관, 『경주 신라 유적의 어제와 오늘』, 2007
아라키 준, 「일제식민지기 금관총 출토 유물을 둘러싼 다층적 경합」, 『한국사연구』174호, 한국사연구회, 2016
안휘준 · 이광표, 『한국미술의 미』, 효형출판, 2008
윤난지 외, 『전시의 담론』, 눈빛, 2002
이광래, 『미술을 철학한다』, 미술문화, 2007
이구열, 『한국 문화재 수난사』, 돌베개, 1996
이보아, 『박물관과 관람객』, 북코리아, 2008
이보아, 『박물관 현상학』, 북코리아, 2012
이성원 편, 『김창준의 문화재 이야기』, 행복한 세상, 2018
이순우, 『제자리를 떠난 문화재에 대한 보고서 · 하나』, 하늘재, 2002.
이종선, 『고신라 왕릉 연구』, 학연문화사, 2000
이송란, 『신라 금속공예 연구』, 일지사, 2004
이한상, 『황금의 나라 신라』, 김영사, 2004
임재해, 『신라 금관의 기원을 밝힌다』, 지식산업사, 2006

전진성, 『역사가 기억을 말하다』, 휴머니스트, 2005
전국지리교사모임, 『지리쌤과 함께하는 우리나라 도시여행』, 폭스코너, 2016
정규홍, 『우리 문화재 수난사』, 학연문화사, 2005
정규홍, 『유랑의 문화재』, 학연문화사, 2009
조은정, 『동상』, 다할미디어, 2016
주경철 민유기 외, 『도시는 기억이다』, 서해문집, 2017
최성은, 『석불 돌에 새긴 정토의 꿈』, 한길아트, 2003.
최종덕, 『숭례문 세우기』, 돌베개, 2014
황보영조, 『기억과 정치의 역사』, 역락, 2017

게오르크 W. 베르트람, 박정훈 옮김, 『철학이 본 예술』, 세창출판사, 2017
나가노 교코, 이지수 옮김, 『내 생애 마지막 그림』, 다산초당, 2016
나가이 류노스케, 홍성민 옮김, 『명화 입문』, 우듬지, 2016
도널드 새순, 윤길순 옮김, 『모나리자』, 해냄, 2003
도미니크 풀로, 김한결 옮김, 『박물관의 탄생』, 돌베개, 2014
로버트 루브번스타인 외, 박종성 옮김, 『생각의 탄생』, 에코의서재, 2007
릭 게코스키, 박중서 옮김, 『불타고 찢기고 도둑맞은』, 르네상스, 2014
매튜 키이란, 이해완 옮김, 『예술과 그 가치』, 북코리아, 2010
사이토 다카시, 홍성민 옮김, 『명화를 결정짓는 다섯 가지 힘』, 뜨인돌, 2010
아서 단토, 김한영 옮김, 『무엇이 예술인가』, 은행나무, 2015
아서 단토, 김한영 옮김, 『미를 욕보이다』, 바다출판사, 2017
아서 단토, 이성훈 · 김광우 옮김, 『예술의 종말 이후』, 미술문화, 2004
아서 단토, 김혜련 옮김, 『일상적인 것의 변용』, 한길사, 2008
알라이다 아스만, 변학수 · 채연숙 옮김, 『기억의 공간』, 그린비, 2011
알로이스 리글, 최병하 옮김, 『기념물의 현대적 해석』, 기문당, 2013
앙케 테 헤젠, 조창오 옮김, 『박물관 이론 입문』, 서광사, 2018
유발 하라리, 조현욱 옮김, 『사피엔스』, 김영사, 2015
존 B. 니키, 홍주연 옮김, 『당신이 알지 못했던 걸작의 비밀』, 올댓북스, 2017
지그문트 프로이트, 이광일 옮김, 『레오나르도 다빈치』, 여름언덕, 2012
캐롤 던컨, 김용규 옮김, 『미술관이라는 환상』, 경성대학교 출판부, 2015
피에르 노라 외, 김인중 · 유희수 외 옮김, 『기억의 장소』1~5, 나남, 2010
필리프 코스타마냐, 김세은 옮김, 『가치를 알아보는 눈, 안목에 대하여』, 아날로그, 2017